성공하는 기업의
인간경영

중소기업 노무 연구회 편 | 홍영의 옮김

가림출판사

머리말

'기업은 사람이다' 라는 말이 있다. 기업 경영의 유지 · 개발은 우수한 인재를 채용하고 정착시켜 어느 정도의 의욕을 가지고 일에 종사시킬 수 있는가에 의존하게 된다.

특히 지금처럼 경제가 위기에 직면해 있는 때에는 대기업이나 중소기업을 불문하고 더욱더 많은 기업이 신규 졸업자, 중도 채용자, 고령자 등을 사원으로서 전략적으로 활용함과 동시에 기업의 입장만 생각할 게 아니라 사원의 상황에 맞추어서 파트 타임, 파견 노동자, 계약 · 등록 사원, 출장 사원 등 기업 외부의 다양한 고용 형태에 따라 활용해 나가는 것도 중요해진다.

또한 중소기업도 사업 활동의 국제화 등에 따라 해외 파견 사원, 해외 현지 고용자, 외국인 노동자 등을 적절하게 활용해 나가는 것도 필요해지고 있다. 이와 같은 다양한 사원(노동자)에 대한 인사상의 처우 및 대우는 직장에서의 기여도와 그 사람이 지니고 있는 능력에 준하여 평등 · 공평 · 공정해야만 한다.

그러나 앞으로는 이제까지와 같이 인사 · 노무 관리에 있어서 각 사원을 모두 똑같은 대우로 취급하는 것이 아니라, 사원의 적성과 능력, 직무, 노동 시간, 그 밖에 여러 가지 취업 조건에 따라서 대우하는 선별 관리에 대한 대응이 필요하다. 또한 정신적 여유(마음의 여유)의 개선에도 노사가 협조하여 대응해 가야 한다. 이로 인하여 노동 조건의 개선과 함께 일하는 보람, 인간성 존중, 개성 존중, 창조적 직업 능력의 향상 등에 대응한 인사·노무 관리 제도를 구축해 가는 것이 요청되고 있다.

이 책에서는 이와 같은 실정하에서 다양한 부류의 사원을 파트별로 어떠한 방법으로 확보하며 어떻게 전략적으로 활용해가면 좋은가에 대해서 설명하고 있다.

중소기업의 다양한 경영 실태 속에서 이 책이 많은 중소기업의 인사·노무 관리 개선에 있어서 될 수 있는 한 많은 도움을 줄 수 있길 바란다. 더욱이 이 책의 집필진은 중소기업 경영·노무 관리 개선 지도의 전문가들로서 오랫동안 이 분야에 관계하며, 중소기업의 노동력 확보와 활용에 대해서 조사, 연구를 계속해 왔으며 《중소기업 주휴 2일제 도입 메뉴얼》(중소기업성 지도와 편집, 1989년), 《중소기업 인재 확보와 활용 전략》(노동 복지 진단 요령 중소기업청 지도과 감수, 1990년)을 정리하기도 하였다.

아무튼 앞으로 중소기업에서 종합적·종류별 고용 관리의 총체적인 책략으로서 이 책을 잘 활용하기 바란다.

2000년 12월
중소기업 노무 연구회

머리말 / 3

서 장

I. 여유있는 시대와 인사 · 노무 관리 / 15

2. 노동력 부족과 노동자의 필요 다양화에 따른 대응 / 19

● 중소기업 노동력 확보법의 등장 / 19

1. 신노동력 부족 시대의 도래와 앞으로의 전망 / 22

2. 노동력 다양화의 진행과 종적 관계에 의한 노동력 확보 대책의 기본

/ 26

1. 신규 졸업자에 매력있는 제도의 확립이 과제 ● 28

2. 중도 채용이 정규 사원의 주체가 되는 시대 ● 32

3. 60세대 전반층의 활용 ● 34

4. 가정 주부 노동력의 활용 ● 36

5. 다양한 취업 형태의 발동 ● 39

제 1장 정규 사원 확보와 활성화

I. 신규 졸업자 · 신입 사원의 활성화 / 43

1. 신규 졸업자를 중심으로 한 구조적 인력 부족 시대 / 43

2. 젊은층의 특징 / 44

1. 현대의 '젊은 세대' 상 ● 44

2. 현대 젊은이의 취업 행동의 특징 ● 47

3. 신입 사원의 모집과 채용 / 50

1. 신입 사원의 채용 계획 ● 50

2. 신입 사원의 모집 활동 ● 52

3. 젊은층의 중도 채용 ● 61

4. 젊은 노동자의 정착화와 전력화 / 66

1. 입사시의 수속과 젊은 노동자를 받아들일 체제의 확립 ● 66

2. 시용 기간 ● 67

3. 신입 사원 교육 ● 69

4. 젊은 노동자의 정착화와 전력화 대책 ● 70

2. 여자 사원의 활성화 / 79

1. 여성 시대의 도래와 여성 사원의 전력화 / 79
2. 여자 사원을 전력화하기 위한 편성 / 80
   1. 경영자의 자세 ● 80
   2. 장기적 인사와 노무 관리 방침의 확립 ● 81
   3. 직장 실태에 맞는 전력화 계획의 책정 ● 82
   4. 직장의 풍토 조성 ● 83
   5. 여자 사원의 직업 의식 향상 ● 84
   6. 여자 사원에게 경영 정보를 제공한다 ● 86
3. 여자 사원의 인사와 노무 관리상의 요점 / 87
   1. 모집 · 채용 ● 89
   2. 여자 사원의 중도 채용 ● 90
   3. 배 치 ● 93
   4. 승 진 ● 99
   5. 교육 훈련, 능력 개발, 동기 조성 ● 103
   6. 임 금 ● 107
   7. 시간 외 노동 · 휴일 노동 · 심야 작업 ● 108
   8. 모성 보호 ● 112
   9. 복리 후생 ● 116
   10. 정년 퇴직 · 해고 · 재고용 ● 117

3. 중 · 고령층 사원의 활성화 / 129

1. 고령화 사회에 대한 대응 / 129
   1. 고령화 사회의 도래 ● 129
   2. 고령층의 고용상의 과제 ● 131
2. 정년제의 재평가 / 132
   1. 정년제 재평가의 필요성 ● 132
   2. 정년 연장 등에 대한 어프로치 ● 135
3. 정년 도달자의 고용 / 136
   1. 정년 도달 후의 고용 형태와 근무 실태 ● 136
   2. 재직 노령 연금의 활용 ● 140
4. 임금 체계의 재조정 / 141
   1. 임금 커브의 수정 ● 142
   2. 사람을 위주로 한 임금에서 업무급 체계로의 이행 ● 143

CONTENTS

5. 퇴직금 제도의 재조정 / 145

   1. 재조정 방식 ● 145

   2. 퇴직금의 연금화 ● 147

   3. 정년 퇴직자의 모델 퇴직금, 퇴직 연금 월액 ● 151

6. 직능 자격 제도·전문직 제도 / 152

   1. 직능 자격 제도 ● 152

   2. 전문직 제도 ● 154

   3. 관리직 임기 제도 ● 154

   4. 진로 선택 제도 ● 155

7. 직무 재설계와 능력 개발 / 156

   1. 직무 재설계 ● 156

   2. 능력 개발에 의한 활성화 ● 157

8. 고령자를 위한 고용 관리 / 159

   1. 고령자의 직장 적응 ● 159

   2. 고령자를 위한 직장 개선 ● 161

   3. 고령자를 위한 건강 관리 ● 162

   4. 퇴직 후를 대비한 지도·원조 ● 163

4. 중도 채용 사원의 확보 / 168

1. 중도 채용의 현상과 채용 포인트 / 168

   1. 인재 확보의 중심 수단 - 중도 채용 ● 168

   2. 중소기업의 중도 채용의 포인트 ● 169

2. 중도 채용 계획 / 173

   1. 요원 계획 기본 방침의 검토 ● 177

   2. 인원 증가 계획 ● 177

3. 중도 채용의 목적과 채용하는 인재 타입 / 180

   1. 인원 보충형 중도 채용 ● 180

   2. 경영 혁신형 중도 채용 ● 181

   3. 확대 발전형 중도 채용 ● 181

   4. 보강 인재 스펙트 ● 182

4. 중도 채용자의 모집 / 183

   1. 구인 방법의 선택 ● 183

   2. 모집 광고의 계획 ● 192

   3. 구인 광고, 모집 조건의 포인트 ◉ 194

5. 중도 채용자의 응모 접수 · 면접 · 전형 · 채용 / 198

   1. 응모 접수 체제 ◉ 198

   2. 전형 방법 ◉ 198

   3. 면접 진행 방법 ◉ 198

   4. 판정과 통지 ◉ 199

6. 중도 채용자의 처우 / 204

   1. 중도 채용자의 임금 결정 ◉ 204

   2. 채용 절차 ◉ 210

   3. 중도 채용자의 역격차 임금 대책 ◉ 210

   4. 중도 채용자의 사내 융화와 정착 대책 ◉ 211

제 2장 다양한 채용 형태의 활용

I. 파트 타임의 활용 / 217

1. 파트 타임에 대한 새로운 인식 / 217

   1. 법제도 등의 개정 ◉ 217

   2. 파트 타임 활용의 새로운 시점 ◉ 219

   3. 파트 타임 확보의 새로운 시점 ◉ 220

2. 파트 타임의 채용 계획 / 222

   1. 채용 인원수의 계획 ◉ 222

   2. 파트 비율 ◉ 224

   3. 채용 방침의 명확화 ◉ 225

   4. 파트 타임 응모 시기와 방법 ◉ 226

   5. 모집 광고의 포인트 ◉ 226

   6. 구직 주기와 꼭 맞춤 ◉ 229

   7. 연중 모집 시스템 ◉ 230

   8. 모집 광고의 타이밍 ◉ 234

3. 파트 타임의 채용 · 처우 / 234

   1. 채용 절차 ◉ 235

   2. 임금 체계의 개요 ◉ 237

   3. 임금 테이블 방식(직무 · 직능이 심플한 경우) ◉ 239

   4. 평가 단가 가산 방식(많은 요소를 시급에 반영시키고 싶은 경우) ◉ 242

5. 승격 사정과 승급 ● 244

6. 연수입 700만원을 초과하는 파트 타임 ● 244

7. 파트 타임의 시간 외 할증 임금 ● 248

8. 상여 · 퇴직금의 지급 ● 248

4. 교육 · 배치 / 249

5. 환경 정비 / 252

6. 정착 · 전력화를 위한 인사 · 노무 관리 / 253

2. 파견 사원의 활용 / 263

1. 인재 파견 시스템의 성장 발전 / 263

2. 인재 파견 시스템의 도입 목적과 이용 실태 / 265

3. 인재 파견 시스템과 파견 계약 / 267

1. 적용 대상 업무와 파견 시스템 ● 267

2. 파견처 사업주의 사원 파견 계약에 있어서 유의 사항 ● 269

3. 법정 외 계약 내용 ● 271

4. 파견 의뢰의 포인트 / 272

1. 파견 회사의 선정 ● 272

2. 파견 의뢰시의 주의 ● 273

5. 파견 노동자 활용 포인트 / 273

1. 전문 동일 업무 일괄 처리 ● 274

2. 대인 관계와 환경 정비 ● 274

3. 도입 지도 ● 275

4. 코스트 퍼포먼스 관리 ● 275

6. 파견 노동자의 취업 관리 / 277

1. 지휘 · 명령 관계 ● 277

2. 노동자 파견 계약의 준수 ● 277

3. 파견처 책임자의 적절한 선임 및 직무 내용 ● 278

4. 대상 업무 외의 업무 ● 279

5. 기간 중의 중단 ● 280

6. 파견 노동자의 교대 신청 등 ● 280

7. 적정한 파견 취업의 확보 ● 281

8. 파견 노동자에 대한 노동 기준법 등의 적용 ● 281

7. 경영 관리상의 파견 노동자 활용 포인트 / 283

    1. 정규 사원과의 조정 ◉ 283

    2. 파견업자와의 조정 ◉ 284

    3. 계획적인 인재 활용 ◉ 285

3. 계약 사원·등록 사원의 활용 / 286

  1. 계약 사원·등록 사원 제도의 배경 / 286

    1. 계약 사원 ◉ 286

    2. 등록 사원 ◉ 287

  2. 계약 사원제에 의한 고용 / 287

    1. 계약 사원의 모든 형태 ◉ 287

    2. 계약 사원제의 도입 메리트 ◉ 287

    3. 계약 사원 고용의 유의점 ◉ 288

  3. 등록 사원제에 의한 고용 / 290

    1. 등록 사원의 모든 형태, 메리트 ◉ 290

    2. 등록제 사원 고용의 유의점 ◉ 291

4. 파견(출장) 사원의 활용 / 292

  1. 파견(출장) 사원의 형상 / 292

    1. 파견(출장) 사원의 형상과 동향 ◉ 292

    2. 파견(출장)의 형태 ◉ 294

  2. 파견(출장) 사원 수용상의 과제 / 294

    1. 파견(출장) 사원의 적극적 활용 ◉ 294

    2. 파견(출장) 사원 당사자의 문제 ◉ 296

    3. 수용 기업의 경영상 과제 ◉ 297

  3. 파견(출장) 사원의 수용 / 298

    1. 파견 기업과의 파견 조건 협의와 파견 협정 ◉ 298

    2. 수용 체제 조성 ◉ 298

    3. 직장 배치와 융합화 ◉ 299

5. 재택 근무자의 활용 / 300

  1. 재택 근무자란 / 300

  2. 재택 근무자의 분류 / 302

  3. 재택 근무 제도의 메리트와 디메리트 / 303

    1. 메리트 ◉ 303

    2. 디메리트 ◉ 304

4. 재택 근무자에 관한 법률상 규제와 대응 / 306

   1. 사용 고용형과 임시 촉탁형 ◉ 306

   2. 하청 위탁형 ◉ 306

5. 재택 노동자의 일상 취업 관리 / 309

   1. 취업 관리 ◉ 309

   2. 인간관계와 커뮤니케이션의 유지 ◉ 310

   3. 공정한 인사 고과, 근무 평가 ◉ 311

   4. 작업 환경의 정비 등 ◉ 311

6 . 재택 근무 제도의 장래 / 311

제 3장 국제화에 따른 노동력의 활용

I. 해외 파견 사원 / 315

1. 해외 파견 사원의 중요성 / 315

2. 해외 파견 후보자의 선정 / 318

   1. 건강 상태의 체크 ◉ 318

   2. 유연성, 적극성 등 ◉ 318

   3. 외국어 사용 능력 ◉ 319

   4. 기 타 ◉ 319

3. 해외 파견 후보자와의 면담 / 319

4. 파견 전 교육 / 321

5. 파견 기간 중의 의사 소통 / 322

6. 귀국, 직장 복귀에 대한 대응 / 324

2. 해외 현지 고용자 / 326

1. 해외 현지 고용자의 중요성 / 326

2. 사전 조사 / 328

   1. 노동력의 수급 관계 ◉ 328

   2. 주요 인재 모집 루트 ◉ 328

   3. 정착 정도 ◉ 329

   4. 임금 수준 ◉ 329

   5. 노동 법규 ◉ 329

   6. 교육 수준 · 근면성 ◉ 329

3. 모집 · 채용 · 해고 / 330

4. 교육 훈련 / 331

5. 노동 조건 / 333

3. 외국인 노동자의 적정 고용 / 336

1. 외국인 노동자의 증가와 출입국 관리법의 개정 / 336

2. 외국인의 입국 요건과 수속 / 338

    1. 입국 요건 ● 338

    2. 입국 사증 등의 수속 ● 339

3. 체류 자격의 내용 / 340

    1. 취업할 수 있는 체류 자격 ● 340

    2. 원칙적으로 취업이 되지 않는 체재 자격 ● 342

4. 모 집 / 345

    1. 취업 가능 여부 확인 ● 345

    2. 체류 기간 및 외국인 등록 증명서 발행 ● 346

    3. 외국인 노동자의 인재 파견 ● 347

    4. 불법 취업과 출입국 관리법 ● 347

5. 선 고 / 348

    1. 능력, 기능 등의 확인 ● 348

    2. 자국어 습득과 자국 문화의 이해 ● 349

    3. 시용 기간 등 ● 349

6. 채용(고용 계약 등) / 350

7. 수용 체제 / 351

    1. 가정 생활 충실을 위한 어드바이스 ● 351

    2. 사원에 대한 사전 설명 ● 351

8. 배치와 직무 분담 / 352

9. 기타 고용 관리 / 354

10. 세금과 사회 보장 / 355

보충 – 외국인 연수생의 적정 수용 / 358

1. 외국인 연수생 수용의 의의와 목적 / 359

2. '연수생'이 체류 자격을 받기 위한 기준 등 / 360

서
장

1. 여유있는 시대와 인사·노무
   관리
2. 노동력 부족과 노동자의 필요
   다양화에 따른 대응

1 여유있는 시대와 인사 · 노무 관리

1991년 봄부터 하강하기 시작한 나라의 경기는 현재까지도 계속 불황 속에 있다. 한편 중소기업에서도 생산 판매의 정체, 가격의 하강, 다른 한편으로는 인건비 등의 코스트 상승으로 인해 어려운 경영 상태에 놓여져 있다.

그러나 대부분의 중소기업은 불황 속에 있어도 노동력 부족 문제는 여전히 경영상의 최대 문제의 하나로 되고 있다. 거시적 상태에서 본다면 불황 하에서 유효 구인 배율은 1을 하향하는 상태가 계속되고 있는데, 실업률과 절대수는 별로 변하지 않고 있다. 이것은 사원이 해고되기 전에 전직 자리를 찾아 자주적으로 이동함으로써 불황이 고용에 그다지 영향력을 발휘하지 않는다는 것을 말해 주고 있다. 불황이 계속되어도 노동 시장의 실질적인 유급은 별로 완화되지 않고 중소기업으로서는 여전히 구인난의 기조 현상이 계속되고 있는 것이 현실정이다.

중소기업으로서 인원 감소가 요청되는 경우에는 장기적 노동력 수급의 전망에 입각하여 당분간은 '고용 조정 조성금 제도'를 활용하는 등 사원의 감소를 되도록이면 피하고 가능한 한 불황하에서도 고용을 유지하는 것이 현명할 것이다. 노동부는 1993년 3월부터 고용 조정 조성금 지급 대상 업종의 확대, 신청 수속의 대폭적인 간소화 등을 꾀하여 중소기업에서도 고용 조정 조성금 제도를 활용하기 쉽도록 배려하고 있다.

노동력 부족의 기조가 변하지 않은데다가 사회 전체의 여유를 필요로 하는 움직임은 점점 강해지고 중소기업 경영에 영향을 주는 임팩트는 크기 때문에 장래의 인사 · 노무 관리에 있어서 충분히 유의해야 할 것이다. 여유있는 인사 · 노무 관리의 실천이 결국 중소기업에 있어서 인재 확보 활용의 기초를 이루게 될 것이다.

정부는 1992년 6월, '생활 대국 5개년 계획 ── 지구 사회와의 공존을 지향해서……'를 발표했다. 생활대국은 '국민 한 사람 한 사람이 풍부함과 여유있는 생활 속에서 그것을 실감할 수 있고, 다양한 가치관을 실현하기 위한 기회가 동등하게 주어져 아름다운 생활 환경하에서 간소한 라이프 스타일이 확립된 사회'라 정의되고 있다. 그 정책으로는 다음과 같다.

1) 계획 기간내(1992~1996년)에 있어서 연간 총 실노동 시간 1,800시간의 확립(그 내역은 완전 주휴 2일제에 의한 연간 주휴 일수 104일, 연차 유급 휴가 취득일 수 20일, 주휴 이외의 연간 휴일 15일, 연간 결근일 수 3일, 연간 휴일 수 합계 142일, 연간 출근 총 일수 224일, 1일의 소정 내 노동 시간 7시간 25분, 소정 외 노동 시간 40분, 1일의 노동 시간 합계 8시간 5분이라 받아들여지고 있다)

2) 대도시권에서도 일반 노동자는 5년간 저축한 급여로 자신의 집을 소유할 수 있다.

3) 풍부한 학습, 문화, 여가 생활

4) 여성이 능력을 최대한 발휘할 수 있는 생활 조건

5) 60대 전반의 고용 확보 등 고령자의 사회 참가 환경

6) 장애자의 사회 참가 환경

7) 지구 환경 보호

8) ODA등 해외 원조

9) 자원봉사 활동의 존중

한편 통상 산업성 여유 사회 간담회에서는 '여유 사회의 기본 구상 (1991년 5월)'이라는 제목으로 중간 보고를 발표한 바 있다. 그 가운데서 여유는

▶ 여유={경제적 여유 + 시간적 여유 + 공간적 여유)×(정신적 충족도)} •

라는 하나의 식으로 나타내어 주목되고 있다. 위의 식에 나타난 여유는 소득 재산 소비 등의 '경제적 여유', 시간 단축에 의한 자유로운 여유 시간 등의 '시간적 여유', 자연, 주거 환경 등의 '공간적 여유'에 '정신적 충족도'를 곱한 함수이다. 즉, 인간은 아무리 경제적(물질적), 시간적, 공간적으로 풍부해도 그것을 즐기는 '마음'이 충실하지 않으면 여유는 생기지 않는다는 의미이다.

본 보고에서는 각 연대별로 라이프 스테이지에 직업 생활, 가정 생활, 여가 생활에 있어서 여유가 분석되고 있다. 1990년대에 있어서 생활 니즈의 특징으로써 자유 시간의 중시, 개성의 존중, 지구 크기에 대한 사고의 세 가지가 지적된다.

직장 생활에 있어서 여유의 실현을 위한 구체적 시책으로는

1) 연간 1,800시간 노동제의 조기 실현
2) 유연한 근무 고용 형태의 도입
3) 개성을 존중한 인사 제도의 확립
4) 쾌적한 직장 환경의 실현
5) 플로 제공형, 개인 선택형 복리 후생의 충실
6) 여자가 일하기 쉬운 직장 환경의 정비

7) 고령자 등에게 일하기 쉬운 직장 환경의 실현

8) 국제적인 인사 관리 제도의 확립

을 들 수 있다. 노동 조건 개선과 더불어 일하는 보람, 일하기 쉬운 직장, 인간 존중, 개성 존중 그리고 각 자 놓여진 환경 조건에 대응한 개별적 인사·노무 관리가 여유 시대에 강조되고 있다. 이것들은 장래의 중소기업에 있어서 인재 확보, 인재 육성, 인재 활용을 위한 기본적 시책이라 할 수 있을 것이다. 여유는 역사적으로는 노동력 부족의 진전에 수반하는 인적 자원의 가치 상승에 수반되어 요청되는 것이다. 중소기업이 인재를 확보할 수 있고 장래에 공히 존속할 수 있기 위해서는 위의 두 가지 보고서에 있어서 강조된 '여유 실현을 위한 인사·노무 관리'를 실천해야 할 것이다.

단시간 추진이든 기업 복지의 충실이든 목표 달성을 위해서는 생산성의 향상성이 수반되지 않으면 안된다. 그렇기 위해서는 중소기업에 있어서도 CAD - CAM - ACT 등의 절약 자동화, 마케팅, 연구 개발 등의 추진이 불가결한데, 담당자인 인재의 확보, 능력 개발, 활용은 그 전제를 이루는 것이다. 이 책은 그런 시점에 입각하여 중소기업에 있어서 앞으로 인사·노무 관리 본연의 자세 그대로를 추구하여 나타낸 것이다.

2 노동력 부족과 노동자의 필요 다양화에 따른 대응

• 중소기업 노동력 확보법의 등장

1991년 8월 1일 '중소기업의 노동력 확보를 위한 고용 관리의 개선, 촉진에 관한 법률(중소기업 노동력 확보법)'이 시행되었다.

일본의 경우 '중소기업 노동력 확보 법안'이 국무회의에서 결정된 것은 1991년 2월 15일, 그 후 국회에서 심의가 실시되고 4월 16일 중의원 사노위(사회 노동 위원회), 18일 중의원 본회의, 24일 참의원 사노위, 같은 날 참의원 본회의에서 각각 가결되어 8월 1일에 시행된 것이다.

이 이례적인 스피드 심의, 그리고 전 회의 일치에 의한 성립과 신속한 시행은 이 법률이 얼마나 긴급하게 필요한 것인가를 나타내는 것으로 한편, 중소기업에 있어서의 노동력 부족이 대단히 심각한 상태에 있으며 정부의 조성책이 시급함을 나타낸 것이다.

그리고 1991년 5월에는 '육아 휴업 등에 관한 법률(육아 휴업법)'이 성립되고 그해 10월 15일에는 시행 규칙이 공포되었으며, 1992년 4월 1일 시행하게 되었다.

그보다 앞서 1990년 10월에는 '고령자 고용 안정법'의 개정이 시행되어 정년에 달한 자가 해당 사업주에게 다시 고용되기를 희망하면 사업주는 특별한 경우를 제외하고는 65세까지 고용하지 않으면 안된다는 의무가 과해졌다. 그래서 60대 전반층 고용에 대한 정부의 조성책과 재직 노령 연금 소득 상한 완화 등의 대책이 취해졌다.

'1989년도 중소기업 백서'는 중소기업에 있어서의 노동력 부족 대책으로써 다음 세 가지를 들었다.

1) 고령층의 활용
2) 여자 노동력의 활용
3) 노동 시간 단축, 이업 복지 개선, 인사·노무 개선 등에 의한 중소기업의 매력 조성(중소기업에 있어서의 노동력 부족의 구조적 요인에 대한 시책)

'고령자 고용 안정법'의 개정이나 그것에 관련된 일련의 60대 전반층 고용 원조책, 그리고 1993년 4월부터 시행되는 '육아 휴업법'은 앞의 1), 2)에 대한 관련법이다. 또한 단순 노동자로서의 외국인 노동자에 관해서 백서에서는 신중한 대응책을 강구하고 있지만, 1990년의 입관법 개정에 있어서 전문적 기술, 지식 등을 가진 외국인에 대해서 재유 자격의 확충 등이 행해졌다.

지금까지는 출생률 저하에 따른 노동력 공급 감소에 기인한 노동력 부족 시대에 대응한 새로운 노동력 급원 타개의 면에서 정부 시책의 활동이라 해석할 수 있다. 그러나 그밖에 중소기업에는 임금 수준, 노동 시간 등의 노동 조건, 건강, 체력 단련, 퇴직금, 기업 연금, 재산 형성 원조, 사택, 기숙사, 불시의 경우 소득 보장, 문화·체육·레크리에이션 시설·활동·원조 등의 복리 후생, 교육 훈련, 배치, 승진, 승격, 임금 체제, 인간관계 등 인사·노무 면에 있어서 일반적으로 대기업에 비해서 열악하고 사원의 기대에 충분히 따라주지 못하는 실정이어서 노동 시장에 있어서의 노동력 모집과 채용면에서 대기업과 비교해 볼 때 불리한 입장에 있다. 앞에서 '1989년도 중소기업

백서의 구조적 요인'이라고 지적한 부분이다.

이번의 '중소기업 노동력 확보법'은 말할 것도 없이 3)에서 거론된 구조적 요인에 대한 '매력있는 중소기업 조성' 정책으로서 등장한 것이라고 볼 수 있다. 이것은 중소기업의 노동 시간 단축을 위한 혁신적인 설비 투자, 노동력 부족에의 생산력 투자, 노동 환경 정비 투자, 복리 후생 시설 투자, 교육 훈련의 확충, 인사 · 노무 개선 등의 조치에 대해 정부 등에 의한 보조금 · 조성금 · 장려금의 지급, 금융 세제상의 우대 조치, 컨설턴트, 서비스 제공 등의 원조를 하려고 하는 것이다.

지금까지도 각종 중소기업 관련 시책이 실시되어 왔으며, 특히 1990년에는 '중소기업 지도법'에 기초를 둔 '노동 복지 진단'이 창설되었고, 주휴 2일제, 유급 휴가 등의 노동 시간, 노동 환경, 복리 후생, 인사 · 노무 등의 진단과 지도가 실시되게 되었다.

이번 '중소기업 노동력 확보법'은 이상의 각종 시책에 대한 근본적인 방책을 확충한 것으로서의 의미를 갖는다. 중소기업 경영을 다방면에서 종합적인 근대화를 촉진하여 노동 조건, 노동 환경, 복리 후생 등의 개선을 유도하며, 중소기업 노동자의 복지를 향상시켜 그 결과로서 중소기업의 노동력 확보를 보다 용이하게 하는 것을 목표로 한 것이다.

이 책은 위에 서술한 정부 정책의 활동을 근거로 삼아 정규 사원, 파트 타임, 파견 노동자, 출장 사원, 재택 근무자, 해외 파견 사원, 해외 현지 고용자, 외국인 노동자 등의 노동자 종류별로 각 노동력 확보와 활용에 대해 서술하였다. 노동력 부족 시대, 사원 필요의 다양화 시대에 대응하여 '중소기업 노동력 확보법'도 염두에 두면서 앞으로의 중소기업 고용 관리의 구체적 정책에 대해서 실려 있다.

1. 신노동력 부족 시대의 도래와 앞으로의 전망

이자나기 경기를 능가한 이번의 장기 호황 중에 유효 구인 배율은 1988년 이후 1을 넘고, 구인난은 올 3/4분기 이래 계속해서 중소기업 경영상의 문제점 중에서 제일로 꼽히고 있다.

또한 중소기업 단체 중앙회 '1990년 중소기업 노동 사정 실태 조사 결과 보고'에 보면 중소기업의 경영상의 애로는 1986년 이래 판매 부진 수주의 감소를 꼽는 중소기업의 비율이 감소하는 반면, 노동력의 질과 양의 부족, 인건비의 증대 등 고용 노동 문제를 지적하는 중소기업의 비율이 격증했다. 1991년 하반기부터 경기는 조정기에 들어갔지만 유효 구인 배율은 여전히 1을 넘고 있으며 실업률은 2%를 약간 상회할 정도이고 초완전 고용 상태는 변하지 않고 있다.

호황에도 불구하고 기업 도산이 점점 늘어나고 있는 것도 새로운 현상이다. 기업 도산의 대부분 원인이 일손 부족으로 인한 '노무 도산'이 주를 이루고 있다. 주문량은 많은데 사람을 채용할 수가 없어서 폐업하게 되는 도시 공장이나 건설업체가 줄을 잇고 있는 실정이다.

현재의 노동력 부족은 종래의 호황에 의한 노동력 수요 증가에 근거를 두었을 뿐만 아니라, 장기적 출생률 저하에 근거한 노동력 공급의 감소에 근본적인 원인이 있는 것이 특징이다. 또한 노동력 부족은 전 산업, 전 규모, 전 지역 대부분의 기업에 걸친 것이며, 상용 노동자, 파트 타임, 임시 계절적 노동자의 전체에 미치고 있다. 그런 의미에서 일본은 역사적으로 새로운 노동력 부족 시대에 들어섰다고 해야 할 것이다.

현재 3년 넘게 노동력이 부족한 실태이며 그 중에 농업 취업자, 가족 취업자 등 고용 노동자의 잠재 노동력 공급은 두드러지게 감소하여 농업 취업자의 평균 연령은 60세에 다다르고 있다. 연금 수준의

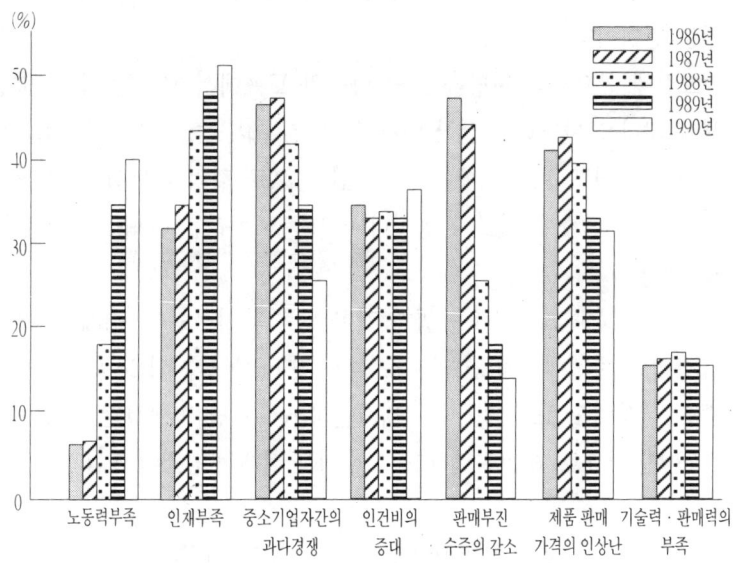

중소기업에서의 경영상의 애로점

자료 : 전국 중소기업단체중앙회 '중소기업 노동 사정 실태 조사(1990년)' (주) 3항목 이상 복수회답

개선으로 고령층의 노동력률은 장기적으로 저하되고 있다. 또한 젊은 사람을 중심으로 이른바 3K 등 현장 직종을 등한시하는 경향이 나타나고 있나.

한편 제3차 산업화, 경제 소프트화의 진행은 GNP 단위당 필요 노동력을 늘리고 있다. 이들 노동력 다소비 산업 부문에는 제조 부문에 비해서 기계 설비 등에 의한 생력화(산업의 기계화·자동화·무인화를 촉진시켜 노동력을 줄이는 일)의 여지가 적으므로 상대적인 제3차 산업의 확대는 노동력 수요를 계속 늘려가는 방법밖에 없다.

이런 상태에서 전직자는 계속 늘고 있는 상황이다. 정부에서의 '노동력 특별 조사'에 의하면 1990년 3월부터 1991년 2월까지 1년 동안에 아직까지 최대인 257만 명이 자신의 의사에 의해 전직했다고 한다. 이것이 구인수를 증가시켜 일손 부족 현상을 한층 강하게 하고 있는 원인이다.

그런데 앞으로의 전망을 보면 다음의 도표에서 보는 바와 같이 출생률 저하를 반영해서 생산 연령 인구(15~64세)는 1990년의 8,622만 명에서 적어도 1995년에는 8,711만 명으로 절정에 달하고 그 후로는 절대적 감소에 이를 전망이다(보건복지부 인구 문제 연구소 1991년 6월 잠정 추정).

생산 연령에.노동력률을 곱한 것이 노동력 인구인데, 경제기획원의 잠정적인 추정에 의하면 앞으로 여자 및 60대 남자의 노동력률의 상승을 예상해도 노동 인구는 1989년의 6,302만 명에서 2000년에는 6,739만 명으로 최고에 달하고 그 후에는 절대적 감소에 이를 것이다.

생산연령(15~64세) 인구의 장래 추계(1990~2000년)

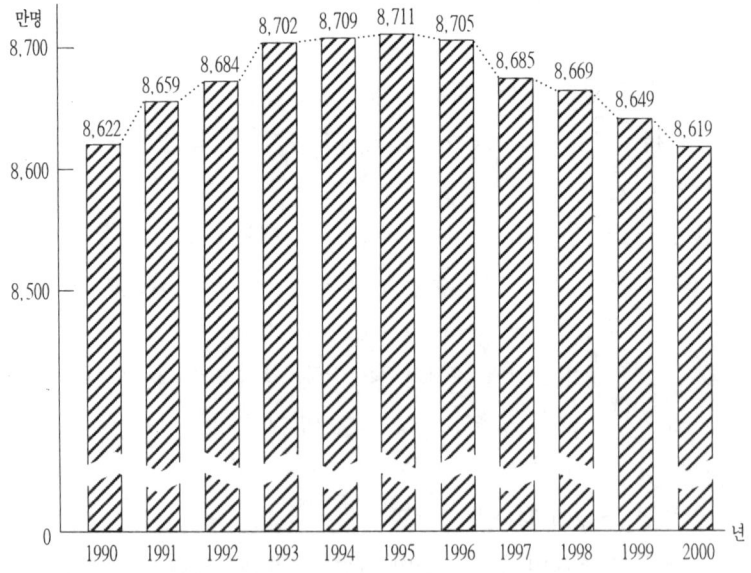

자료 : 보건복지부 인구 문제 연구소 '일본의 장래 인구 추계 1991년 잠정추계'

여기에 덧붙여 노동 시간은 최근 몇 년간 연당 40시간 정도로 연간
총 실노동 시간 약 2,000시간에 대해 약 2%의 비율로 계속 단축되
고 있다. 한편 다음의 도표와 같이 1989년부터 2000년까지의 연 평
균 노동력 인구 증가율은 0.6% 정도에 지나지 않는다. 결국 노동 시
간으로 계산한 노동력은 이미 감소 추세에 들어갔다.

이렇게 분석해 보면 앞으로 경기가 조금 나빠져도 일본에서의 노동
력 부족은 그다지 완화되지 않을 것이라고 보는 편이 정확할 것이다.
예를 들어 21세기에는 경제 성장률이 1% 정도만 떨어져도 1,000만
명에 가까운 노동력 공급 부족 상태가 될 것이라는 노동부의 연구 프
로젝트의 보고도 있다.

결국 '기업은 인재 기업'의 시대에 돌입했다고 볼 수 있다. 앞으로

노동력 인구의 추이와 장래 전망(1970~2010년)

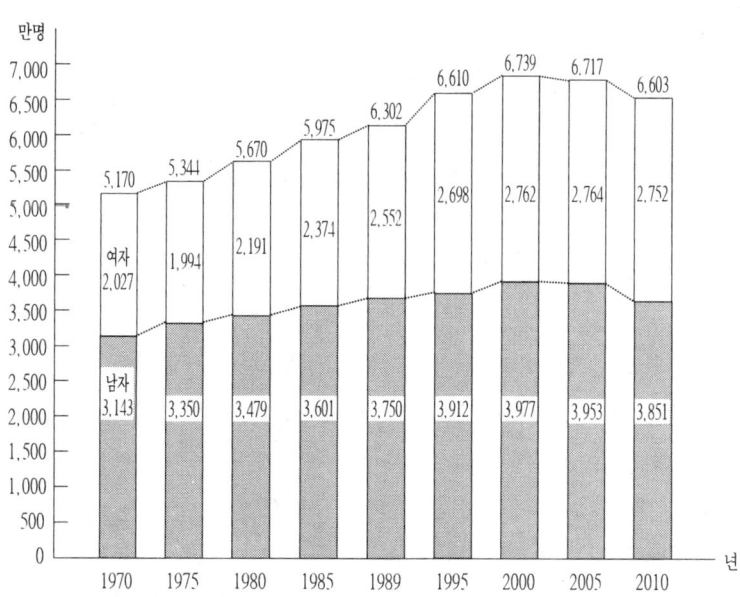

자료 : 경제심의회 2010년 위원회 '2010년의 선택(1991년 6월)'

기업의 존속과 발전은 '얼마나 사람을 채용하고, 정착시켜 의식을 가지고 일에 종사시킬 수 있는가'에 의존하게 되었다고 할 수 있다.

2. 노동력 다양화의 진행과 종적 관계에 의한 노동력 확보 대책의 기본

노동력 확보를 위해서는 양적으로 부족한 노동력의 실태와 노동력이 크게 7개의 부분으로 다양화되어 있다는 것을 알아야 한다(기타 특수한 노동력으로 상위 기업에서 온 출장 사원이 있다).

1) 학교 졸업과 동시에 채용하는 표준 채용 정규 사원(표준 노동자) 노동력
2) 중도 채용 정규 사원 노동력
3) 정년 후 재고용을 포함한 60대 전반 고령층 노동력
4) 육아 등 가정의 책임을 가진 주부층 노동력(재고용을 포함한다)
5) 학업을 주로 하는 학생의 부분 취업 노동력
6) 파견처 기업에서의 파견 노동력
7) 외국인 노동력

물론 노동 조건, 기타 처우, 취급은 직무에 대한 공헌이나 능력에 따라 평등, 공평, 공정하지 않으면 안된다는 것은 말할 것도 없다.
실제로는 각 종류의 노동자의 니즈, 희망에 따라 직무, 노동 시간, 장소, 기타 세세한 제반 취업 조건에 대해서 개별 관리에 의한 대응이 불가결하다. 지금까지의 인사·노무는 정규 표준 노동자를 대상으로 하는 일반적인 것으로 그 이외에는 예외 관리로 취급해 왔다.

그러나 요즘 대부분의 중소기업에서는 신규 졸업자의 채용은 거의 불가능한 심각한 상태에 처해 있는 실태이다. 중소기업에 있어서는 1) 보다는 2), 3), 4), 5)가 구성 노동력의 주류로 변해가고 있으며 6)도 계속 증가하고 있다. 그리고 제조업, 현업직 등을 중심으로 외국인 노동력의 도입을 기대하는 중소기업도 계속 증가하고 있다. '출입국 관리 통계 연보'에 의하면 1990년에는 사상 최다 취업을 목적으로 9만 명, 연수 목적으로 3만 5천 명의 외국인이 입국했다고 한다.

다음의 도표는 '기업의 장래 채용 방침'을 조사한 것이다. 전국 평균 유효 구인 배율이 1을 넘고 노동력 부족으로 전환된 1988년의 조

장래 채용 방침　　　　　　(복수회답, %)

기업규모 채용방침	합계	30~99명	100~ 299명	300~ 999명	1,000~ 4,999명	5,000명 이상
전 기업	100.0	100.0	100.0	100.0	100.0	100.0
신규 졸업자 채용을 중시한다	54.1	83.5	83.9	75.4	63.3	48.5
신규 졸업자 중 여자 채용을 적극적으로 실시한다	11.7	18.0	16.3	13.5	16.3	10.0
중도 채용을 중시한다	50.3	45.3	37.8	39.7	47.1	52.5
계약 사원 채용을 적극적으로 실시한다	10.1	14.6	14.6	15.7	12.2	8.8
여자 사원의 재고용을 적극적으로 실시한다	1.7	1.6	4.9	2.8	1.4	1.6
파견 사원을 적극적으로 활용한다	4.3	19.6	13.3	11.7	5.9	2.9
출장 사원을 적극적으로 수용한다	3.5	0.3	2.5	2.8	4.0	3.4
파트 타임·아르바이트 채용을 적극적으로 실시한다	31.8	27.5	37.5	38.7	34.2	30.3
외국인 채용을 중시한다	1.2	8.2	2.9	1.3	2.0	0.8
채용을 공정하게 한다	3.9	1.9	1.9	2.6	2.7	4.4
무기입	2.2	–	0.6	1.4	1.3	2.6

자료 : 노동부 '채용 관리 조사(1988년)'

사인데, 30~90명 규모의 기업에 있어서는 이미 신규 졸업생 채용보
다는 중도 채용을 중시하는 경향으로 바뀌고 있다. 현재 극도로 심한
신규 졸업생 채용난은 100~299명 규모의 기업으로 확대되고 있고
여기에서도 곧 신규 졸업생보다는 중도 채용 중시에의 전환은 어쩔
수 없는 일일 것이라고 생각된다.

앞의 도표에서 보면 가정 주부 등을 파트 타임으로 또는 학생을 아
르바이트로 고용하는 것이 중시되어 있는 것을 알 수 있다. 중소기업
에 있어서 지금 단계에서는 퇴직한 여사원의 재활용, 외국인 채용 등
은 아직 중시되고 있지 않지만, 이 점도 앞으로는 차츰 변해 그들 노
동력에의 의존도가 늘어날 것이라고 생각된다.

이 책에서는 이상의 노동력을 종류별로 구분하여 그 확보 대책을
다루었다. 각 장의 본론에 들어가기 전에 서장에서는 7개 부분의 노
동력을 확보할 때 고려해야 할 기본적인 사항을 서술했다.

1. 신규 졸업자에 매력있는 제도의 확립이 과제

제1의 노동력은 학교 졸업과 동시에 채용하는 정규 사원(표준 노동
자) 노동력이다. 신규 졸업생 노동자 공급수는 다음의 도표에서 알 수
있듯이 1960~1970년에 걸쳐 매년 150만 명 안팎에 달했다. 그러나
1975년 이후부터 1985년까지는 100만 명 안팎으로 감소되었다. 그
러다가 1988년 이후에는 제2차 베이비 붐기 출생자의 신규 졸업생
연령 도달을 반영해서 110만 명에서 120만 명의 공급으로 증가하고
있다. 그사이에 학력 구성은 크게 변화하여 신규 졸업생 노동 공급의
고학력화가 계속 진행되고 있다.

장래를 전망하면 도표에서 추계했듯이 제2차 베이비 붐기(1971~
1974년)를 반영해서 앞으로 3년 동안은 120만 명대의 고학력 신규 졸업
생 노동력 공급을 기대할 수 있다. 1995년부터 1997년까지는 110만

신규 졸업생 공급의 실태와 장래의 전망

1. 지금까지의 신규 졸업생 취업자 수의 실태

학력 연 도	중 졸	고 졸	대 졸 (전문대졸)	합 계
1960	68만명	48만명	10만명	126만명
1965	63	63	15	141
1970	27	73	26	126
1975	9	54	33	96
1980	7	57	41	105
1985	7	54	43	105
1988	6	59	47	112
1989	6	61	50	116
1990	5	62	53	120

2. 장래 신규 졸업생 수의 추정

학력 연 도	중 졸	고 졸	대 졸 (전문대졸)	합 계
1991	5만명	68만명	52만명	125만명
1992	5	66	54	125
1993	5	62	56	123
1994	4	60	56	120
1995	4	57	58	119
1996	4	56	56	116
1997	4	54	53	111
1998	4	51	51	106
1999	4	50	49	103
2000	4	49	47	100
2001	3	49	45	97
2002	3	49	43	95
2003	3	47	42	92
2004	3	45	42	90

자료 : 문교부 '학교기본조사'

명대, 그리고 그때부터 앞으로 2000년까지는 100만 명대의 공급으로 감소하고, 21세기에 들어서면 100만 명대가 무너지고 점점 급속한 출생률 저하로 인해 신규 졸업생 노동력 공급이 감소하는 결과를 초래하는 시기에 들어서게 된다. 결국 신규 졸업생 공급은 양적으로는 지금부터 앞으로 3년간이 최대가 될 것이다.

그러나 다음의 도표에서 보면 오늘날에는 신규 졸업생 취업자 중 대졸은 3명 중 2명, 고졸은 반이 조금 못 되는 300명 이상이 대기업에 입사했다. 그러므로 중소기업은 신규 졸업생 노동력 배분에 있어서 점점 작은 수가 할당되게 될 것이다.

현재의 신규 졸업자 중에는 기업의 규모보다는 적성에 맞는 일을 선택하는 새로운 경향이 싹트고 있다. 미국에서는 관료제나 엄격함

기업 규모별 신규 졸업자 취업 상황

구 분		합 계	1,000명 이상	300~ 999명	100~ 299명	30~99명	5~29명
1989년 취업자수 (천명)	합 계	951.4	287.2	200.9	204.5	126.0	113.1
	중 졸	33.0	6.4	4.3	5.1	8.3	8.9
	고 졸	493.8	122.0	116.0	110.9	74.5	62.5
	전문대졸	210.4	59.1	38.5	46.8	28.3	32.2
	대 졸	214.3	99.6	42.0	41.7	14.9	9.6
구성비 (%)	합 계	100.0	30.2	21.1	21.5	13.2	11.9
	중 졸	100.0	19.4	13.0	15.5	25.2	27.0
	고 졸	100.0	24.7	23.5	22.5	15.1	12.7
	전문대졸	100.0	28.1	18.3	22.2	13.5	15.3
	대 졸	100.0	46.5	19.6	19.5	7.0	4.5
전년도와의 차(포인트)	합 계	-	4.9	1.1	0.0	△5.2	△0.6
	중 졸	-	△2.9	2.8	△5.2	△3.5	9.1
	고 졸	-	4.5	3.7	△0.1	△7.2	△0.7
	전문대졸	-	3.0	△1.6	0.5	△7.4	0.7
	대 졸	-	9.1	△2.6	0.1	△3.2	△3.4

△표시는 마이너스

보다는 오히려 처음부터 여러 가지 일을 경험하고 권한을 받아서 능력 발휘의 기회가 많은 중소기업을 선택하는 신규 졸업자가 많다고 한다. 일본에서도 노동 시장이 매수 시장이 됨에 따라서 기업을 선택하는 시점이 그 방향으로 계속 바뀌고 있다고 생각된다.

우리나라에 있어서도 중소기업의 신규 졸업자 채용난은 기업 규모의 문제가 아니라, 일 그 자체, 일의 진행 방법(조직, 일의 일임도, 자유도, 이 점에서 우리나라의 중소기업은 특히 동족 기업 등에서 권한이 하부로 분산되어 있지 않아서 문제가 되는 예를 많이 본다), 임금, 노동 시간, 복리 후생, 교육, 배치, 승진, 인간관계, 노사관계 등의 문제이다. 이런 점에 있어서 신규 졸업자에게 매력있는 중소기업으로 인식되지 않는 한 그들을 채용하는데 점점 어려움이 따를 것이다.

신규 졸업생 채용에 있어서는 선·후배 관계의 활용, 아르바이트 체험을 통해서 기업이나 본인도 서로 잘 알고 있는 관계의 활용 등이 성공에 대한 지름길이 될 것이다. 또한 각 상공회의소, 경영자협회, 기타 전문 기관의 주최에 의한 집단 면접도 학생과 직접 접촉의 계기로써 활용해야 한다.

또 대졸의 신입 사원 채용에 중소기업이 간과하고 있는 것은 여대생이다. 4년제 대졸 여싱은 비교적 채용하기 쉽다. 그들은 육아 휴업 중의 임금 상여, 사회 보험료의 취급과 복직 후의 직무, 임금상의 보장, 종합직과 일반직의 취급, 재고용제의 유무와 재고용 후의 임금, 직무의 취급 등에 특히 민감하다. 그들은 회사의 전체적인 좋고 나쁨을 이와 같은 내용으로 판단하는 경향이 있다. 그 때문에라도 여자 졸업생 채용의 전략으로서 육아 휴업 제도나 여성 재활용 제도를 매력있는 것으로 정비하는 것이 바람직하다.

예를 들어 육아 휴업 중의 사회 보험료의 대여(회사 대치), 1년 후 복직하고 1년 이상 근무할 경우에는 반환의 면제, 상여는 복직시 휴업에 관계없이 전액 지급, 휴업 중의 급여나 정상 승진(직능급 분에 대해서는 평균적 사정 분으로 한다)을 보장하고 복직시에 실시한다. 이러한 몇 가지 시행적 취급이 몇몇 기업에서 계속 전개되고 있다. 코스별 관리에 있어서의 일반직, 종합직의 선택은 여자뿐만 아니라 남자도 대상으로 하는 것이 필요하다.

정부가 1989년 10월에 실시한 '여성 취업에 관한 의식 조사' 결과에 의하면 여성이 계속 일을 하는 것이 곤란하고 장해가 된다는 가장 큰 이유는 육아(61.4%)이다. 다음으로 노인·환자의 간호(45.3%), 자녀 교육(27.7%) 순으로 나타난다. 그러므로 중소기업은 1992년 4월 1일의 '육아 휴업 제도' 도입에 관해 고려하는 것이 좋을 것이다. 그것은 신규 졸업자 중 여성 노동력의 채용을 늘리는 것 뿐만 아니라 기업의 이미지를 좋게 하는데도 크게 공헌할 것이기 때문이다.

2. 중도 채용이 정규 사원의 주체가 되는 시대

제2의 노동력은 중도 채용의 정규 사원이다.

종래 우리나라에서는 학교 졸업과 동시에 직장(기업)에 입사하여 정년 퇴직때까지 직장을 옮기지 않는 것이 일반적이었다. 임금, 승진, 퇴직금 등의 제도도 이른바 종신 고용 제도를 전제로 설계되었고 그 제도하에 있는 것이 표준 노동자이다. 기업이 중도 채용을 하는 것은 특별한 경우에 한정되었으며, 중도 채용자의 임금, 승진 등은 예외 관리에 속했다. 그 경우 중도 채용자는 표준 노동자에 비해 임금, 승진 등의 처우를 제대로 받지 못한 것이 일반적이었다. 중소기업에서도 그 정도의 차이는 있었지만 마찬가지였다.

그러나 오늘날에는 전반적인 노동력 부족 상태, 또는 산업 구조 격변하의 기업의 리스트럭춰링(restructuring:기업 재구축), 사업의 다각화 추세 속에서 중도 채용은 제조업에서 은행, 보험업에 이르기까지 전

산업, 전 규모로 확산되고 있다. 노동자도 젊은층을 중심으로 전직을 할 때 적성에 맞는 직업을 찾고 직장을 능력 발휘의 도전, 노동 조건 개선의 기회로 삼아서 전직에 적극적인 태도로 임하고 있는 경향이 보인다.

이와 같은 추세로 인해 중도 채용자의 비중이 훨씬 높아졌다. 일본인의 취업 방향은 지금까지는 노동력 과잉 상태였기 때문에 학교 졸업과 동시에 잘 알지 못하는 회사에 들어가 싫든 좋든 그것을 운명으로 받아들이는 태도에서, 우선 직업 생활이라는 것을 알기 위해 어떤 회사에 들어가 정보 사회 속에서 직업의 내용, 교육, 일의 상황, 잔업의 유무, 주휴 2일제나 유급 휴가, 임금, 상여, 기숙사, 사택, 운동 시설, 퇴직 일시금, 기업 연금, 인간관계 등을 타사와 비교해서 만족을 얻을 수 없다면 만족을 줄 수 있는 직장을 찾을 때까지 전직을 하는 추세로 바뀌고 있다. 결국 노동 조건, 직장 환경, 복리 후생, 인간관계 등이 응모자에게 매력을 주지 못하는 한 노동력 부족 시대에 있어서 노동력 확보가 힘들게 될 것이다.

최근에는 학교 졸업 1년 후가 신규 졸업이라고 한다. 또한 1년 후에 전직자가 많이 발생한다. 중소기업은 중도 채용의 문호를 활짝 열어 놓고 임금, 시간, 승진, 복리 후생 등의 정보가 담긴 팜플렛을 제작하여 응모자의 비밀을 엄수하면서 중도 채용에 적극적으로 활용하고 있다.

중도 채용 정규 사원의 처우는 직능 자격제, 직능급제에 의한 것이 공평할 것이다. 중도 채용시에 지금까지는 타사에 있어서의 경험 직무, 근속 연수, 보유 능력(지식, 기능, 전문 자격) 등의 평가로 판단해서 직능 자격을 한다. 그것에 연령급, 가족 수당, 담당 수당을 더한 것이 기준내의 임금이라고 한다. 표준 근로자의 임금과 다른 것은 '근속급'이 제로라는 것뿐이다(근속급은 표준 노동자보다 낮게 된다. 단 근속 1년 후부터는 중도 채용자에게도 근속급이 붙는다. 근속급은 근속 장려의 의미에서 꼭 필요하다).

또한 직능급의 평가는 일정 기간은 '점수 매김'으로 해서 실적을 평가하고 '본격 매김'을 한다. 직능 자격 제도와 그것에 근거를 둔 직능급 제도는 앞으로 일의 보람과 매력있는 직장을 만들기 위한 인사·임금 제도의 열쇠로써의 역할이 기대되지만, 특히 중도 채용자의 임금 결정에는 불가결하다.

3. 60세대 전반층의 활용

제3의 노동력으로서 고령층(60세 전반)이 있다. 고령층의 활용은 우선 정년 연령을 60세로 연장하는 것이 과제이다. 중소기업에서 고령층을 정년으로 정한 기업의 비율은 대기업에 비해 낮아서 아직 60세 정년을 실행하고 있지 않는 기업의 비율은 높다. 그것은 임금 체계나 퇴직금의 개선이 늦어지고 있는 것에 기인한 경우가 많다.

60세 정년 연장을 위해서는 기본급을 직능급, 연령급, 근속급으로 해서 세 가지로 구성하고 연령급은 50세, 늦어도 55세 이후, 근속급은 근속 30년 이후 변동이 없게 하고 정년 연장에 의한 임금 압박을 축소하는 것이 시급한 과제이다. 또한 퇴직금도 55세 이후에는 가산하지 않는 조치를 도입하는 것이 일반적이다.

현재 고령층 고용 문제의 중심은 60세 전반층으로 옮겨지고 있다. 60세 정년에 달한 자를 그 후 65세까지 재고용(정년 연령에 달한 자를 일단 퇴직시키고 다시 고용한다) 또는 근무 연장(정년 연령에 달한 자를 퇴직시키지 않고 계속 고용한다)하는 것이 고령층 고용에 관한 내용이다. 60~64세까지의 구인 비율은 1990년에는 0.3%로 낮았다. 그러므로 고령층에 대해서는 노동력 과잉 상태가 계속되고 있다. 결국 중소기업에게 남겨진 노동력 공급원은 여기에 있다고 볼 수 있다.

그러나 고령층은 연공 임금 제도하에서 일반적으로 능력에 비해 높은 임금이 고용의 걸림돌이 되고 있다. 그래서 그 해결책으로 60~65세에 달할 때까지는 재직 노령 연금 제도의 적용에 따라 공적 연금을 수급시켜 그것과 합해서 임금을 결정하는 방법이 실시되고 있다. 서구나 북유럽에서는 비슷한 제도로 '부분 연금', '부분 임금 제도'가 도입되고 있다. 우리나라에서도 재직 노령 연금 제도의 활용에는 노동 시간 단축과 절충하는 것이 바람직할 것이다. 또한 우수한 전문직 기술, 기능, 지식 등을 가진 고령층에게는 재직 노령 연금 제도의 소득 제한 대상의 표준 보수 월액에는 포함되지 않는 상여금으로 처우하는 것을 생각해 보는 것이 좋을 것이다.

65세를 넘으면 현행 공적 연금 제도에서는 소득 제한은 없어지고 원칙적으로 급여에 관계없이 연금은 전액 지급된다. 이 때문에 60~64세층의 구직자가 적어짐에 따라서 구인 건수도 낮아져 이 연령층의 구인 비율은 앞에서 밝힌 것처럼 0.3%로 최저 수준에 머무르고 있다. 그러나 65세가 되면 구인·구직이 모두 배로 늘어나서 구인 비율은 0.7%로 높아진다. 연금 제도가 취업방향에 얼마나 큰 영향을 주는가를 나타내는 좋은 예이다.

국제석으로는 ILO 102호 조약(사회 보장의 최저 기준에 관한 조약)에 의해서 '노동자는 65세가 되면 휴식권, 연금권이 주어지고 은퇴권을 가진다'라고 규정되어 있다. 서구에서는 65세 이후에 일하는 자는 몇 % 내외로 예외적인 사람에게 한정되어 있어서 일본의 50%(남), 20%(여)는 국제적으로는 드문 예이다. 또 65세 이상은 일하지 않는다(단, 미국은 21세기에 들어와 연금 지급 개시 연령을 67세로 늦추는 법개정을 성립하고 있으며 서구의 몇몇 나라들도 현재 연금 지급 개시 연령을 67세로 하고 있다. 앞으로 고령화가 진행되면 연금 지급 개시 연령의 지연과 관계해서 은퇴 연령은 67세 정도까지 연기해야 할 것이다)는 것은, 예를 들어 체력적으로는 일할 수 있어도

15세까지는 보편적으로 일을 시키지 않는다(의무 교육을 받을 권리가 우선한다)는 국제 관행(ILO 59호 조약)과 공통의 사고방식이다. 우리나라도 65세까지는 확실히 일하고(고용) 65세 이후는 은퇴해서 연금 생활을 즐기는 라이프 사이클을 가져야 할 것이다. 정부의 '고령자 고용 원조 정책'의 경우 '고령층'도 60세 전반층에 한정되어 있다.

대기업에서 60세 정년 퇴직자를 고용하는 경우를 보면, 재직 노령 연금 제도를 활용하여 그것을 포함시켜서 임금을 결정하는 것이 보통이다.

자사에서 60세부터 65세에 도달할 때까지 재고용 근무 연장을 하는 경우나 노동 시장에서 그 사이의 연령층을 신규 채용하는 경우도 정부에서 각종의 고령층 고용 조성금이 지급된다.

4. 가정 주부 노동력의 활용

제4의 노동력은 재고용을 포함한 육아 등 가정의 책임을 지는 주부층 노동력이다.

1989년에 있어서 일본의 여자 노동력률(15~64세의 생산 연령 인구 중 몇 사람이 실제로 일하고 있는가. 단 실업자도 포함한 비율) 49.5%에 비해 미국은 57.4%이며 스웨덴은 더 높다. 그것을 연령별로 보면 일본은 학교 졸업시에 노동력률이 가장 높다가 결혼 · 출산 · 육아 시기에 해당되는 연령층에 뚝 떨어졌다가 40세부터는 상승하고 50세 전후로 다시 저하하는 M자형이지만, 미국이나 스웨덴은 떨어지는 시기가 거의 없는 남자와 같은 형태이다. 미국이나 스웨덴처럼 여자의 노동력률이 저하되는 시기를 없애면 일본도 새롭게 400만 명의 여성 노동력 공급을 얻을 수 있다는 계산이 나온다. 이것은 일본에 남겨진 유일하게 풍부한 노동력 공급원이다.

이 공급원 개척을 위해서는 우선 1992년 4월 1일부터 실시되는 '육

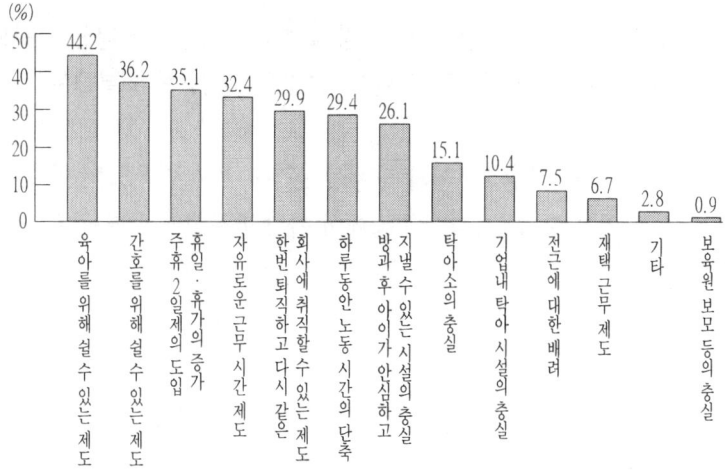

자녀를 둔 기혼 여자가 취업하기 위해 필요로 하는 대책과 제도

(복수회답)

(%)

육아를 위해 쉴 수 있는 제도	44.2
간호를 위해 쉴 수 있는 제도	36.2
주휴 2일제의 도입	35.1
휴일 · 휴가의 증가	32.4
자유로운 근무 시간제도	29.9
회사에 취직할 수 있는 제도 한번 퇴직하고 다시 같은	29.4
하루동안 노동 시간의 단축	26.1
밤과 후 아이가 안심하고 지낼 수 있는 시설의 충실	15.1
탁아소의 충실	10.4
기업내 탁아 시설의 충실	7.5
전근에 대한 배려	6.7
재택 근무 제도	2.8
기타	0.9
보육원 보모 등의 충실	

자료 : (재) 부인소년협회 - '기혼 노동자 생활 실태 조사(1989년)'

아 휴업 제도'에 맞추어서 사내 체제를 정비한다. 법률(생산 후 1년)보다도 장기간 분할에 의한 부여, 또는 휴업 수당(임금)의 일부 지불, 사회 보험료의 부담 등을 생각할 필요가 있다.

또한 백화점 업계의 일부에서는 출산, 육아로 일단 퇴직한 여성을 2~3년 후로 기간을 한정해서 전직 보장에 의한 재고용제를 도입하는 예도 있다.

육아 휴업제나 재고용제의 도입뿐만 아니라, 자유 근무 시간제의 실시, 탁아소의 설치 또는 비용의 일부 회사 부담 등의 원조가 필요하게 될 것이다. 주휴 2일제, 잔업 삭감, 유급 휴가, 완전 취득 등은 육아와 취업을 병립하기 위해서도 요청되는 사항들이다. 위의 도표는 아이가 있는 기혼 여자가 취업하기 위해서 필요로 하는 대책과 제도를 조사한 것인데, 육아 책임을 갖는 가정 주부 노동력의 개척을 위해서 기업이 무엇을 해야 할 것인가를 생각하게 하는데 참고가 될 것이다.

그러면 여자도 출산, 육아 등 가정의 책임을 다하면서 정규 사원으로서 취업하는 것이 가능하게 된다. 그것은 출생률의 회복에도 관련된 것이다.

풀 타임 정규 사원으로서의 근무는 곤란하고 부담은 되지만 파트 타임으로 일할 수 있는 시간에 집에서 가깝고 무리없이 다닐 수 있는 직장을 희망하고 선택하는 여성이 많은 것이 현실정이다.

노동부의 조사에 의하면 1988년 현재 여자 파트 타임(주 35시간 이하의 고용 노동자)은 전 여자 고용 노동자 수의 23.6%에 해당하는 386만 명에 달한다. 중소기업은 노동부 '파트 타임 노동 지침(89년 6월)'에 따른 임금, 상여금, 노동 시간, 유급 휴가(취업 시간수 비례 부여), 사회 보험, 교육, 복리 후생 등의 관리 충실을 생각할 필요가 있다.

앞으로는 중소기업에서도 여자 노동력을 지금보다 더 재택 근무의 형태로 늘려 활용하는 것을 생각해야 할 것이다. 특히 OA 등의 기술 혁신은 그것을 점차 가능하게 하고 있다.

기타 제5 노동력으로서 학업을 주로 하는 학생의 부분 아르바이트가 있다. 수업 종료 후나 여름 방학 등을 이용하여 하는 학생 아르바이트는 구미에서도 음식업, 청소부 등을 비롯해서 귀중한 노동력으로 확보되어 있다. 또한 일반 노동자의 유급 휴가의 보충 노동력으로서의 역할도 다하고 있다. 기본적으로는 파트 타임으로서의 고용 관리와 같이 취급된다.

제6의 노동력으로는 구인난에 따른 구인 광고 비용의 확대, 전문 능력에의 수요 증가 등을 반영해서 중소기업에 있어서도 파견 사원의 채용이 늘고 있다. 그 활용, 관리에 대해서는 뒷부분에서 상세히 다루었다.

마지막으로 제7 노동력으로는 외국인 노동력이 있다. 그 확보에 대해서는 '출입국 관리 및 난민 인정법(입관법)'에 저촉되지 않아야 한다. 이 책에서도 입사와 고용 관리에 대해서 구체적으로 다루었다.

또한 여기서는 다루지 않았지만 신체 장애자의 고용에 대해서 중소기업도 적극적으로 검토해야 할 것은 말할 것도 없다.

5. 다양한 취업 형태의 발동

이상과 같이 현재 노동력은 종류도 다양하며 근무 조건이나 개인 생활의 환경 조건도 다르다. 미국 IBM사에서는 인사부에 전문 담당 부서를 설치하고 '취업과 개인 생활 균형 프로그램(Work & Personal Life Balance Program)' 시책을 전개 중이다. 그것은 육아, 간호, 능력 개발 등과 취업을 병립시키는 인사 시책으로 개인에게 주어진 환경 조건에 맞는 형태로 취업시키는 것이다. 이것은 고용의 폭을 넓히는 계기가 된다.

그러기 위해서는 다양한 노동력과 취업 형태를 제공하여 사원에게

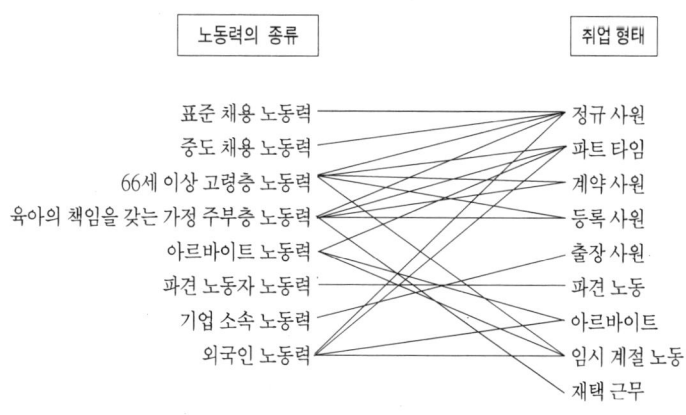

노동력의 종류와 취업 형태 결합의 일반적 타입

노동력의 종류		취업 형태

표준 채용 노동력 — 정규 사원
중도 채용 노동력 — 파트 타임
66세 이상 고령층 노동력 — 계약 사원
육아의 책임을 갖는 가정 주부층 노동력 — 등록 사원
아르바이트 노동력 — 출장 사원
파견 노동자 노동력 — 파견 노동
기업 소속 노동력 — 아르바이트
외국인 노동력 — 임시 계절 노동
재택 근무

선택하게 하는 것이다. 인사도 복선형의 개별 관리로 전환할 필요가 있다.

직종, 일하는 시기, 일하는 날, 일일 및 주당 일하는 시간, 일하는 장소, 소속, 계약 형태 등 개인의 선택은 여러 갈래에 걸쳐져 있다. 취업 형태의 다양화와 복선형 인사는 노동자의 자유도를 높이고 일의 보람, 일할 의욕 향상에도 연관된다.

노동력의 종류와 취업 형태를 결합시키면 일반적으로는 앞의 도표처럼 나타날 수 있을 것이다. 이론적으로는 전 노동력은 전 취업 형태와 연결되는데, 대개의 경우는 이와 같이 된다.

한마디로 정리하면 '다양한 종류의 노동력을 다양한 취업 형태로서 활용'하는 것이 앞으로 노동력 부족에 대한 대응이며, 고용 · 인사 관리의 방향이다. 한편 자유도의 확대라고도 할 수 있는데, 이때는 특히 노동 기준법, 중소기업 노동력 확보법, 건강 보험법, 후생 연금법, 고용 보험법, 노동자 재해 보상 보험법, 취업 안정법, 남녀 고용 기회 균등법, 고령자 고용 안정법, 노동자 파견법, 육아 휴업법, 출입국 관리 및 난민 인정법 및 그것들의 시행 규칙, 또한 파트 타임 노동 지침, 노동 복지 진단 요령 등을 참고로써 대처하는 것이 요구된다.

1
장

정규 사원 확보와 활성화

1 신규 졸업자 · 신입 사원의 활성화

1. 신규 졸업자를 중심으로 한 구조적 인력 부족 시대

근래 심각한 신규 졸업자의 구인난은 호경기에 따른 생산 확대를 배경으로 대기업을 중심으로 한 각 기업이 채용 규모를 대폭 확대한 것이 직접적 원인이 되어 있는데, 노동력 수급 관계를 장기적으로 보면 구조적 인력 부족의 양상을 띠고 있다.

경제의 소프트화와 서비스화의 진전에 따라서 고도 경제 성장 시대의 중화학 공업 중심에서 노동 집약형의 제3차 산업 중심으로 산업 구조가 변화하는 가운데 노동력의 절대적 수요가 증가하고 있다(특히 젊은 노동력 수요의 증가가 크다). 한편 제2차 베이비 붐 세대(1971~1973년생) 이후 출생률의 저하에 의해서 신규 졸업 취업자 수는 1992년을 절정으로 그 후 내년 수만 명 규모로 감소가 전망되고 있다.

이 세대가 노동 시장에 등장한 후 우리나라 노동력 인구는 총수로서는 전혀 증가하지 않게 됨과 동시에 젊은 노동력이 감소하고 노동력 인구 구성은 고령화되어 간다. 그러므로 공급의 고령화와 수요의 약관화라는 수급의 미스 매치에 의한 구조적 인력 부족이 한층 진전되어 갈 것이 예상된다.

따라서 중소기업에 있어서 고령자의 활용과 전력화도 피해 갈 수 없는 테마이긴 하지만, 기업의 장래를 짊어질 기간 노동력인 신규 졸업자를 비롯한 젊은 노동력의 채용과 정착, 전력화를 어떻게 꾀하느냐의 여부는 기업의 존망이 걸린 중대한 과제이다.

2. 젊은층의 특징

1. 현대의 '젊은 세대'상

신규 졸업자를 중심으로 한 젊은 노동자의 채용과 정착, 전력화는 당면 업적을 유지 · 향상시키기 위해서 뿐만 아니라, 기업의 장래에도 매우 중요한 과제이다. 어느 기업에서나 매년 신입 사원 채용과 채용자에 대한 교육 활동에 주력하고 있다.

그런데 요즘 이 젊은 세대 신입 사원이나 젊은 노동자의 채용 방법 때문에 혼선을 빚고 있는 기업도 적지 않다.

그럼 젊은 세대라는 것은 어떤 특징을 갖는 젊은이들일까? 다음의 4가지 특징이 있다.

제1의 특징은 그들의 생활 스타일에서 오는 특징으로서 교제 범위가 좁고 대인 관계가 원만하지 못한 점을 지적할 수 있다. 대인 관계가 원만치 못하다는 것은 단지 교제가 미숙하다든가 사회 상식이 결여되어 있다는 것만을 의미하는 것이 아니라, 표현 능력 자체가 부족하다는 점이 포함된다. '3개어 증후군' 또는 '3개어군'이라고 불리는 것처럼 그들 사이에서는 '거짓말, 정말, 믿을 수 없다' 이 세 가지 말로 놀람, 부정, 공감, 맞장구 등 여러 가지 의미가 표현된다.

그들이 즐겨 사용하는 말의 대부분은 텔레비전이나 만화에서 따온 말로 일종의 '폐쇄 사회'에서의 은어처럼 사용하여 그 말을 모르면 대화에 낄 수도 없다. 그러나 그들만의 작은 그룹으로 구성된 일상생활에서는 그것으로도 충분히 커뮤니케이션이 이루어진다. 그러나 기업의 종적 사회에서 책임있는 일을 하는데 이들의 은어는 전혀 도움이 되지 않는다. 그들은 자신의 일이나 의사를 잘 전달하지 못해서 곤혹스럽고 또한 경영자나 관리자는 그들을 이해하는데 어려움을 겪을 것이다.

제2의 특징은 그들은 조직 집단 속에서의 생활에 익숙하지 않기 때문에 팀워크를 이루기 어렵다는 점이다.

젊은 세대는 예를 들어 청소나 뒷처리 등 가정생활 속에서 생활의 분담을 경험하지 못했다. 공동으로 일을 한다거나 분담해서 무엇을 수행하는 경험을 할 기회가 상당히 적었던 것이다. 그러므로 그들은 개인 중심의 생활 스타일을 강하게 가지고 있기 때문에 집단이나 조직 속에서 행동하는 것이 어렵다.

젊은 세대 뿐만 아니라 오늘날의 젊은이가 태어나기 전인 1950년대 후반에서 1960년대 이후의 시기는 고도 경제 성장의 말기에 해당되는데, 마침 이 시기에는 핵가족 세대의 증가로 인하여 지역 사회의 붕괴가 정착된 시기이기도 하다. 그러므로 이 시기에 출생하고 성장한 세대들은 사회 생활 속에서 종적 사회의 경험이 없고 집단 속에서 팀워크의 체험도 부족한 세대이다.

그래서 그들의 성장 과정을 통해서 생활관, 세계관 뿐만 아니라, 행동 스타일 그 사체가 개인 중심으로 되어 버렸다. 이 때문에 조직 사회인 기업 생활에 좀처럼 적응하지 못해 신입 사원도 경영자도 모두 어려움을 겪게 되는 것이다.

제3의 특징은 '지시 대기족', '메뉴얼 의존족'이다. 핵가족화가 진행되는 현대 사회의 가정에서는 유아기부터 국민학교에 걸쳐서 식사 방법부터 놀이 내용까지 세세한 부모의 지시가 행해져 왔다. 또 중학교에서 고등학교, 대학에 진학하는 과정에서 편차치 중심의 수험 전쟁이 한층 그들의 지시 대기화, 메뉴얼 의존화를 진행시켜 왔다. 편차치에 의해서 구분된 수험 코스별로 교과서나 문제집이 선택되어져 일정한 코스에 오르면 자기가 희망하는 대로 나갈 수 있는데, 다른 메뉴얼을 보게 되면 다른 코스가 주어지는 것처럼 코스별 메뉴얼이 완비되어 있는 가운데서 자라왔다. 그들은 지시받은 이외의 것이나 메뉴얼 외의 것에 눈을 돌릴 여유를 갖지 못하고 자라왔던 것이다.

이렇게 성장해 온 요즘 세대들이 기업 사회에서나 일상생활에서 행동할 때 항상 지시하기만을 기다리고 메뉴얼을 구하려고 하는 것은 이상한 일이 아니다.

제4의 특징은 가치관의 변화이다. 물질적 풍요 속에서 성장해 온 요즘 젊은 세대들은 구세대처럼 '일하지 않는 자는 먹지도 말라'라고 하는 가치관은 갖고 있지 않다. 공복의 체험을 갖지 못한 그들의 의식에는 '먹기 위해서 일한다'는 가치관도 존재하지 않는다.

그들은 업무 내용이나 직장의 분위기, 즉 자신의 업무와 회사의 분위기만을 음미한다. 그리고 자신에게 맞지 않는다고 판단되면 곧 퇴직해 버린다. 이런 의미에서 그들은 철저한 자기중심형이며 자신이 하고 싶은 것, 좋아하는 것만을 중요하게 여기고 그것을 위한 투자를 아끼지 않는다. 기존 체제에 맞설 때는 지시 대기족이라도 자기가 하고 싶은 일을 할 때는 '자기 실현파'가 되는 것이다.

이처럼 현대의 젊은이는 생활 환경, 성장 과정에서 만들어진 획기적인 몇 가지 특징을 가지고 있다. 그러므로 신규 졸업자나 젊은 노동자의 채용, 정착에 성공하기 위해서는 경영자나 관리자가 그들의 특징을 완전히 파악해서 젊은 세대들이 '자신이 진정한 의미에서 성장할 수 있다는 기대감'을 그 기업에서 충족시킬 수 있다고 느낄 수 있도록 자기 실현의 자리를 만들어 주지 않으면 안되는 것이다.

젊은층 모두가 이러한 특징을 가지고 있다는 것은 아니다. 오히려 구세대 이상으로 구세대적 가치관이나 행동 기준을 가진 자도 적지 않다. 여기서는 요즘 젊은층의 특이할 만한 점을 강조하고 있다.

2. 현대 젊은이의 취업 행동의 특징

원래 일본의 고용 제도는 신입 사원을 채용한 후 여러 부서의 직무를 경험시키므로써 직무 능력을 익히게 하는 방법을 취해 왔다. 그리고 자신의 능력을 최대한 발휘하여 그 기업이 필요로 하는 직무 능력을 몸에 익히고 기업은 그것을 보증한다는 제도를 취해 왔다. 이것을 '종신 고용 제도'라고 하며 '연공 제도'와 함께 일본의 독특한 인사 제도로써 평가되어 왔다.

이와 같은 종신 고용 제도를 원칙으로 기업측은 '어떤 업무를 맡길 것인가는 회사에 입사하고 나서 결정한다'라는 기업 본위의 채용 정

고졸 취업자의 이직 상황

1. 재직 기간별 이직 상황(1986년 2월 졸업생의 3년 후 상황)

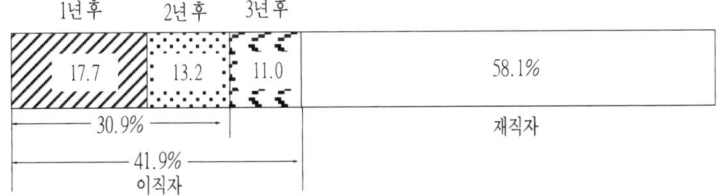

2. 1년 이내 이직자의 추이

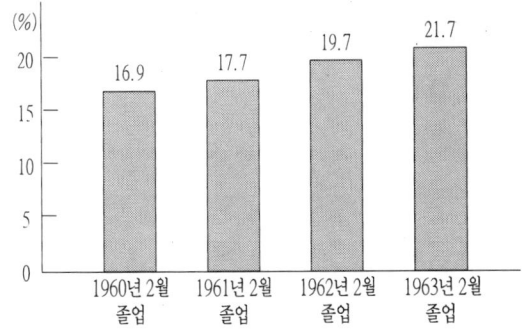

자료 : 노동부 '신규 졸업자의 취직 · 이직 상황 조사'

연도·성별	항목	정년까지	전직기회가있다	장래는독립	결혼·출산까지	결혼·출산후속	무응답	계
1990년	남자	32.5	35.1	28.7	0.2	0.9	2.6	100.0
	여자	0.8	32.5	6.8	45.3	12.5	2.2	100.0
	계	18.3	33.9	18.9	20.4	6.1	2.4	100.0
1989년		17.5	30.5	20.6	21.2	7.2	3.1	100.0
1988년		21.0	31.8	17.5	20.8	4.2	4.7	100.0

입사한 회사를 선택한 결정적 요인　　　　(복수회답, %)

항목 　　　　성별	남자	여자	계
장래성이 있다	36.9	33.2	35.3
급료가 좋다	16.1	22.4	18.9
일이 적성에 맞다	40.4	31.3	36.6
통근이 편리하다	24.9	35.7	31.3
회사 분위기가 좋다	23.0	20.2	21.7
안전성이 있다	27.0	28.0	27.3
휴일, 복리 후생 제도가 좋다	12.6	17.2	14.6
회사의 지명도, 이미지가 좋다	11.9	12.2	11.9
선배가 많다	12.6	11.1	11.8
국제성이 풍부하다	6.4	2.5	4.7
실력위주의 회사이다	13.7	5.3	10.2
경영자가 매력적이다	10.4	7.8	9.5
적당한 일을 찾지 못했다	22.3	29.4	25.5
기타	7.7	7.2	7.4

책을 취해 왔다. 또한 신입 사원 측에서 보면 이러한 취업 방식은 자신이 좋아하는 직업을 선택한다기보다도 기껏해야 좋은 업종의 좋은 회사에 입사하는 방식으로써 행해져 왔다. 그러나 오늘날에는 이러한 종신 고용형태의 취업 방식은 젊은층을 중심으로 급속히 붕괴되고 있다.

오늘날의 젊은 세대는 회사의 규모보다도 일이 자신의 적성에 맞는지의 여부를 최대의 기준으로 직업을 선택한다. 결국 그들의 취업 방식은 좋아하는 일을 할 수 있는 장소로 회사에 취업한다는 의미로 변해 가고 있다는 것이다. 그리고 취업한 직장에서의 일의 보람, 직장 분위기의 좋고 나쁨이 그들이 직장을 구하는 방식의 기준이다.

고졸자의 42%가 입사 3년 이내에 퇴사한다는 통계 숫자를 보면 일부 기업을 제외하고 현재 젊은 사원을 중심으로 일의 내용을 둘러싼 미스 매치는 힘들고 위험한 직장에 머물려 하지 않기 때문에 광범위하게 진행되고 있는 것이다.

또한 젊은층의 취업 방식에서 눈에 띄는 점은 업무 내용, 직장 분위기, 직장의 장래성 등과 더불어 노동 시간, 특히 주휴 2일제를 비롯한 휴일, 휴가에 대한 관심이 높은 점이다. 국민 전체의 여가 지향 경향 속에서 특히 젊은층의 자유 시간에 대한 욕구가 높다는 것이 각종 조사에서도 밝혀져 있다.

오늘날의 젊은층이 이상과 같은 특징을 가졌다고 해서 중소기업의 대부분이 이들 젊은이의 취업 방식의 기준을 모두 만족시키기란 곤란할 것이다. 그러나 중소기업의 매력은 신입 사원이 경영자와 가깝게 접촉할 수 있다는 장점이 있고 또 능력과 노력에 따라서는 경영의 중추를 담당할 수 있다는 중소기업 나름대로의 이점도 있다. 그러므로 중소기업에서 신입 사원의 채용, 정착 · 전략화를 활성화시키기 위해서는 중소기업의 장점을 알림과 동시에 경영자 자신이 모든 일의 견해, 감성, 지향, 감각을 연마하여 '이 사람과 함께 일을 해보고 싶다는 강한 인상'을 줄 수 있는 매력있는 경영자가 되도록 해야 할 것이다.

확실히 최근의 고용 상태는 심각한데 특히 젊은층의 인력 부족은 구조적이라고까지 할 정도로 심각하다. 그러나 현재 많은 젊은이가 실업 상태에 있고 중소기업에서도 이들을 채용할 의사가 전혀 없는 것은 아니다. 문제는 중소기업과 경영자측에서 이와 같은 환경을 만들어 줄 수 있는지의 여부에 달려 있다.

3. 신입 사원의 모집과 채용

1. 신입 사원의 채용 계획

신입 사원의 채용은 이상적으로 말하면 앞에서 밝힌 '중·장기 경영 계획(기업의 발전 계획)'의 중요한 계획의 하나인 '요원 계획'에 의해서 계획적으로 추진하는 것이다. 즉 채용 계획은 이 요원 계획에 근거를 두고 행하는 것이 바람직하다.

기업의 사정에 따라서는 신입 사원의 채용보다 중도 채용이나 파트타임, 아르바이트에 중점을 두는 경우도 있다. 특히 중소기업에서는 퇴직자의 보충 채용에 쫓겨 요원 계획에 의한 채용 계획 같은 한가한 말을 하고 있을 수 없는 현실도 있다. 그러나 기업의 장기적인 발전을 위해서는 여러 가지 어려운 상황이 따르겠지만, 그것을 극복해서 반드시 이와 같은 계획적인 처리를 할 수 있도록 기반을 구축해야 한다.

신입 사원의 채용은 중도 채용과 달라서 인재에 대한 선행 투자도 행해지는 경우가 많다. 그래서 신입 사원의 채용 계획은 우선 자사가

신입 사원의 모집 · 채용 플로 차트(순서도)

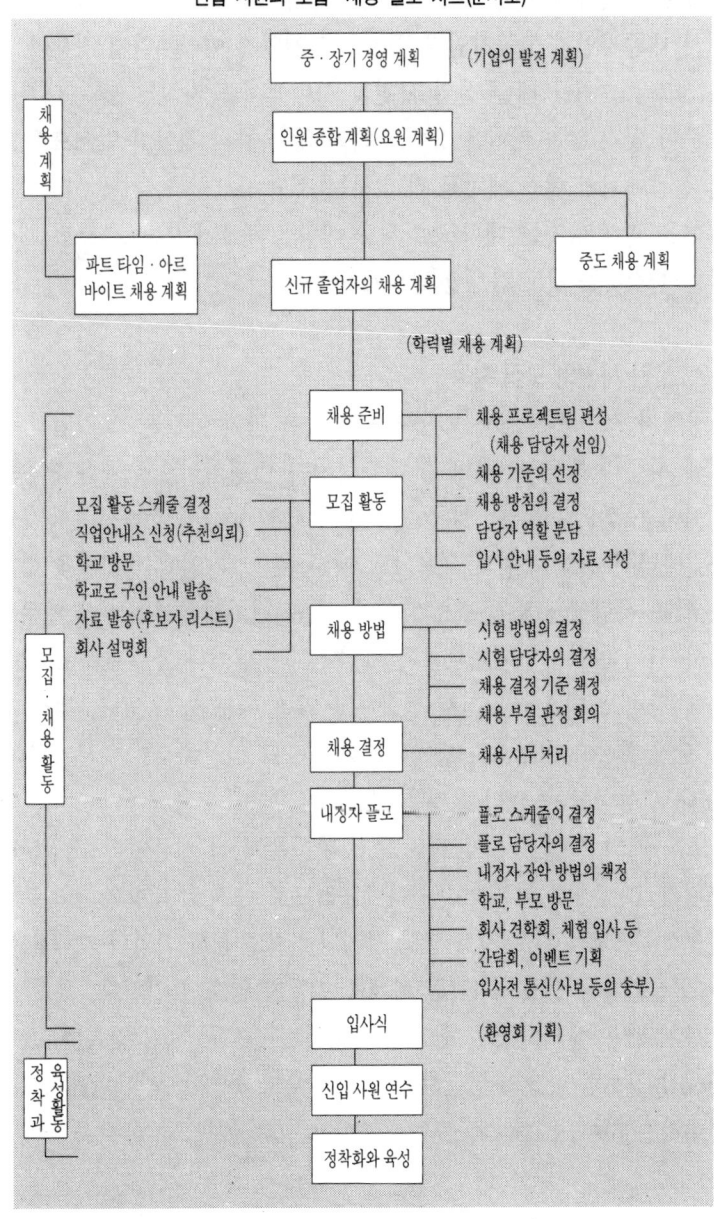

중 · 장기 경영 계획 (기업의 발전 계획)

인원 종합 계획(요원 계획)

채용 계획

파트 타임 · 아르 바이트 채용 계획

신규 졸업자의 채용 계획

중도 채용 계획

(학력별 채용 계획)

채용 준비 ── 채용 프로젝트팀 편성
　　　　　　　(채용 담당자 선임)
　　　　　── 채용 기준의 선정

모집 활동 ── 채용 방침의 결정
　　　　　── 담당자 역할 분담
　　　　　── 입사 안내 등의 자료 작성

모집 활동 스케줄 결정
직업안내소 신청(추천의뢰)
학교 방문
학교로 구인 안내 발송
자료 발송(후보자 리스트)
회사 설명회

채용 방법 ── 시험 방법의 결정
　　　　　── 시험 담당자의 결정
　　　　　── 채용 결정 기준 책정
　　　　　── 채용 부결 판정 회의

채용 결정 ── 채용 사무 처리

내정자 플로 ── 플로 스케줄의 결정
　　　　　── 플로 담당자의 결정
　　　　　── 내정자 장악 방법의 책정
　　　　　── 학교, 부모 방문
　　　　　── 회사 견학회, 체험 입사 등
　　　　　── 간담회, 이벤트 기획
　　　　　── 입사전 통신(사보 등의 송부)

모집 · 채용 활동

입사식 (환영회 기획)

신입 사원 연수

정착화와 육성

정착과 육성활동

필요한 인재가 어떤 종류의 사람인가를 명확히 해야 한다. 그것에 준해서 대졸자인지 고졸자인지 또는 문과계인지 이공계인지 정해야 한다. 그리고 최근 대졸 신입 사원들 사이에서는 자신의 출신 대학과 수준이 맞지 않는 기업은 상대도 하지 않는 등의 경향이 있으므로 모집 활동에서의 미스 매치를 적게 하는 것도 중요하다. 처음부터 명문 대학을 피해서 전문 대학교로 채용 대상을 축소시키는 등 모집 대상자를 한정하는 것도 검토할 필요가 있다.

2. 신입 사원의 모집 활동

경영자 스스로가 채용 모집 활동에 관한 관여 여부는 그 기업의 실정에 따른다 해도, 인사나 총무 담당자가 비정기적으로 채용 활동을 실시하는 것으로는 양·질 모두가 채용 목표 달성에 효율적이지 못하다. 따라서 신입 사원의 채용 모집 활동은 그 기업에서 최선을 다할 수 있는 사람에게 맡길 필요가 있다. 최근 대기업에서는 채용 업무를 인사 담당자에게 맡기기보다는 세일즈(영업)맨이나 소프트하고 기술 면에 강한 스태프에 맡겨서 성공하고 있는 예도 늘고 있다. 결국 채용 모집 활동을 일부의 담당자에게 전적으로 일임해서는 회사가 원하는 대로 성공할 수 없다는 것을 명심해야 한다.

또 근래의 신입 사원의 채용 모집 활동은 취직 시즌인 7~8월뿐만 아니라 1년 내내 행해지고 있다. 그러므로 수시로 대학의 취업부나 연구실, 고교의 진로 지도 담당 선생님을 방문해서 기업의 자세를 보이고 신뢰감을 얻을 수 있는 체제를 만들지 않으면 안된다. 특히 지금까지 채용 실적이 있는 학교에 대해서는 반드시 매년 몇 번이고 방문해서 입사한 학생의 성장하는 모습을 보고 하는 등 커뮤니케이션을 강화하는 것이 중요하다.

1) 채용 준비 활동

소규모 기업에서는 경영자 스스로가 채용 준비부터 모집 활동까지도 직접 담당하게 되지만, 일정한 규모 이상의 기업에서는 필요에 따라서 사내의 각 부서에서 담당자를 모아 프로젝트 팀을 만들어서 채용 준비에 임하게 한다(그 경우에도 경영자가 프로젝트 팀의 책임자가 되는 것이 바람직하다).

프로젝트 팀은 채용 방법의 결정, 채용 기준의 선정, 회사 안내 같은 자료 작성 등을 하고, 팀 멤버 중 몇 사람은 모집 활동이 끝날 때까지의 일정 기간 동안 일상 업무는 오전 중에만 하든가 해서 채용 전문 팀으로서의 기능을 갖게 한다. 그리고 담당자마다 활동 스케줄을 결정해서 실제로 대학이나 고교 방문을 한다. 프로젝트 팀은 인사·총무 담당자뿐만 아니라 폭넓게 사내에서 최적자를 선정하도록 하는데, 그때 요 몇 년 동안에 입사한 젊은 사원을 동원해서 회사 안내 작성을 맡기든가 출신교 방문 때 동행시키면 좋다.

또 프로젝트 팀이 하는 채용 준비 활동 중에서 가장 중요한 것은 필요한 인원을 어떤 모집 경로로 모집할 것인가를 결정하는 것이다. 다음의 도표에서 보듯이 고교·전문대 졸업생은 학교의 선생님이나 취업부 루트를 통해서 정보를 얻는 사사 내부분이었는데, 대학이나 전문대 졸업생은 신문이나 취업 정보지에 의해서 회사를 알게 된 사람의 비율이 점점 높아지고 있다. 이것은 학력에 따라서 모집 방법이 달라지기 때문이다.

2) 모집 활동

• 학교 방문

학교 방문은 앞에서 설명한 대로 연간 스케줄화하는 것이 바람직하다. 그리고 채용 시즌이라고 해도 대학(전문대), 고교에 따라서 접수

입사한 회사를 알게 된 경로 (단위 : %)

	학교의 취업부	학교 선생님	구인지	신문 정보지	직업 안내소	CM	기타	무응답
대 졸	14.9	19.3	26.5	25.4	0.6	2.8	9.4	1.1
전문대졸	18.2	13.6	21.2	25.8	4.5	1.5	12.1	3.0
고 졸	42.7	24.8	10.8	16.5	1.9	0.5	1.9	0.0
	50.6	27.3	14.1	4.1	1.9	1.1	0.8	0.0
계	37.7	24.1	16.6	13.7	1.9	1.5	3.9	0.5
1989년	37.2	18.4	16.7	21.0	1.4	-	5.2	0.1
1988년	37.0	26.3	15.0	13.5	2.8	-	5.2	0.2

창구의 스케줄이 다르고, 또 전문대나 직업 훈련소 등의 경우 졸업 시기도 다른 경우가 있다는 점에 주의해야 할 것이다.

고졸자를 주 타깃으로 할 경우 고교에 따라서 공공 직업 안내소의 담당자에게 모두 일임하는 학교와 양자가 지도 알선하는 학교가 있으므로 사전의 연구가 필요하다. 특히 상업·공업 고교나 가정과 등에서는 공공 직업 안내소와 학교 양자가 알선하는 경우가 많으므로 이들 학교의 졸업생을 채용하기 위해서는 공공 직업 안내소에 구인 신청을 하는 것뿐만 아니라 필요한 대책을 강구해 두어야 한다. 그러기 위해서는 채용 계획 속에 모집 대상자를 출신 학교별로 명확히 구분해서 필요한 스케줄을 작성하는 것을 잊어서는 안된다.

• 정보 제공

모집 활동 중에 결정적 방법이 되는 것은 구직자에게 정보를 제공하는 것이다. 신규 졸업자가 취업할 때 회사를 아는 정보 루트는 전술한 바와 같이 학력에 따라서 상당히 다르므로 모집 대상자에 맞는 정보 제공 루트를 적정하게 선택할 필요가 있다.

또한 신규 졸업자가 기업을 선택할 때 알고 싶은 정보는 급료나 근무 시간, 휴일 등의 대우에 관한 정보, 일의 내용, 직장의 분위기, 근무지, 기업의 업종, 업태, 입사 후의 일상생활, 회사의 건물이나 설비, 회사의 규모나 매상고, 연수나 교육 방침, 남녀별 사원수, 기숙사의 유무, 일을 통해서 취득할 수 있는 자격, 학교 선후배의 유무 등이다. 이 중 대우에 관한 것이나 내용에 관한 것은 학교에 제공하는 모집 요강 등으로 알릴 수 있지만, 일의 내용이나 직장의 분위기, 입사 후의 일상생활 등은 전하기 힘든 사항이다. 그러므로 이러한 정보를 어떻게 전하는가가 신입 사원의 채용에 성공하는 포인트가 될 것이다.

일정하게 정해진 인원수를 모집하는 계획을 가진 기업에서는 그 확보를 위해 졸업 예정자의 명부를 입수하여 본인에게 직접 자료를 송부한다거나 적절한 시기를 선택해서 회사 설명회나 체험 입사를 계획한다. 또 고졸자를 대상으로 하는 경우에는 보호자에 대한 대책도 잊어서는 안된다. 고교의 경우 학생 한 사람의 '진로 희망 조사'를 하는 것 이외에도 본인, 선생님, 보호자에 이르는 진로 지도를 위한 '3자 면담'이 행해지는 경우가 많기 때문이다.

고졸자의 취업 결정은 스스로 회사를 선택한 후에 선생님에게 상담한 자가 80%에 달한다는 조사 결과가 있다. 고졸자의 경우 대졸자만큼은 아니더라도 취업에 대한 자료를 보으고 선택한 다음 취업 어부를 스스로 결정하고 있다는 것이다. 그러므로 '진로 희망 조사'나 '3자 면담' 이전에 이와 같은 정보를 고교생 한 사람 한 사람에게 제공하는 것이 채용에 성공할 수 있는 열쇠가 된다.

• 회사 방문에 대한 대응
또 대졸자나 전문대 졸업자를 모집 대상으로 할 경우에는 학생의 회사 방문에 대한 대책을 강구해 두지 않으면 안된다. 학생은 전화의 응대, 방문했을 때 사원의 인사 방법 등에서도 회사 분위기를 민감하게 파악한다. '느낌이 좋은 회사구나', '활기가 있는 회사구나'라는 인상을 주기 위해서는 전 사원이 하나의 협력 체제를 이루어 둘 필요가 있다.

전화의 대응 포인트나 내사해 온 학생에 대한 대응 방법 등을 평소부터 전 사원에게 잘 교육시켜 둠과 동시에 담당자 부재시의 대응 방법 등 자세한 대책을 만들어 둔다. 회사를 방문해 온 학생의 회사에 대한 인상은 처음에 만난 사람으로 결정된다고 해도 과언이 아니라는 점을 명심해야 할 것이다.

또한 방문 학생을 위해서 가능하면 비디오 등의 영상에 의한 회사 안내를 제작해 두면 더욱 효과적이다. 그리고 회사 입구에 '회사 방문 접수중' 같은 간판을 건다든가 방문 학생에게 줄 입사 안내서를 준비하면 한층더 좋은 인상을 줄 수 있을 것이다.

3) 채용 시험
• 채용 기준의 명확화

중소기업에서는 신입 사원을 채용할 때 채용 시험을 간단한 면접 시험만으로 끝내는 경우가 일반적이다. 중소기업에서는 어마어마하게 전형 시험을 치루고 선별할 만큼 응모자가 있는 것도 아니고 기술적으로도 필기 시험 등 번잡한 시험을 치루는 것은 곤란한 경우도 적지 않다. 그러나 신입 사원 측에서 보면 그 기업의 채용 기준에 합격한 것을 일정의 형식하에서 확인함으로써 마음가짐을 새롭게 할 수 있고 또한 기업측에서 보아도 채용 기준을 명확히 하고 채용 여부 판정을 엄밀히 함으로써 그 후의 정착·전력화에도 플러스가 될 수 있다.

힘들게 입사했는데도 일이 적성에 맞지 않는 등 미스 매치로 인한 조기 퇴직이 특히 중소기업에 많은 이유는 채용 기준이 불명확하고 채용 시험도 안이하게 치루어지고 있다는 것과 무관하지 않다.

- 채용 시험의 내용

채용 시험을 구체적으로 어떤 방법으로 실시할 것인지는 그 기업의 실정에 맞게 해야겠지만, 일반적으로는 면접 이외에 적성 검사, 건강 진단은 최소한 빠져서는 안되는 전형 방법이다.

또한 면접 전에 성적증명서 및 응모하게 된 이유, 회사에 원하는 것(입사하면 이렇게 해줬으면 하고 생각하고 있는 것, 신념 등), 근무 조건의 희망(근무지, 근무 내용 등) 등의 입사지원서를 제출하게 한다.

- 면접 시험

면접 시험은 채용 시험의 중심적인 것이기 때문에 잘 준비해서 임할 필요가 있다. 면접에서 중요한 점을 질문하지 않았기 때문에 평가를 잘못해서 채용한다거나 회사측의 설명 부족 때문에 입사한 후에 '그런 것은 듣지 못했다'는 등 트러블이 생겨 얼마 안가서 전직해 버린 경우도 적지 않기 때문이다. 이런 점을 피하기 위해서 회사 측이 설명할 것, 또는 반드시 질문할 것을 '면접 체크리스트(메뉴얼)'로 준비해 두고 각 질문 항목에 대한 응모자의 회답 및 면접자의 코멘트를 정리해 둔다.

신입 사원의 채용 면접에서는 무엇보다도 회사측의 설명이 중요하다. 특히 임금이나 상여금 등에 대해서는 구체적인 금액(초임 등)을 문서로 명시하여 나중에 트러블이 없도록 한다. 다른 노동 조건에 대해서도 취업 규칙이나 급여 규정을 알려 포인트를 설명하는 이외에도 근무 내용, 회사의 분위기 등에 대해서도 자세히 설명해 두는 것이 중요하다.

근로 기준법은 채용시에 임금, 노동 시간, 기타 노동 조건에 대해서 명시 의무를 과하고 있다. 또한 이 중 임금에 관한 사항에 대해서는 서면으로 이것을 명시하게 되어 있다.

면접 후 그 결과를 첫째로 인상, 응답 태도, 이해력, 표현력, 개성, 창조성, 입사 의욕, 열의의 항목마다 평가를 하고 그것을 정리해서 채용(면접 평정)하도록 한다.

• 필기 시험, 기술 검사, 건강진단

면접 시험 이외에 필기 시험이나 기능 검사 등의 시험 방법이 있지만 필기 시험의 실시가 어려우면 '입사지원서(글짓기)' 등을 쓰게 하면 좋다. 800~1,000자 정도의 작문은 어느 정도 필기 시험에 대체할 만한 내용을 가지고 있기 때문이다.

기능 검사는 어학력 등의 기능을 요하는 일일 경우 빼놓을 수 없다.

건강 진단을 자체 내에서 실시하지 않는 경우에는 보건소 등 의사에 의한 건강진단서의 제출을 요구한다.

• 채용의 최종 판단

이상의 각종 시험 검사, 건강진단, 학업 성적 등을 중심으로 채용의 최종 판단을 하는데, 필요에 따라서 친구나 교사 등에게서의 정보 수집도 행하도록 한다.

또한 중소기업에서의 시험 담당은 경영자 스스로가 맡는 경우가 많은데, 이 경우에도 배속을 예정하고 있는 현장 담당자를 포함한 복수의 시험관을 두고 채용 판정 기준에 준해서 판정 회의를 실시하는 등 집단적으로 채용을 결정하도록 한다. 신입 사원이 입사 후 실제로 일을 할 현장의 관리자가 채용 판정에 참여하는 것은 입사 후 자연스럽게 직장에 적응할 수 있을 뿐 아니라, 미스 매치를 방지하는 데도 유

<h1 style="text-align:center">면접평가표</h1>

성 명	·······················(남 · 녀)	면접년월일	년 월 일
학 교 명		면접자 성명	
학부 · 학과명			

체 크 항 목		응모자의 응답내용	면접자의 코멘트
학생생활	• 능숙한 과목, 서투른 과목 • 전공 세미나 • 그룹, 서클 활동 • 아르바이트 경험 • 학교 생활의 감상, 추억		
지망동기 · 내용	• 지망 동기(이유) • 희망하는 직종(이유) • 희망하는 근무지(이유) • 가족의 의견 • 기숙사, 통근		
본인의 정보	• 취미, 특기, 자격 면허 • 성격 • 친구 관계 • 건강		
특기사항			

제1인상	A B C D E		응답태도	A B C D E	
이해력	A B C D E		표 현 력	A B C D E	
개 성 독창성	A B C D E		입사의욕 열 의	A B C D E	

면접 평가	A. 꼭 채용하고 싶다 B. 될 수 있으면 채용하고 싶다 C. 어느 쪽이라 할 수 없다 D. 채용할 수 없다	〈코멘트〉
	채용한 후의 배우자 부서, 직종 등의 적성	

필 기 시 험		최 종 결 과
기 능 검 사		
건 강 진 단		합격 · 불합격
학 업 성 적		

효하기 때문이다.

4) 채용 결정부터 입사까지(내정자관리)

요즘처럼 매수 시장 하에 있는 채용 현장에서는 기업측이 채용을 내정했다고 해서 안심할 수 없다.

채용(내정) 통지를 발송하면 곧 내정자의 플로 활동에 들어간다. 요즘에는 내정자의 쟁탈전이 격렬하고 내정자에 대한 물량 작전이나 신병 구속 작전 등이 일부에서 행해지고 있는데 너무 지나치지 않게 해야 할 것이다.

내정자를 적절히 플로하기 위해서는 내정자 플로 계획을 세운다. 플로 계획은 플로 담당자의 결정, 내정자 장악 방법의 정책, 플로 스케줄의 결정 등을 내용으로 한다.

이 중 플로 담당자는 앞에서 서술한 프로젝트 팀 중에서 임명하면 좋다. 중소기업에서 입사 시험을 치른 학생의 고충 중에 '담당자를 잘 모른다. 전화해도 서로 회피한다.'는 것이다. 내정자를 확실히 입사시키기 위해서도 모집 활동에서부터 내정자 플로까지 전임 담당자가 맡을 수 있는 시스템이 바람직하다.

내정자 장악 방법은 신입 사원의 출신교의 종류(대졸이든 고졸이든)나 기업측의 사정에 따라서 다르지만, 일반적으로는 학교, 부모 방문, 회사 견학회나 체험 입사(단기 아르바이트), 내정자 간담회나 이벤트 기획, 사보 등의 회사 정보의 발송 그리고 입사전 연수 등이 있다. 이들 내정자에 대한 활동 중에 경영자의 프로필(경영 이념)이나 로망(꿈)을 말해 주는 등 신입 사원의 마음(마인드)을 사로 잡는 것이 중요하다.

또 채용을 결정한 단계에서 내년도 채용을 위해서도 출신교에 대한 인사와 보고를 잊어서는 안된다. 또한 공공 직업 안내소에도 물론 채용 내정 보고서를 제출해 둔다.

3. 젊은층의 중도 채용

1) 각광받는 중도 채용 시장

종래의 종신 고용제에서는 중도 '전직'은 곧 '전락'을 의미했고 흠있는 사람이라는 평가가 일반적이었다. 그러나 지금의 고용 추세는 일변하여 대기업에서도 중도 채용 시장을 중시할 만큼 노동력의 중도 채용 시장은 큰 각광을 받기에 이르고 있다.

그것은 주로 다음과 같은 이유로 인한 것이다.

1) 근래에 급격히 기업 경영의 다각화가 추진되고 있는데, 신규 사업 분야에 대응하는 데는 지금까지의 인재로는 부족하게 되는 한편 신인을 육성할 시간적 여유가 없기 때문에 즉전력으로써 중도 채용을 활용치 않을 수 없게 되었다.

2) 정보화 사회의 진전에 따라 타기업의 노동 조건 등의 정보를 얻기가 수월해졌다.

3) 젊은 노동자를 중심으로 사회적 가치관이 변화하여 전직에 대한 이미지가 불식되게 되었다(인력 부족이 이에 가속하고 있다). 특히 '자기 능력을 살릴 수 없다', '희망하는 직종이 아니었다' 등의 이유로 입사 후 1~2년에 퇴직하여 재취직하려는 '제2신입 사원'이라고 하는 새로운 구인 시장이 등장하고 있다.

본래 일본에서 전후 급성장을 한 기업의 대부분은 중도 채용자를 활용하여 신장해 온 데가 많고 중소기업에서도 일반적으로 중도 채용자를 기간 노동력으로 활용하고 있다. 오늘날처럼 신입 사원 채용이 곤란한 시대라도 이와 같은 사회 경제 정세의 변화를 이용해서 젊은 층의 중도 채용 시장을 개척해야 할 것이다.

2) 전직의 동향

앞에서 밝힌 바와 같이 종신 고용제의 붕괴, 중도 채용 시장의 새로운 형성이라는 고용 정세의 변화하에서 전직자는 해마다 계속 늘어가고 있다.

1989년 4월, 대한 상공회의소가 실시한 중소기업의 신입 사원을 대상으로 한 앙케이트는 '기회가 있으면 전직한다(30.5%)', '장래에는 독립하고 싶다(20.6%)' 등으로 나타나고 있고 전직이나 독립 희망자를 합하여 50%를 넘고 있다.

전직자가 전직할 때 중시하는 요소를 보면 29세 이하에서는 '일과 회사에 장래가 있다, 전문 능력과 특기를 살릴 수 있다, 자기 실력과 경험이 인정을 받는다, 사풍에 맞는다, 급료가 높다'가 5대 요인이 되고 있다.

이 조사 결과로 알 수 있는 것은 '회사의 매력'과 '일의 내용'이 전직 행동의 결정적 요인이라는 것이며, 젊은층의 전직자는 '자신을 더 살릴 수 있는 직장으로 옮기고 싶다'고 하는 바램을 가지고 있다는 점이다.

3) 젊은 노동자의 중도 채용 성공을 위해

여기서 젊은 노동자의 중도 채용을 성공시키기 위해서는 우선 매력적인 기업이 되도록 마음을 써야 할 것이다. 예를 들면 '장래는 업계의 톱을 목표로 하고 있습니다', 라든가 '연구비는 얼마든지 쓸 수 있게 하는 회사다', '급료는 많지 않아도 휴일, 휴가는 많다', '젊은 사람이 활발하게 일을 하고 있다', '사장이 매력적인 회사다' 하는 식으로 지금 다니는 회사를 그만두고서라도 가보고 싶은 생각이 들도록 매력 포인트를 만든다.

그리고 한 사람의 중도 채용자를 끌어들이기 위해서는 수백만 원,

전직자의 입사 조건의 중시도 (복수회답, %)

연령 항목	29세 이하	30세 이상	무응답	계
급료가 높다	14 (18.7)	39 (23.2)	1 (50.0)	54 (22.0)
잔업이 별로 없고 휴가도 많다	9 (12.0)	6 (3.6)	0	15 (11.8)
근무지가 한정된다	8 (10.7)	21 (12.5)	0	29 (11.8)
사풍에 맞는다	16 (21.3)	11 (6.5)	1 (50.0)	28 (11.4)
전문능력과 특기를 살릴 수 있다	28 (37.3)	79 (47.0)	1 (50.0)	108 (39.3)
자기 실력과 경험을 인정받는다	16 (21.3)	62 (36.9)	1 (50.0)	79 (32.2)
책임자로서의 지휘를 할 수 있다	2 (2.7)	9 (5.4)	0	11 (4.5)
일과 회사에 장래성이 있다	45 (60.0)	91 (54.2)	0	136 (55.5)
기타	7 (9.3)	10 (6.0)	0	17 (6.9)
해당 응답자 수	75	168	2	245

자료 : (재)고용 개발 센터 '전직백서(1990)'

수천만 원이라는 모집 비용이 소요되는데, 어렵게 채용한 중도 채용자의 희망과 기업 측의 희망이 서로 맞지 않아서 조기에 재전직이라는 사태를 가져오지 않기 위해서는 '어떤 인재를 맞이하고 싶은가'를 명확히 해두는 것이 중요하다. 그리고 채용 전형 때 채용 방침에 비추어 전형 기준을 명확히 해서 중도 채용자의 미스 매치를 극소화하도록 배려해야 한다.

그리고 가능한 한 여러 가지 선택지를 만드는 것도 중요하다. 젊은 세대라고 해도 실력 본위의 편차치형 타입이 있는가 하면 연공형 지향의 응원단 타입도 있다. 기업 조직은 여러 가지 타입의 종합력이므로 기업이 그 조건에 따라서 나름대로의 연구를 한 다음 구인을 하는 것이 중요하다.

4) 중도 채용자 모집

중도 채용자 모집을 성공시키는데 중요한 점은 채용 목적에 따라 모집 방법을 선택하는 것이다.

• 모집 방법

중도 채용자 모집 방법에는 '구인 정보지', '신문 광고', '신문에 전단 끼워넣기', '공공 직업 안내소', '인재 소개 사업' 등이 있다. 그 중에서 비교적 손쉽게 이용할 수 있고 나름대로 효과를 기대할 수 있는 것은 구인 정보지와 신문 광고에 의한 모집이지만, 젊은층 모집에는 모집 광고의 유효 기간이 길고 젊은층의 전직 의향자에게 널리 읽히고 있는 구인 정보지가 일반적으로 효과가 있다고 할 수 있다.

효과적으로 모집 광고를 실시하는 데는 광고의 크기와 캐치프레이즈의 연구가 중요하다. 광고 크기는 어느 정도가 알맞느냐 하는 것은 한마디로 언급하기는 어려우나 일반적으로 신문에는 '1단 20~50행' 정도가 효과적이라고 알려져 있고 구인지인 경우에는 '1/4 페이지~반 페이지' 정도가 적당하다고 알려져 있다.

캐치프레이즈는 전문가의 의견도 참고로 할 필요가 있으나 젊은이의 주목을 끌 수 있도록 회사의 장점을 강조하는 것도 중요하다. 또 업종, 업태, 모집 직종과 급여 등의 근로 조건을 가능한 한 상세하게 제시하도록 한다. 단 허위 광고나 과대 광고가 되지 않도록 주의해야 한다.

▶ 직업 안정법은 '허위 광고를 하거나 허위 조건을 제시하여 직업 소개, 노동자 모집 또는 노동자 공급을 행한 자, 또는 이에 종사시킨 자에게

는 6개월 이하의 징역이나 70만 원 이하의 벌금'에 처하도록 규정되어 있다.

• 전형 방법

중도 채용자의 전형 방법도 신규 졸업자와 기본적으로는 동일하지만 중도 채용인 경우에는 특히 중요하다고 생각되는 사항이 몇 가지 있다.

① 서류 전형은 이력서를 중시한다. 특히 직무 경력서를 상세히 기록하게 하고 전 경력에서 체득한 기능 등을 알 수 있게 한다.

② 면접은 꼭 배치를 예정하고 있는 부서 책임자를 참가시켜 그 의견을 중시한다. 경영자나 인사 담당자가 아무리 마음에 든다해도 담당 부서에서 받아들이지 않으면 그 중도 채용자는 오래 근무할 수 없기 때문이다.

③ 면접 방법을 연구한다. 면접은 유효한 커뮤니케이션의 자리이기도 하므로 본인에게 생각할 시간도 주어 회답이 '예', '아니오' 만으로 끝나지 않도록 질문을 한다. 가령 전 직장에서의 일의 내용과 포지션, 퇴직 이유 등을 자세히 묻고 특기 유무나 레벨도 파악하도록 한다.

④ 채용할 때 사상 조사나 노동조합 활동력 등의 조사는 해서는 안되지만, 전 직장에서의 사용 증명서를 받아두거나 이력 사항, 재직 중의 평가 등의 정보를 얻어 임금 결정, 적정 배치 등의 자료로 하는 것은 중요하다.

또 중도 채용인 경우 응모자가 재직 중일 수도 있다. 재직 중인 응모자의 전형에 있어서는 다음과 같은 점에 유의할 필요가 있다.

① 면접 등의 전형을 위한 시간 설정은 휴일이나 근무 시간 후의 시간대를 선택한다.

② 연락은 자택(되도록이면 직접 본인)으로 하는 등 접수에서 채용 통지까지 일관하여 '모집의 비밀'이 지켜지도록 배려한다.

4. 젊은 노동자의 정착화와 전력화

1. 입사시의 수속과 젊은 노동자를 받아들일 체제의 확립

신규 졸업자든 중도 채용자든 입사할 단계가 되면 소정 수속을 해야 한다. 또 수용 체제를 확립하는 것도 중요하다.

1) 입사시의 수속

입사시의 수속에서 중요한 것은 본인의 제출 서류이다. 주된 제출 서류로서는 서약서, 신원 보증서, 주민등록증 사본, 부양 가족 증명, 통근 경로에 관한 신고이고, 중도 채용자인 경우에는 이밖에 고용 보험 피보험자 증명서와 연금 수첩을 제출하도록 한다(그 연도 중도인 경우에는 전직에서의 원천징수표도 포함). 이 서류를 1주일에서 10일 사이에 제출하게 한다. 그리고 회사측에서는 사원 명부를 작성할 필요가 있다.

제출 서류 가운데 '서약서'는 반드시 필요한 것은 아니다. 장래에 대한 본인의 자각을 촉구하는 의미로 제출케 한다. '신원 보증서'는 기업의 대소를 불문하고 널리 실시하는 관습인데, 친척이나 친구를 신원 보증인으로 하여 사원에게 업무상 부적격 또는 불성실한 행적이 있을 경우에 그 신원 보증인에게 손해 배상 청구를 할 수 있는 제도이다. 신원 보증 기간은 최고 5년으로써 갱신이 가능하다.

2) 신입 사원을 받아들일 체제의 확립

신규 졸업자든 중도 채용자든 젊은층이 새로 입사하게 될 때 기대와 불안을 품고 나오게 된다. 그래서 기업측으로서는 하루라도 빨리 새로운 직장에 적응케 하고 융화할 수 있도록 배려할 필요가 있다.

출근 첫날은 물론이고 입사 당초의 일정한 시기에도 신입 사원을 전체가 환영하는 특별 체제를 만드는 것도 바람직하다. 출근 첫날은 간단한 인사 후에 곧 부서에 배속하고 그 다음은 부서에 맡기는 기업도 있으나, 입사식과 환영회를 열어서 기존 직원들과 융화할 수 있게 하는 것이 중요하다. 환영회 등의 기획은 신입 사원이 한 사람일 경우에도 실시하는 것이 좋다.

젊은 세대(특히 신규 졸업자)는 기업 같은 종적인 사회에 경험이 적으므로 하루라도 빨리 체험을 쌓을 수 있는 프로그램을 준비하는 것이 중요하다.

2. 시용 기간

일반적으로 신입 사원을 채용한 뒤에 일정 기간 '시용 기간'을 두는 기업이 많다. 그러나 중소기업에서는 취업 규칙에 시용 기간의 규정을 두기만 히고 실질적으로 활용하지 않는 경우도 많다. 그러나 젊은층의 노동자를 신입 사원으로 받아들였을 때 시용 기간의 위치 부여를 명확히 하여 실효성 있게 할 필요가 있다.

1) 시용 기간이란 무엇인가

시용 기간이란 '시험적인 사용 기간'을 말하는 것인데, 이 기간 중에 사원으로서 적합한가의 여부를 판단하여 조기에 부적합자를 배제하는 것을 목적으로 한 것이다. 즉, 신규 채용시의 전형만으로는 그 인물의 능력과 적성 등을 다 파악한다는 것은 어려운 일이고 실제로 부서에 배치해서 업무를 통해 적격성을 판단하기 위한 제도가 시용 기간 제도이다. 결국 시용 기간 제도는 능력과 적성이 사원으로서의 요구 수준에 미치지 못할 경우에는 그것을 이유로 해고할 수 있다는 해고권 유보의 노동 계약이라고 할 수도 있다. 이 기간을 14일간으로 하여 기간 내에는 즉시 해고할 수 있다는 취지(14일간은 해고 예고 절차가 적용되지 않는다는 의미)이다. 그러나 실제로는 시용 기간을 14일로 하는 회사는 거의 없고 2~6개월 정도로 하는 일이 많다.

이에 대해서 시용 기간 중에는 사회 보험에 가입을 보류한다는 운용을 하고 있는 케이스를 흔히 볼 수 있는데, 시용 기간이므로 사회 보험에 가입시키지 않아도 된다는 것이 아니므로 이런 조치는 시용 기간 제도의 활용상 이중의 오류를 포함하고 있는 것이 된다.

중요한 것은 시용 기간의 목적을 명확히 하여 그 기간 중에 사원으로서의 적격성을 판단하는 자리를 만드는 것이다.

2) 시용 기간의 활용

입사식이 끝나면 신입 사원 한 사람 한 사람에게 책임자를 붙여서 실제적인 일의 진행법을 하나씩 친절하게 가르치면서 실제 업무를 통해 정식 채용을 하기에 적합한가를 판단할 수 있게 한다.

그리고 시용 기간이 만료하여 사원으로서 적격이라고 판정한 경우에는 정식 채용 사령장을 교부하여 모랄 향상의 계기로써 활용한다. 반대로 본인의 노력과 향상심이 보이지 않고 직업적 능력이 부족하다고 판단되는 경우라든가, 근무 태도나 언동이 불성실하여 사원으로서 부적합하다는 상황이 있는 경우에는 속히 채용을 취소한다(채용 후 14일을 경과하고 있으면 해고를 사전에 통지하는 해고 수속이 필요하다).

▶ '해고 수속'은 노동 기준법에 의거 채용 후 14일을 경과한 사원을 해고

하려면 30일 이전에 해고 예고를 한다든가 또는 평균 임금의 30일 분을 지불해야 한다.

이와 같이 시용 기간은 사원으로서의 적격성을 판정하기 위해 설정한 기간인데, 사원으로서 부적합하다고 정식 채용을 거부하는(해고하는) 경우에는 그 기간 중에 적절한 교육, 지도가 행하여졌는가 하는 문책을 받게 된다. 가르쳐야 할 것을 가르치지 않고 지도해야 할 것을 지도하지 않는 상황에서 부적합하다고 판정하여 해고하는 일이 있어서는 안되기 때문이다. 그런 의미에서 시용 기간은 교육 기간이라고 해도 좋다. 이 기간 중에 훌륭한 사원으로서 종사할 수 있도록 착실한 교육과 지도를 실시해야 한다.

3. 신입 사원 교육

앞에서 밝힌 것처럼 시용 기간은 신입 사원의 교육, 지도를 위한 기간이기도 하다. 그러므로 시용 기간 중에 실시할 교육에 대해 일괄적인 계획을 세울 필요가 있다. 그러나 중소기업에서는 대기업과 같이 채용 인원수도 많지 않고 집합 교육 형식을 갖추기도 곤란한 경우가 있다. 그래서 맨투맨식으로 교육하는 등 그 기업에 적합한 형태와 내용으로 신입 사원 교육 계획을 세우고 있다.

1) 교육 내용

일반적으로 신입 사원 교육에서 최소한 필요한 교육 내용으로는 업계의 특징, 경영 방침(회사의 장래성과 목표 포함), 회사의 조직과 기구, 일상 근무 생활의 룰(취업 규칙 등의 제규정 외에 불문율인 룰 등도 설명한다), 회사 상품과 서비스에 대한 개요 등이다. 또 사회인으로서의 기초 교육도 실시한다.

특히 직장 생활 경험이 없는 신규 졸업자에 대해서는 '왜 나는 이 기업에 취직했는가, 노동이란 무엇인가, 어떻게 일할까' 등 노동에 대하여 기초부터 교육하여 '내게 무엇을 기대하고 있는가'를 시간을 두고 파악할 수 있게 한다. 이때 경영자 자신이 '경영 포부와 계획'을 이야기해 주는 것도 많은 도움이 된다.

2) 교육 방법

신입 사원이 여러 명일 경우에는 외부 전문가의 조력을 받아 일정 기간 집합 교육을 하는 것이 좋지만, 집합 교육이 되지 않을 때는 교육 담당자를 정하여 맨투맨식으로 집중 교육한다. 또 적당한 '교육용 비디오' 등이 있으면 활용한다.

강의식 교육이 끝나면 회사 내를 실제로 안내하여 각 부서 업무의 흐름 등을 설명한다. 본사 이외에 영업소나 지점이 있으면 현지 견학도 시킨다. 도매업이라면 창고도 보이도록 한다. 또 그 사원이 어떤 부서에 배치되든 가능한 한 자사의 주된 부분(제조업이면 공장, 소매업이면 점포)에 일정 기간(1주일~1개월 정도) 근무시켜서 현장을 체험케 한다. 입사시에 피부로 자사에 대해 느끼는 것은 다른 사원을 이해하고 회사 전체를 알게 되는 것으로 의미있는 일이기 때문이다.

이렇게 기본적인 교육을 마친 다음에 담당 부서에 배치해서 실제 업무를 통해 일을 배우게 한다.

4. 젊은 노동자의 정착화와 전력화 대책

'3일, 3개월, 3년'이란 말이 있지만 실제로 고졸자의 약 40%가 3년 이내에, 약 20%가 1년 이내에 직장을 그만두고 있다. 이런 상황이 계속되면 임시 인력조차도 되지 못할 것이다.

실제로 전직 경험자의 전직 이유를 보면 젊은층(20~24세)에서는 '급여, 승급 등의 대우가 좋지 않았다, 일하는 보람을 느낄 수 없었다, 근무 조건(근무 시간, 휴일, 휴가)이 좋지 않았다, 자신의 적성에 맞는 직업을 발견하고 싶었다, 회사나 상사의 경영 방침에 의문을 느꼈다'고 밝히는 경우가 많았다.

즉 급여, 승급, 휴일 등의 '노동 조건'과 '일하는 보람', '회사나 상사의 경영 방침'이 퇴직의 직접 이유가 되어 있다는 것을 알 수 있다. 그래서 젊은층의 정착을 위해서는 급여, 승급에 대한 개선과 함께 주휴 2일제 도입, 확대를 비롯한 노동 시간 단축을 비롯하여 일하는 보람과 상사와의 관계, 회사의 경영 방침에 대한 개선이 중요하다.

1) 급여 · 승급 · 휴일 등 노동 조건의 개선

이와 같은 조사를 보면 급여에 대한 불만이 젊은층에게 중도 퇴직 이유의 대다수를 차지하고 있다. 그러나 전직할 기업을 선택할 때 중시하는 요소로써는 급여에 관한 것은 그리 높지 않다. 이것은 젊은층에게 있어 급여액 자체에 대한 불만보다는 승급을 둘러싼 평가에 대한 불만과 장래의 급여 상승의 기대가 희박하다는 요소가 많다고 생각된다. 요즘과 같이 초임금이 매년 높은 비율로 상승하는 현실 속에서 초임금의 상승이 정기 승급을 상회하는 역전 현상이 생기기도 하고 능력과 노력에 대한 평가가 적절히 실시되지 않는다는 따위의 불만이 퇴직의 동기가 되어 있는 경우가 많다.

▶ 일본 경영자 단체 연맹의 조사에 따르면 중졸을 제외한 모든 학력에서 초임의 상승률이 1990년과 1991년에 연속으로 5%선의 높은 신장을 보이고 중소기업에서도 대기업에 못지 않는 초임금을 주는 경향으로 변하고 있다.

그러므로 젊은 노동자의 정착을 위해서는 급여 체계를 정함과 동시에 능력주의적 인사 평가나 시스템을 확립해서 평가 방법과 승급에 대한 불만을 방지할 필요가 있다. 물론 절대액이 일반 관례에 비해 너무 낮지 않은가를 충분히 검토할 필요가 있는 것은 말할 나위도 없다.

- 능력주의적 인사 평가 시스템의 확립

능력주의적 인사 평가를 실시하기 위해서는 직무 기준서 작성이 필요하다. 직무 기준서는 각 직종의 직능 등급마다 수행 업무와 필요 능력 요건을 구체적으로 나타낸 것이다. 그리고 이 직무 기준서(직능 요건서)에 표시된 각 직능 등급과의 요건을 어느 정도 충족시키고 있는가를 인사 고과 등으로 평가하여 그 평가 결과에 따라 승진, 승격, 승급(직능급) 등의 처우, 능력 개발을 위한 교육 과제의 설정, 목표 관리에 있어서의 목표 설정, 적성 배치 등을 실시한다.

학력별 초임의 실례(1991년)　　　　(단위 : 천원)

		대졸		전문대졸		고졸	
		남	여	남	여	남	여
규모별 사원	기업규모계	179.4	172.3	155.1	146.5	140.8	133.2
	10~99명	173.8	165.3	153.9	140.1	140.0	126.3
	100~999명	177.3	172.6	154.7	148.0	139.7	133.8
	1000명 이상	181.3	173.4	157.3	148.6	142.4	137.5
업종별	산 업 계	179.4	172.3	155.1	146.5	140.8	133.2
	건 설 업	184.3	170.1	162.9	148.9	149.0	135.6
	제 조 업	181.7	175.9	154.8	147.2	139.5	134.3
	도·소매업 음 식 점	179.8	173.5	152.6	149.1	141.0	135.3
	서 비 스 업	178.9	171.9	155.6	144.1	138.1	127.1

자료 : 노동부 '임금 구조 기본'

또 인사 고과는 직무 기준서에 의해서 실시하는 경우에도 실제의 평가에 있어서는 고과자에 의한 여러 가지 고과상 과오나 평가상 왜곡이 생기기 때문에 고과자 훈련이 중요하다. 또 인사 고과의 결과는 피고과자에게 피드백하는 것도 중요하다. 피고과자와의 면담의 자리를 만들고 고과 결과의 일부를 공개함으로써 인사 고과가 갖는 비밀성이 해소되고 또 고과자의 고과 능력도 향상되기 때문이다. 그리고 이상의 능력주의적 인사 제도를 성공시키기 위해서는 직무 기준서를 미리 전 사원에게 공표해 두는 것도 필요하다.

• 노동 시간, 휴일 등의 개선
조사에는 나와 있지 않지만 신규 졸업자의 가장 큰 전직 이유로는 채용시의 약속과 실제 상황이 다르다는 점에 있다. 주휴 2일제라고 해서 입사했는데 거의 매주 토요일 강요에 의해 출근을 했다든가, 월급이 잔업 수당까지 합산한 금액이었다든가 하는 것이다. 이처럼 모집 조건과 실제 상황과의 괴리는 일시적 대체 뿐만 아니라 절대로 있어서는 안된다는 것이다.

노동 시간 단축에 대해서는 주휴 2일제를 도입하는 것이 중요하다. 또 연차 유급 휴가를 법정 일수 이상으로 주어서 그 취득을 장려하는 방법 외에도 여름이나 명절 등에는 연차 유급 휴가를 계획적으로 주고 장기 연속 휴가제를 제정하는 것도 필요하다.

그리고 입사 3년째나 5년째에 근무 독려를 위한 휴가를 주거나 해외 여행을 계획하는 등 신세대 젊은이들의 요구를 영입하는 제도를 만든다. 일정한 규모 이상의 기업에서는 각종 서클 활동을 장려하고 자금 · 시설 면에서 원조하는 것도 효과가 있다. 또 가족 생일 선물을 하는 등의 가족들과의 유대도 강화하고 그것을 통해 협력과 신뢰를 얻는 제도도 효과적이다.

이런 식으로 처우에 대한 불만을 미리 파악하여 급여는 비록 높지 않더라도 '우리 회사는 잘 해준다'는 생각을 젊은층에게 안겨주는 것이 정착을 위한 중요 요건이다.

2) 일하는 방법과 직장의 인간관계 개선

앞에서 밝힌 조사 중에, '일하는 보람을 느끼지 못했다', '자신에게 맞는 직업을 찾지 못했다'고 하는 항목은 모두가 직업에 대한 미스 매치를 의미하는 것은 아니다. 오히려 적성에 맞지 않는 경우는 드물고 일의 방법에 대한 기회감과 불만이 이 질문에 표현되어 있는 경우가 많다고 생각된다. 직업에 대한 미스 매치라면 채용시 전형시의 미스이고, 응모자나 기업이 신중하게 선택한 직장이 그렇게 큰 비율로 미스 매치가 될 리는 없기 때문이다.

만일 '힘든 일', '싫은 일'이라 하더라도 적정한 평가가 행하여지고 그 일을 통해 자신이 성장할 수 있다고 느꼈을 때는 일하는 보람을 느낄 수가 있을 것이고, 그래도 견디지 못할 만큼 '힘든 일', '싫은 일'은 처음부터 선택하지 않았을 것이다.

그러면 젊은층이 '일하는 보람'을 느끼지 못하는 주된 이유는 어디에 있는 것일까? 그리고 이에 대해서 어떤 대책을 강구해야 될 것인가.

• 일을 주는 방법과 시키는 방법

첫째, 젊은 세대의 특징에 적합한 방법으로 일을 주고 있는가 하는 문제이다. 본장 머리말에서 서술한 것처럼 젊은 세대는 상사의 지시를 기다린다. 그리고 메뉴얼 의존이라는 특징을 갖는다. 동시에 자기 중심적으로 파워맨을 좋아하고 자기 성장에는 탐욕적으로 자기 실현형, 자기 충실형이다. 그들은 모든 면에서 무능한 것은 아니다. 때때

로 훌륭한 감성을 발휘하여(그들은 영상 문화 가운데서 성장해 왔다) 신상품
의 개발 등을 실시할 때가 있다. 문제는 일을 주는 방법, 시키는 방법
에 있다.

그래서 일을 주는 경우, 이들의 특징을 이해하고 어느 일정한 범위
의 일을 큰맘먹고 맡기는 것이 중요하다. 그러나 맡길 때는 그 일을
진행시키는 방법을 잘 설명하고(메뉴얼적으로), 스스로 해낼 때까지 배
후에서 도와주고 이끌어 줄 필요가 있다. 맡기고나서 방관하고 있거
나 또 도중에서 참견하는 것도 좋지 않다. 틈이 벌어지거나 부족한
점은 뒤에서 보완해 줄 필요가 있다. 또 잘 해냈을 때의 평가를 내리
는 것도 잊어서는 안된다.

요컨대 젊은 세대의 대부분은 자기 능력에 알맞는 과제를 주는 직
장, 일의 내용과 범위가 명확히 제시되어 있는 것을 원하고 있으므로
경영자나 관리자는 그런 특징을 분명히 파악하여 일을 주는 것이 중
요하다.

• 일의 평가 방법

둘째, 일의 평가와 방법이 적절한가 하는 것이 문제가 된다. 어느
조사에 따르면 2/3가 실력주의를 지향하고 있다는 데이터가 있는데,
젊은 세대는 편차치 인간이라고 하는 말처럼 자기 성적에 대한 평가
에 민감하다. 그래서 '타인과 비교하거나 경쟁시키는 것은 싫지만 능
력은 스트레이트로 평가해 주면 좋겠다'고 하는 것이 그들의 기본적
인 자세이다.

다시 말해서 '노력하면 월급을 올려주겠다'라든가 '장래 과장을 시
켜주겠다' 따위의 장기적 평가, 조직 계층에 의한 평가는 좋아하지 않
는다. 그들은 자기 성과와 능력이 스트레이트로 현시점에서 평가되
기를 바라고 있다. 그러므로 일에 대한 젊은층의 평가는 단기적 시점

에서, 그것도 구체적으로 해야 한다. 그러므로 경영자와 관리자는 부하(젊은층)의 일 현황을 늘 정확히 파악하도록 배려하고 적절하게 평가할 수 있는 기술을 익혀 두어야 한다.

• 직장의 분위기와 인간관계

셋째, 일하는 방법과 관련해서 직장 분위기와 인간관계가 원만한가 하는 것이 문제가 된다.

젊은 세대는 자기 중심적이기는 하지만 결코 협조성이 결여되어 있지는 않다. 오히려 회사 내외의 인간관계에는 잘 배려한다. 그러나 너무 깊어진 인간관계는 좋아하지 않는다. 그들은 마이홈 같은 풍족하고 즐거운 직장 생활을 원하고 있는 것이다. 그러므로 경영자와 관리자는 그들의 사생활에 너무 근접하지 않는 것이 좋다.

한편 그들은 자기 일을 잘 알고 싶다는 욕구도 있다. 그러므로 경영자와 관리자는 너무 근접하여 사사건건 참견하는 일을 피하고 자연스럽게 그들의 사생활을 파악하도록 힘쓰는 것이 현명하다.

결론적으로 말하면 젊은 세대들이 이상으로 삼는 직장이란 일반적으로 긴장감으로 가득 찬 딱딱하고 숨막히는 직장이 아니라, 동료끼리 사이좋게 일하는 가정 같은 직장으로 일하는 방법에 대하여 선배 사원이 잘 가르쳐 주고, 또 상하 관계가 원만한 직장이라고 할 수 있다.

그러나 대부분의 기업에서는 이런 신세대의 이상을 다 충족시키기는 불가능한 일일 것이다. 문제는 그들이 진정으로 요구하고 있는 것을 파악하여 오랫동안 만들어진 자사의 전통과 인간관계의 룰에 어떻게 하면 빨리 익숙해질 수 있게 만드느냐 하는 것이다.

3) 경영 방침의 제시와 경영자·관리자의 리더십

앞에 나온 전직 이유 가운데 회사와 상사의 경영 방침에 의문을 갖고 있다는 이유가 상위를 차지하고 있는 것을 주목할 필요가 있다.

'경영 방침'이라는 말은 갖가지 내용을 포함하고 있는 것으로 생각되지만, 일반적인 일을 하는 현장에서는 경영에 대한 회사의 방침이 뚜렷하지 않다든가 상사와 사장이 하는 말이 자꾸 바뀐다는 등을 가리키고 있는 예가 많을 것이다.

그것은 그 기업의 경영 방침과 이념이 불명확해서 그때그때 되는 대로 경영하는 중소기업에서 흔히 볼 수 있는 일이다. 그러나 대부분의 중소기업에서는 경영 방침과 경영 이념에 경영자 자신의 견해와 인생관, 감성, 지향, 감각을 반영하고 있는 일이 많기 때문에 경영자 자신의 노력으로 개선하기가 불가능한 문제이기도 하다.

젊은 세대는 현재를 중시하지만, 그들도 가끔은 순간적인 행동을 취할 때가 있다. 그렇다고 해서 미래에 대해 전혀 무관심한 것은 아니다. 자기가 일하는 회사가 미래에 어떻게 될 것인지, 자기 자신이 그 회사 안에서 어떤 상태로 성장해 갈 것인가에 대한 기대와 불안은 기성세대와 다를 바 없다.

그들에게 리더격인 경영자와 관리자의 가장 중요한 것은 '강함'이다. 그리고 기업 경영에 있어서의 강함의 기본은 철학과 정책이라는 정신적인 기골인 것이다.

오늘날의 격변하는 경영 환경 속에서 어느 기업도 그 사회적 존재의의가 요구되고 있고 철학과 정책이 명확하지 않은 기업에서는 경영 방침이 조령 모개(朝令暮改)를 면치 못한다. 젊은층만 그런 것이 아니라, 오늘날의 직업 종사자 대부분은 일정 이상의 교육을 받고 많은 지식과 정보에 둘러싸여 있으므로 그만큼 자사의 방침에 대한 평가의 눈도 날카롭다.

이런 경영 환경하에서 중소기업 경영자는 우선 사업에 대한 자신의 사고방식을 경영 이념으로 명확히 제시하여 장기적인 비전(장기 경영 계획)을 그리지 않으면 안된다. 그리고 젊은층에게 끊임없이 꿈과 장래의 비전에 대해 들려줄 필요가 있다. 또 관리자에게 그것을 철저히 교육시켜 경영자의 이념 전도자로써 젊은층을 지도하도록 해야 한다.

젊은층의 정착 상태가 좋지 않다고 해서 '채용한 사람 중 몇 %만 남아준다면'하는 현상 유지론을 내세워서는 안된다. 신규 졸업자를 비롯하여 기대를 품고 입사한 젊은이의 꿈을 무너뜨리기 보다는 한 사람 한 사람을 기업에서 필요로 하는 인재로 길러가도록 경영자와 관리자는 더 한층 노력해야 한다.

왜냐하면 오늘날과 같이 환경 변화가 심한 때일수록 인간이 큰 전력이 되고 한편으로는 갈수록 젊은 노동력을 얻기 힘들게 되기 때문이다.

 **여자 사원의 활성화**

1. 여성 시대의 도래와 여성 사원의 전력화

기업이 본격적으로 여성을 전력화할 시대가 되었다.

문공부가 정리한 학교 기본 조사에 따르면 1990년에 대학을 졸업한 여자의 취업률은 이제까지 최고인 81.8%에 달하여 남자 취업률을 상회했다. 또 대학, 전문대학을 졸업한 여자의 취업자 수도 1990년에 이어 남자 취업자 수를 웃돌고 있고 호경기와 남녀 고용 기회 균등법(이하 균등법이라 한다)에 뒷받침되어 여자의 직장 진출은 확실히 진전되고 있어 여성 시대가 정착되고 있다는 것을 증명하고 있다.

기업에 있어 귀중한 인재인 신규 졸업자 가운데 여자의 비율이 많아지면서 이 여자 인력을 어떻게 육성·활용해 가느냐 하는 것이 기업의 장래에 큰 영향을 끼친다고 할 수도 있다.

또 고용자 총수에서 차지하는 여자 고용자의 비율은 40%에 가깝고 해마다 증가하는 경향이 있으며, 여자 고용자 가운데 과반수가 사원 규모 100명 미만의 중소기업에서 일하고 있다.

이처럼 과반수의 여자 고용자가 중소기업에 적을 두고 있는 현상을 보면 중소기업에서 일하는 여성의 능력 개발·전력화를 앞으로 어떻게 진전시키느냐 하는 것이 기업 발전에 있어서 하나의 중요한 포인트가 될 것이다.

덧붙여 말해서, 인재 부족을 외치고 있는 오늘날 여자 사원을 별로 중요하지 않은 부서에서만 일하게 할 정도로 어느 기업이든지 낙관적이라고는 할 수 없는 실정이다. 특히 신규 졸업자 채용이 어려운 기업에 있어서는 여자 사원의 효율적 활용이 부서에 필요하다. 그러나 실제로는 여자 사원의 전력화 대비책은 소극적이어서 사원 활성화의 맹점이 되고 있는 케이스도 흔히 볼 수 있다. 인력 부족을 한탄하면서도 여자 사원을 제대로 활용 못하고 그 능력을 잠재워 두는 것은 기업으로서나 본인에게 커다란 손실일 뿐이다.

다음은 중소기업에서 여자 사원을 어떻게 활용하고 전력화해야 좋을 것인가를 구체적으로 살펴 보자.

2. 여자 사원을 전력화하기 위한 편성

여자 사원을 전력화하기 위한 편성은 다음과 같이 전 회사적 · 계획적 · 계속적 · 조직적으로 철저하게 실행해 가는 것이 필요하다.

1. 경영자의 자세

여자 사원을 전력화하는 데 있어서 제일 중요한 것은 경영자의 자세이다. 특히 중소기업에서는 경영자의 자세가 실제 경영에 현저하게 나타난다. 그러므로 경영자가 여자 사원 활용 · 전력화에 대한 기본 비전을 가지고 있는가 여부에 따라 그 곳에서 일하는 여자 사원에 대한 대응에는 큰 차이가 생긴다.

현장에서 여자 사원을 전력화 할 필요성을 느끼고 있어도 경영자의 사고방식이 건전하지 못하면 제도를 마련해서 연수 같은 것을 실시해도 결국은 형식만 선행되고 현실적인 결과로는 나타나지 않는다. 중요한 것은 경영자가 여자 사원을 진정으로 이해하고 각 자의 능력을 끌어내어 활용하겠다는 마음 자세를 가지고 있는가, 그리고 그것을 방침으로 조직의 말단까지 침투시켜 실행해 가고 있는가 하는 점이다.

또 경영자 가운데는 여자 사원을 일괄적으로 능력을 낮게 평가하는 타입도 볼 수 있다. 즉, 여자 사원에게는 보조적인 업무만 주어 남자 사원과는 전혀 다른 일을 시키는 방법을 쓰고 있는 것이다.

중소기업 경영자를 만나 보면 흔히 틀에 박힌 말처럼 우수한 인재를 채용하기 어렵다는 불평을 듣게 된다. 그러나 사원, 특히 여자 사원에게 실력을 발휘해서 일하도록 하자는 이해성 있는 회사가 아니면 인재가 모여들지 않는다. 여자 사원에게 일을 주는 방법, 일하게 하는 방법, 경영자를 비롯한 회사 전체의 여자 사원에 대한 이해도나 활용도가 앞으로는 기업 평가의 바로미터가 될 것이다.

경영자로서 여자 사원의 전력화를 경영 방침 가운데 명시할 정도로 철저한 배려가 있어야 한다. 이런 경영자의 자세는 사회적으로는 '여성을 활용하는 회사'로서 기업 이미지 향상에까지 영향을 준다고 할 수 있다.

2. 장기적 인사와 노무 관리 방침의 확립

여자 사원의 활용을 그저 막연하게 중요한 것으로 생각하고 있어도, 자사가 여자 사원을 어떻게 교육하고 계기를 만들어 주어서 전력화하여 활용해 갈 수 있는가 하는 전략·전술을 착실히 가지고 실천해 나가지 않으면 단순한 희망사항으로 끝나고 만다. 장기적 전략을 세워 자사가 여자 사원에게 '어떻게 계기를 만들어 주고 활성화하여 전력화해 가는가, 또 그 목표는 무엇인가' 하는 것을 구체적 방침으로 확립하는 것이 중요하다.

유감스럽게도 전력화를 위한 편성에서 벽에 부딪치는 현상을 주로 일으키는 것이 '제도 선행형'이다.

여자 사원 전력화의 일환으로써 여자 리더 제도를 도입하는 경우, 회사로서의 명확한 전력화 방침도 없는 채 제도만 만들어서 우선적으로 실행에 옮기게 되면, 결국 리더로서 여자 사원의 의욕을 상실케 하기도 하고 직장에서의 이해를 얻지 못하는 등의 문제를 남기고 마는 결과만 초래된다.

그러므로 구체적인 제도를 만들기 전에 우선 명확한 방침이 확립되어야 한다.

외부 환경에 눈을 돌려보면 산업 구조의 변화에 따라 경제의 서비스화, 여자 고용자의 제3차 산업으로의 시프트화가 한층 진전되고 있다. 또 여자 사원의 노동 의식 변화, 여자의 라이프 사이클 변화와 더불어 균등법과 육아 휴업법의 제정, 노동 기준법의 개정 등 법률 면의 정비도 행하여지고 있다.

여자 사원의 활성화와 전력화는 이런 환경 변화를 터득한 새로운 시점에서 나온 장기적 인사와 노무 관리 방침을 확립하는 것이 선결 문제이다.

3. 직장 실태에 맞는 전력화 계획의 책정

지금까지는 여자 사원이 장기적인 계획하에 채용되었다고 보기 어렵다. 그러나 여자 사원을 본격적으로 전력화해 가려고 한다면 도중에 벽에 부딪치지 않기 위해서도 명확한 방침하에 직장 실태에 맞는 전력화 계획을 세울 필요가 있다. 예를 들면 '여자 사원 전력화 5개년 계획'이라는 식으로 최저 3년에서 5년 단위로 계획을 수립한다.

계획 내용으로는 우선 사원의 소리를 듣는 기회를 만드는 것이다. 많은 회사의 여자 사원은 직장에서 발생하는 여러 가지 문제와 불만을 가지고 있을 것이다. 그리고 여자 사원이 현재의 직장 안에서 어떤 문제를 안고 있는가를 알아야 보다 현실정에 맞는 전력화 편성을 기할 수 있다. 흔히 보게 되는 케이스로써 여자 사원 간담회같은 자리를 만들었다 해도 회사측 자세가 형식적인 것에 머무른다면 그저 표면상의 실시에 그치고 결과적으로는 여자 사원의 의견은 아무 것도 표면화되지 못한 채 그치고 마는 수가 있다.

대부분의 여자 사원은 개인적으로 이야기하기를 주저한다. 누가 무슨 말을 했는가 하는 상사의 평가에 대단히 예민하게 반응한다. 그러므로 여자 사원의 진정한 목소리를 듣기 위해서는 사전에 전체 의견으로 그들의 의견을 자주적으로 종합시키는 방법을 쓰는 것이 좋다.

이 방법이 잘 되지 않으면 계획을 책정하고 제도를 잘 만들어도 전력화되어야 할 여자 사원 당사자들에게는 받아들이기 어렵게 되거나, 하고자 하는 마음을 상실하게 되어 결국 여자는 하고자 하는 마음이 없다는 등의 이유로 결정해 버리는 결과를 초래한다. 편성에 있어 이런 배려를 잊으면 훌륭한 계획을 세워도 성과를 올리지 못한다.

계획만이 겉돌게 되지 않도록 정착되어 안정된 계획 책정을 신중히 세워야 할 것이다.

4. 직장이 풍토 조성

여자 사원에게 진정으로 의욕을 일으켜 주고 그 능력을 활용해 가는 데는 구체적인 제도 작성과 그것을 뒷받침 할 풍토 조성이 무엇보다도 중요하다.

제도 작성에 대해서는 뒤에 서술하겠지만, 여자 사원만을 설득해 어떻게든 각성시켜서 일을 시키려 해도 어느 시점에서 좌절하고 만다. 요컨데 조직 대응이 필요하다는 것이다. 자사에 합당한 여자 사원의 전력화를 위한 제도를 만들거나 정비하여 그 수용 체제로써 경영자를 포함하여 풍토 조성에 힘쓰고, 직장마다 상사나 남자 직원이 이해하면서 일을 추진시키는 것이 중요한 포인트가 된다.

여자 사원을 '여자'로서 특별 취급하는 직장에서의 여자 사원 전력화의 최종적인 포인트는 관리직(특히 직속 상사)의 이해와 주위의 남자 사원의 의식이다.

관리직이나 남자 사원은 여자 사원을 특별 취급하지 말고 부담없이 의견을 나누고 같은 일을 하는 동료로 맞아들여야 하고, 의욕이 있는 여자 사원에게는 적절한 플로를 하면서 일을 맡겨 보도록 한다.

직장을 둘러보면 여자 사원 한 명이 신장되느냐의 여부를 결정하는 큰 요인 가운데 하나로 직속 상사의 여자 활용에 대한 이해심 여부가 관건이다. 직장에서 담당하는 일의 할당과 육성, 배치, 이동 문제에서는 특히 직속 상사와의 의사 소통이 중요하다. 이런 활동을 효과적으로 실시하려면 본인의 업무 목표의 설정에서 결과 평가, 그리고 이동의 희망까지 포함해서 관리자와 본인이 철저한 대화를 하는 것이 무엇보다도 중요하다.

5. 여자 사원의 직업 의식 향상

여자를 활용하는데 따르는 문제점을 보면, '일반적으로 여자는 직업 의식이 낮다'가 3위에 들어 있다.

경영자 · 관리자 등이 그런 편성을 추진시켜도 여자 사원 자신의 의식이 따르지 않으면 허사로 그칠 수도 있다. 이 편성에 있어서는 앞에서 말한 바와 같은 여자 사원의 실태를 잘 파악함과 동시에 여자 사원의 직업 의식을 일 속에서 높여감으로써 전력화와 이어지게 된다. 여자에 대한 기업의 직업 의식 향상책 실시 상황을 보면 65.6%의 기업이 여자의 직업 의식의 향상을 도모하고 있다. 실시 항목에서는 첫째, 책임있는 일의 부여, 둘째, 회의와 협의 등에 여자의 출석 기회 확대, 셋째, 여자에 대한 교육 훈련의 충실로 되어 있다.

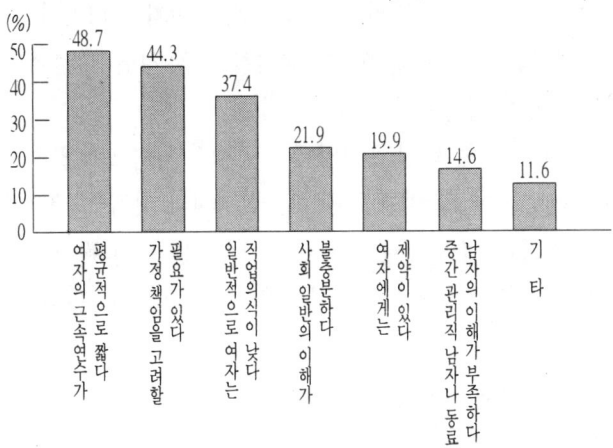

여자의 채용에 따르는 문제점　(복수회답)

(%)	여자의 근속연수가 평균적으로 짧다	가정 책임을 고려할 필요가 있다	직업의식이 낮다 일반적으로 여자는	사회 일반의 이해가 불충분하다	여자에게는 제약이 있다	중간 관리직 남자나 동료 남자의 이해가 부족하다	기 타
48.7							
44.3							
37.4							
21.9							
19.9							
14.6							
11.6							

자료 : 노동부 '여자 고용 관리 기본조사(1989년)'

여자의 직업의식 향상을 위한 기업의 대책　(단위 : %)

		주 법 (3년 근속의 상황)	금 후 (3년 근속 방침)
계		100.0	100.0
계획하고 있다		65.6(100.0)	74.8(100.0)
사 항 (복 수 회 답)	책임있는 일을 부여	(76.8)	(76.1)
	관리직에 적극적 활용	(13.9)	(25.3)
	여자 리더제나 여자 프로젝트 팀의 도입	(14.5)	(23.2)
	여자에 대한 교육 훈련의 충실	(32.3)	(44.7)
	회의나 협의 등 여자 출석 기회의 확대	(43.5)	(45.8)
	여자 출장 기회의 확대	(13.8)	(15.8)
	여자에게 명함을 갖게 한다	(16.5)	(13.4)
	여자에게만 입히는 제복 폐지	(1.9)	(0.7)
	여자에 대한 편견을 없애기 위한 남자에 대한 의식 계발의 실시	(13.1)	(17.0)
	기타	(3.6)	(4.3)
계획하고 있지 않다		34.4	25.1

자료 : 노동부 '여자 고용 관리 기본조사(1989년)'

앞으로의 방침으로는 직업 의식의 향상을 도모하는 기업은 74.8%로 늘어날 것이며, 특히 관리직으로의 등용, 여자 리더제와 여자 프로젝트 팀 도입 등의 편성 예정이 증가하고 있으며, 기업에 있어서 여자 사원의 활용 의욕이 높아지고 있다.

여자 사원의 일하는 타입도 다양해서 임시적 의식으로 일하고 있는 여자 사원도 있으며, 그밖에 결혼과 출산까지의 취직, 승진, 승격에는 고집하지 않는 일의 질을 추구하는 사람, 또 그리 많지는 않으나 남자와 같은 처우를 받으며 부지런히 일하고 싶어하는 타입 등 갈수록 다양화 되어 가고 있다.

대개의 여자 사원은 '일을 통해 자신을 성장시키고 싶다'는 생각을 가지고 있으며, 직업 의식에 있어서 자기 실현 의욕이 높아지고 있다는 것을 알 수 있다.

여자 사원의 전력화 편성에 있어서는 제도적인 실시 속에서 여자 사원의 직업 의식 향상을 촉진하고 여자 사원 자신도 성장을 위해 노력할 필요가 있다.

6. 여자 사원에게 경영 정보를 제공한다

여자의 직업 의식 향상을 위한 방책으로 회의나 협의 등에 의한 여자의 출석기회 확대가 제2위로 올라있는데, 직장에서의 실정을 보면 여자 사원은 아직까지도 업무상 정보에서 폐쇄되어 있는 경우가 많다. 예를 들어 거래처에서 업무상 복잡한 문의가 있거나 하면 여자 사원으로서는 손을 들게 되고 만다.

대부분의 여자 사원은 의외로 일에 관한 지식을 좀더 갖고 싶다는 생각을 가지고 있으며 경영의 상세한 방침 같은 것도 알고 싶어한다. 그러나 여자 사원이 그런 정보를 듣고 싶어도 회의에는 출석시키지 않는 등 정보를 수집할 자리가 적을 뿐 아니라, 남자 사원과는 일을 시키는 방법이나 상사의 지시 방법 등 항상 모든 면에서 남자와는 다른 취급을 받고 있는 예가 많은 것도 분명한 현실이다.

여자 사원에게도 경영 방침과 업무상의 정보를 부여해 가는 것이 그들에게 계기를 만들어 주는 것이 되고, 그런 일이 거듭되면서 일상 업무 태도를 조금씩 변화시켜 갈 수 있는 것이다.

3. 여자 사원의 인사와 노무 관리상의 요점

다음으로 여자 사원 전력화의 편성에 있어서 직장의 고용 관리에는 어떤 점이 포인트가 되는 것일까? 여자 사원의 활용·전력화를 위해서는 사원의 모집·채용에서 퇴직에 이르는 일련의 인사·노무 관리에서 여자의 특성에 착안점을 둔 관리 방법으로 특히 유의해야 할 내용을 충분히 이해해서 적정한 관리에 임하는 것이 중요하다.

또 법제면으로도 균등법이 시행되는 것과 동시에 노동 기준법 개정도 실시되고 있다(육아 휴업법은 1992년 4월 1일부터 시행). 따라서 각 기업에 이런 법제면의 정비도 경험을 쌓은 여자 사원의 인사·노무 관리에 있어서도 충실을 도모해 갈 필요가 있다.

균등법이 1966년 4월에 시행된 이래 기업의 남녀 격차는 얼마나 시정되었을까? 노동부의 ≪노동백서≫(1991년판)에 따르면 모집, 채용, 배치, 승진, 교육 훈련 등의 남녀 고용 기회 및 대우 균등에 대해서 보편적으로 개선 경향을 보이고 있다.

또 인사·노무 관리의 담당자는 대부분의 경우 남자인데 남자 중심으로 된 고용 관리에서 탈피한다는 취지에서 여자 관리직을 담당자로 하는 경우도 있고, 출산과 육아에 구애없이 여자 사원이 근무를 계속할 수 있는 직장 조성을 추진하고 있는 케이스도 볼 수 있다.

그럼으로써 기회 균등을 추진하기 위한 모든 시책의 지도, 운영, 조정을 주역할로써, 여자가 일을 하는데 있어서 직면하는 상담에 응하기도 하고, 직장 레벨에서 여러 개발 활동을 실시하는 등 실질적인 고용 기회 균등을 강력하게 추진함으로써 여자 사원의 활성화에 공헌하고 있다.

다음에 여자 사원의 모집, 채용에서 퇴직까지의 인사·노무 관리상의 요점을 실천적으로 설명하기로 한다.

남녀 고용 기회 균등법 시행 후의 개선 상황

항 목	개 선 상 황
업무·채용	신규 대학 졸업자의 모집 상황을 살펴보면 남녀 함께 모집한 기업 비율은 1984년에 33.6%였는데, 1989년에는 사무직과 영업직에서 70.4%로 증가했다.
배치·승진	남녀 관리직(계장 이상) 비율을 100으로 했을 때의 여자 관리직 비율인 직계 격차는 1980년에는 7.4, 1985년에는 9.0이었는데 1989년에는 11.5로 축소되었다.
교육훈련	1989년에는 대략 90%의 사업장 연수를 남녀 모두 실시하고 있고, 그중 신입 사원 연수를 남녀 함께 실시하는 기업 비율은 97.6%가 되었다.
복리후생	1986년에는 주택 자료의 대부, 개인 보험의 원조, 재형저축에 대한 장려금의 지급에 대하여 남녀 모두 동일한 취급을 하고 있는 기업 비율은 80%선이었다. 1989년에는 복리 후생을 동일하게 하는 사업장 비율은 98.8%로 되어 있다. 독신자 기숙사의 입주에 대해서는 1988년의 42.9%가 1989년에는 82.8%로 개선되기는 했으나 차별 취급이 금지된 것은 1989년부터이므로 원조가 얼마 안된 탓도 있어 다른 복리 후생에 비해 약간 늦어지고 있다.
정년·퇴직 해 고	1986년에 여자 정년제에 대해 개선한 기업 비율은 15.0%이며, 이전부터 남녀 동일한 정년제를 실시하고 있던 기업을 합치면 91.1%가 된다. 1989년에는 남녀가 다른 정년제를 실시하고 있는 사업장 비율은 2.5%로 되어 있다. 1986년에는 96.5%의 기업이 결혼, 임신, 출산, 퇴직계에 대해서 '이전부터 제도가 없었다', '개선했다'로 하고 있다. 1989년에는 통일 퇴직제를 실시하고 있는 사업장은 1.3%로 되어 있다.

자료 : 노동부 '여자 노동자의 고용 관리에 관한 조사(1984. 1986), 자주 점검(1984)'
(주) 1984. 1986년은 기업에 대해서, 1989년은 사업체에 대한 조사이다.

1. 모집 · 채용

1) 일하는 목적에 입각한 노동 조건

앞에서 서술한 바와 같이 여자가 일하는 목적은 생활비를 버는 것 외에 자신을 성장시킨다는 자기 실현 의욕이 강해지고 있다.

신규 졸업자도 마찬가지로 일하는 목적을 남녀별로 살펴보면 '나를 성장시키기 위해서'가 남자는 45.6%인데 비해, 여자는 69.3%로서 남자보다 높고 일하는 목적의 이유로 톱을 차지하고 있다.

또 여자 신규 졸업자들은 취직할 때 업무 내용과 함께 직장 분위기를 중시하고 있다.

그리고 노동 시간이 단축화되고 있는 세대 속에서 취업 자리를 결정할 때도 주휴 2일제를 중시하는 경향이 젊은층 일수록 강하게 나타나고 있다.

이런 경향에서 여자 사원을 모집 · 채용하는 데 있어서 중소기업이라 하더라도 밝고 즐거운 직장 분위기가 되어 있는가, 사원이 자기 성장을 느낄 수 있는 업무 방식을 택하고 있는가, 일하는 여자 사원의 라이프 사이클을 고려한 노동 조건이 갖추어져 있는가 등을 다시 살펴볼 필요가 있다.

신규 졸업자의 일하는 목적(2항목 선택)　　(단위 : %)

	사회에 봉사하기 위해	즐거운 생활을 하기 위해	경제적으로 풍부한 생활을 위해	자기 능력을 테스트하기 위해	사회발전을 위해	자기를 성장시키기 위해
조사계	9.5	41.2	56.0	26.8	2.8	59.9
남 자	9.9	51.6	58.1	26.6	3.7	45.6
여 자	9.3	34.4	54.6	26.9	2.3	69.3

자료 : 노동부 '신규 졸업자의 노동관, 여가관에 대한 의식 조사(1989년)'

2) 체크 포인트

균등법에서는 모집·채용에 있어서 여자에 대하여 남자와 균등한 기회를 주도록 힘써야 한다고 되어 있다.

① 남자만을 모집·채용하고 있지 않은가. 가령 '남자 영업직 모집', '남자 정사원 모집' 등 일정한 직종에 남자로 한정하거나 '남자 간부 후보 모집' 등 간부 요원 대상에서 여자를 제외시키고 있거나 여자만을 모집하는 것도 균등법에 저촉되지 않는다.

② '영업 사원' 등 남자를 표시하는 직종의 명칭을 쓰고 있지는 않은가('영업 사원〈남녀〉모집'이면 괜찮다).

③ '남자 40세까지, 여자 30세까지' 등 여자에게 불리한 조건을 달고 있지 않은가.

④ 여자에게만 '미혼자에 한함', '자택 통근' 등의 조건을 달고 있지 않은가.

2. 여자 사원의 중도 채용

1) 중도 채용의 실태 등

여자 사원의 전력화를 고려할 때 검토하고 싶은 대상이 결혼과 육아때문에 일을 중단했다가 재취업을 희망하고 있는 대략 30세 이상의 중도 채용이다.

결혼·출산 후의 여자 중도 채용은 안정감을 가지고 일할 수 있는 개인적 조건을 갖추고 있고 가정 생활과 육아 경험 등 젊은 여자 사원에게 없는 일의 폭을 기대할 수도 있다.

여자 사원의 중도 채용 상황은 정규 채용이 30%, 파트 채용이 60%로서 파트 채용의 비율이 높기는 하지만, 규모별로 보면 규모가 작은 기업일수록 정규 채용의 비율이 크고 중도 채용 여자 사원은 중소기업에서 많이 일하고 있는 실태이다. 또 채용 직종은 사무직과 기능공, 노무직이 태반이다. 그러나 현 추세로는 사무직 대신에 판매직이 늘고 있고, 또 기능 전문직에서는 간호원, 시스템 엔지니어와 프로그래머의 수요가 증가하고 있다.

여자 사원의 중도 채용을 실시한 기업에서 여자(파트 타임도 포함)가 일하는 실태를 보면 중도 채용 여자 사원에 대해서 바람직한 점이 있다고 하는 사업장은 90%에 이르며 평가가 높다. 그 내용은 '젊은 여자 사원보다 정착률이 높다', '직업 경험이 있어 일에 대한 이해가 빠르다', '어떤 일이든 싫어하지 않고 한다' 등의 결과가 나와 있다.

한편으로는 바람직하지 않은 점을 드는 기업도 70% 정도 되는데, '쉬는 일이 많다(53.2%)', '잔업을 못한다(46.4%)' 등 이유는 많지만 가정 생활을 돌보면서 하는 일이라는 점이 공통된 문제점이라고 볼 수 있다.

중도 채용한 여자의 장점 (단위 : %)

		100.0
바람직한 점이 있다		90.3(100.0)
사항 복수 회답	싱실하고 꼼꼼히디	(34.6)
	정서가 안정되어 있고 일하는 데 변화가 없다	(26.2)
	어떤 일이든 싫어하지 않고 한다	(36.7)
	신용할 수 있다	(16.7)
	가사와 육아 경험이 도움이 된다	(9.9)
	지역과의 유대가 있다	(13.3)
	직업 경험이 있어 일에 대한 이해가 빠르다	(42.6)
	젊은 여자에 비해 정착성이 좋다	(50.0)
	기타	(2.8)
특별히 바람직한 점이 없다		9.7

자료 : 부인소년협회 '여자의 중도 채용에 관한 연구회 보고(1990년)'

2) 고용 관리의 포인트

현재로서는 여자 사원의 중도 채용은 퇴직자 보충을 위해서 그 일은 여자로서도 충분히 할 수 있다는 소극적인 이유로 인한 경우가 많다. 그러나 가정 생활과 육아라는 언뜻 보기에 일에 대해 장애가 되는 요소를 살리는 직장의 확대, 근무 대응 등 현재의 기업측에도 발상의 전환이 요구되고 있다.

우선 여성 활용의 직장 확대 사례로서는, T건설에서는 업종의 성질, 주거 문제상 여성의 관점, 게다가 가정을 가진 여성의 힘에 의존하지 않을 수 없게 되어 영업, 사무, 기술 각 부서에 여성의 직장을 확대시켜 능력 활용을 도모하고 있다. 또, 교육 계통인 F기업에서는 어린이 학습 지도, 청소년 성장에 관한 일에 가정 생활과 육아를 경험한 여성이 활약할 수 있는 자리를 넓히고 있다.

한편 K수퍼에서는 취급 상품의 태반이 생활과 관련된 상품으로 손님의 80% 이상은 여자이기 때문에 모든 부문에서 여자의 감각이 필요하다. 그래서 베이비 용품점, 여성 란제리 등 많은 매장에서 기혼 여성이 활약하고 있다.

그러면 여자를 중도 채용함에 있어 기업은 어떤 배려(근무 대응)를 하고 있는 것일까? 재단법인 부인소년협회의 '여자의 중도 채용 동향에 관한 연구회 보고(1990년)'에 따르면, '근무 시간을 유연하게 설정한다(46.8%)'가 가장 많고, 이어 '근무일을 유연하게 설정한다(20.9%)'로 되어 있으며 여자의 중도 채용을 확보하기 위해서는 플렉스 타임제(자유 근무 시간제)와 육아 기간 중의 근무일, 근무 시간 단축 등 취업·고용 형태의 다양화를 도모하는 것이 포인트가 된다.

또 노친 등 가족의 간호를 위한 간호 휴업 제도와 육아 서비스의 정보 제공, 보육 시설 제공 등의 필요성이 앞으로 점점 높아질 것으로 보인다. 현재 재취직을 희망하는 여자에 대해서 원조를 하기 위해 특정 지역에서는 여자 취업 원조 센터를 설치하고 있는데, 그 센터에서는 여자의 취업과 결부된 기술 강습을 실시하고 있다.

한편 고학력자의 전문 지식과 과거의 취업 경험을 살리는 데는 사내의 교육 훈련 제도를 확립하여 직무 능력 향상을 도모해 가는 것이 필요하다. 부인소년협회의 조사에 의하면 중도 채용한 여자에 대해서 교육 훈련을 실시하고 있는 사업체는 97.5%나 된다고 한다. 그러나 그 방법은 일을 하면서 배워가는 소위 OJT가 94.3%로서 압도적으로 많아지고 있고, 입사시의 연수와 필요에 따른 교육 훈련(Off JT)의 실시 비율은 낮은 것(32.3%)으로 나타났다.

3. 배치

1) 개인의 특성을 살린 적재 적소 배치

여자 사원의 배치에 있어서는 개인의 특성을 살린 적재 적소로의 배치를 실시하여 일을 통해서 여자 사원을 육성시킨다는 사고방식이 중요하다. 그리고 여자 사원을 동일하게 보지 말고 개별 대응을 해야 한다. 그러기 위해서도 인재 육성의 시점에 입각한 사내 배치 프로그램을 작성하여 채용에서 배치, 후술할 능력 개발, 교육 훈련 등을 포함한 일련의 개인 커리어 프로그램을 사내 시스템으로 확립하여 실천 운용해 가는 것이 포인트가 된다.

이때 중요한 것은 본인의 희망을 잘 듣는 일이다. 그리고 그 시스템의 성공 여부의 갈림길은 본인이 희망하는 커리어, 일의 목표와 회사가 줄 커리어 프로그램을 일치되도록 하고 있는가 하는 점이다.

본인의 희망과 맞게 하기 위해 쓰이고 있는 것이 자기 신고 제도인데, 현장에서 근무하는 여자 사원의 소리를 들어 보면, 서류로 해서 제출시킬 경우에는 직장의 상황과 분위기를 생각할 때 사실대로 쓰기는 어렵다고 한다. 서류를 제출케 했으면 반드시 개인별로 면접해서 서류 이외의 의견을 들어 보도록 한다. 그리고 더욱 중요한 것은 여자 사원이 의견을 말하기 쉬운 직장 분위기를 조성해야 한다는 점이다.

또 적재 적소의 여자 사원 활용 예로써 자동차 판매점이나 전기 기기 메이커 등의 기업에서 적극적으로 실시하고 있는 영업 여자 사원의 활용이 있다. 여자 사원의 영업직에 대해서는 '고객의 신용을 얻기 어렵다'는 이유로 이제까지는 배척해왔지만, 대인 관계에서의 유연성과 섬세한 성격이라는 여자 특유의 특성을 고려해서 적극적으로 영업직에 채용하는 기업이 늘고 있다.

2) 체크 포인트

균등법에서는 배치에 있어서 여자 사원에 대해서 남자 사원과 같은 취급을 하도록 힘써야 한다고 되어 있다.

① 영업직을 배치함에 있어서 그 대상을 남자 사원만으로 하거나 일정한 직무에 여자를 쓰지 않는 배치 방침을 쓰고 있지는 않은가.
② 여자를 보조적 직무에만 배치하고 기간적인 직무의 배치 대상으로 하지 않는 등의 취급을 하고 있지는 않은가.
③ 여자 노동자에 대해서 결혼을 했거나, 아이가 있다는 이유로 통근 불편한 사업장에 배치 전환을 실시하고 있지는 않은가.
④ 일정한 나이 이상의 여자 사원만을 합리화를 위한 발령 대상으로 하는 일은 없는가.

3) 전문직 제도

• 여자 사원의 효과
여자 사원 활성화를 위한 전문직 제도는 일정한 지식, 경험, 자격 등을 근거로 실질상의 전문적 업무에 여자 사원을 두고 능력, 특성에 따른 여자의 활용을 도모하는 것이 목적이다.

이제까지의 활용 예로써는 백화점의 바이어, 스태프, 매니지먼트 등이 있는데, 지금에 와서는 기술 혁신의 진전, 국제화, 경제의 서비스화, 소프트화 등의 경영 환경 변화를 배경으로 SE(세일즈 엔지니어), 영업, 해외 업무 등에 전문직으로서의 여자 사원의 채용이 추진되고 있다.

그 효과는 다음과 같다.

① 여자 사원의 능력과 적성을 정확히 살릴 수 있다.

② 여자 사원의 전력화, 문호 개방으로서의 의미를 가지며, 객관적으로 인지된 직종으로서의 위치를 부여한다.

③ 전문직에서 일하는 여자 사원이 의욕적인 후배 여자 사원의 목표가 되어 효과적인 계기를 만들게 된다.

④ 전문직에 여자 사원을 등용함으로써 여자 사원의 적성에 맞는 배치를 할 수가 있고 본인의 능력을 신장시켜 정착을 도모하는데도 효과적이다.

⑤ 유통업계에서 이 전문직 제도를 도입하고 있는 기업이 많은 점으로 보아 알 수 있는 것처럼 여자 사원의 감성과 섬세한 배려, 부드러운 대응 등 여자 특유의 좋은 특성을 발휘할 수 있다.

• 제도 도입의 포인트

여자 사원 활성화를 목적으로 하여 전문직 제도를 도입하는 경우의 포인트는 우선 목표와 방침을 명확히 세우는 일이다. 다음으로 그것을 바탕으로 계획을 세우고 사내의 직무 체제의 정비를 실시하며 전문적 설계를 해 나간다. 이때 전문직 교육, 능력 개발을 어떻게 실시할 것인가, 업적의 적절한 평가를 위한 기준 책정, 임기 설정, 전문성의 자기 연마, 자기 계발 등의 상세한 조건 설정에 이르기까지 명확히 결정해서 누가 보아도 알 수 있게 인사 시스템의 일환으로 명시해야 한다.

전문직으로 임명하는 데는 인사를 잘못하는 일이 없도록 전문 기준에 합격한 의욕적인 여자 사원을 선발한다. 그리고 임명한 후에는 시대 프로페셔널로서 위치를 부여하고 항상 전문직에 적합한 능력을 유지할 수 있도록 업무상으로 공부할 수 있는 자리를 제공하여 의욕을 북돋아준다. 특히 처음으로 임명된 자에게는 세심한 지도가 중요하다. 아무리 제도를 만들어도 그 뒤의 여자 사원이 이어지지 않으면 여자 전략화로서의 전문직 제도는 유명무실한 제도가 되어 버리고 말 것이기 때문이다.

4) 코스별 고용 관리
• 제도의 내용

코스별 고용 관리 제도를 업무의 내용과 이사를 수반하는 배치 전환의 유무 등을 기준으로 사원을 몇 가지 코스로 나누어 채용하고, 코스마다 다른 배치, 승진, 교육 훈련 등의 고용 관리를 실시하는 제도이다.

사원을 의욕, 능력, 적성 등에 따라 평가하고 처우하는 능력주의 인사 시스템이라고 할 수 있다. 남녀 고용 기회 균등법의 시행을 계기로 해서 균등법에 대한 기업 대응책으로 클로즈업 되어 금융 보험업 등을 중심으로 도입하는 기업을 볼 수 있다.

형태로써는 종합적 코스와(기간적 업무를 행하며, 그 대부분이 이사를 수반하는 전근이 있다) 중간적 코스(정형 업무를 행하며, 이사를 수반하는 전근은 없다) 등이 일반적이지만 전문적 코스를 따로 두는 기업도 있다.

• 제도의 도입 상황

현재 코스별 관리 제도를 도입하고 있는 기업은 전체의 2.9%로서 결코 많다고는 할 수 없다. 제도의 도입은 금융·보험업을 중심으로 대기업에서 진행하고 있고, 사원 5,000명 이상인 대기업에서는 42. 3%, 1,000~4,999명에서는 25.3%로 전체 평균을 훨씬 상회하고 있다.

이 결과로 보면 기업 체질이나 업무 분담 등의 특성에서 중소기업으로서는 익히기 어려운 제도라고 할 수도 있으나, 중소기업이라고 해도 여자 사원의 전력화를 도모하지 않을 수 없는 현재 상황으로는 남녀별 고용에서 능력주의 고용으로 전환하는 시점이므로 도입 기업에게 배워야 할 점도 많다.

코스별 고용 관리 제도의 도입 상황   (단위 : %)

구 분		계	도입예정이다	도입예정이없다	소계	도입하고 있다	도입하고 있지 않다
계		100.0	2.9	97.1	(100.0)	(4.8)	(95.0)
산업	건 설 업	100.0	2.0	98.0	(100.0)	(6.7)	(93.3)
	제 조 업	100.0	2.3	97.6	(100.0)	(4.0)	(95.8)
	도매·소매업, 음식점	100.0	5.2	94.8	(100.0)	(6.7)	(93.2)
	금 융 · 보 험 업	100.0	21.2	78.8	(100.0)	(12.7)	(86.8)
	서 비 스 업	100.0	1.5	98.5	(100.0)	(4.8)	(95.2)
규모	30~99명	100.0	0.9	99.0	(100.0)	(4.3)	(95.7)
	100~299명	100.0	4.3	95.7	(100.0)	(4.4)	(95.3)
	300~999명	100.0	11.4	88.6	(100.0)	(10.8)	(89.1)
	1,000~4,999명	100.0	25.3	74.5	(100.0)	(14.9)	(84.4)

자료 : 노동부 '여자 고용 관리 기본 조사(1989년)'

• 제도 도입의 효과

코스별 고용 관리 제도 도입의 여자 사원에 대한 효과로써는 다음과 같은 내용을 들 수 있다.

① 여자 사원의 다양화 되고 있는 직업 의식에 대응하여 각 자가 자기 라이프 사이클에 맞는 코스를 선택할 수 있다.
② 능력있는 여자 사원을 종합직으로 끌어올려 간부 관리직으로 등용하는 길을 열어놓음으로써, 종합직에서 일하는 선배 여자 사원이 의욕과 능력있는 후배 여자 사원에게 있어 목표가 된다.
③ 종래의 집단 획일적인 여자 사원 관리에서 여자 사원에게 선택의 여지를 주는 유연한 코스 분류에 따라 여자 사원이 커리어 플랜을 세우기 쉽게 된다.

• 제도 도입의 포인트

그러나 코스별 인사 제도는 운용 방법에 따라서 균등법 체제상의 제도로 설정되어 실제로는 여자 사원이 종합직을 선택하기 어렵게 하고 사실상 여자를 해고시키거나 내면적인 인사에 이용되는 것도 생각할 수 있다. 결과적으로 남자 사원은 학력과 관계없이 전원이 종합직, 여자 사원은 전원이 일반직이 되어 코스별 고용 관리가 실질상으로는 남녀별 코스가 되어 버릴 우려도 있다.

이 때문에 제도 도입에 즈음해서는 남녀 구별 없이 사원에게 스스로의 처우를 선택할 수 있는 유연한 제도로써의 이점을 살리면서, '무엇을 위한 코스인가' 목표를 명확히 하여 이 도입의 목표을 바탕으로 적당한 코스를 설정하는 것이 포인트이다.

유연한 제도로써는 코스를 각기 일정한 조건하에서 전환시킬 수 있는 전환 제도가 있어 코스별 제도를 가진 대부분의 기업에서 도입하

고 있다. 일반적인 코스간의 브리지로서는 일반직에서 종합직으로의
전환이며, 일반직에서 채용되어도 그 후에 일하는 태도와 개인의 일
하는 조건의 정비 등에 따라 본인의 희망, 나이, 자격 등급을 감안하
여 코스간의 전환을 할 수 있다.

또 코스별 인사 제도의 운용에 있어서는 직능 자격 제도를 기초로
하고 있는 케이스를 많이 볼 수 있다. 이 직능 자격 제도는 코스별 인
사 제도의 기초로써 쓰이고 있을 뿐 아니라 능력주의적 인사 관리자
의 주축으로써 널리 쓰이고 있는데, 여자 사원의 업무 수행 능력을
객관적으로 평가하는 기준으로써 여자 사원의 전력화를 플러스 방향
으로 활용하는 제도이다. 이 제도로 운용면에 있어서의 코스별 제도
와 함께 남녀 구별 없이 능력있는 자에게 문호를 균등하게 열어가는
것이 중요하다.

노동부는 코스별 고용 관리 제도의 도입 운용에 즈음해서 유의해야
할 사항으로 뒷부분에 '코스별 고용 관리의 바람직한 자세'에 대해 제
시하고 있다.

4. 승진

1) 승진 기회의 개방

여자 사원의 승진에 있어서 주의해야 할 점은 여자 사원 속에서도
일하는 목적이나 승진 의욕은 사람마다 각양각색이다는 점이다. 승
진을 바라지 않는 여자 사원에게까지 강요하는 것은 아니지만, 그렇
다고 해서 승진 기회를 막아버리면 의욕있는 여자 사원을 전력화 할
수 없게 된다. 그러므로 승진 기회는 문호를 넓게 열어 명확하고 적
절한 기준에 따라 인선을 잘한 뒤에 여자 사원의 승진을 고려한다.

그러기 위해서는 전술한 바와 같은 전문적 제도나 코스별 인사 제
도 등의 여자 사원의 커리어 니즈에 부응할 수 있도록, 주위 사람들

이 납득하고 정실에 휘말리지 않는 사내 제도 개선과 정비를 하는 것이 중요하다.

▶ 노동부의 위탁 조사 '여자 관리직 조사(1989년)' —— 상장 기업 818개 기업의 집계에 의하면 균등법 시행 후 여자 관리직이 증가하고 있기는 하지만, 과장 이상의 여자 관리직이 있는 기업은 24.9%, 관리직 총수에서 차지하는 여자 관리직의 비율은 5% 미만의 기업이 90% 이상으로 되어 있다. 기업이 여자 관리직 활용에 진보적이어서 관리직이 있다고 할 수도 있지만, 모델로서의 여자 관리직 존재 자체가 기업에 있어서 여자 사원의 의식을 더욱 높여 주는 효과도 있는 것으로 생각된다.

2) 체크 포인트

균등법에서는 배치와 마찬가지로 승진에 있어서도 여자 사원에게 남자 사원과 균등한 취급을 하도록 노력해야 한다고 규정하고 있다.

① 여자 사원에게 승진 기회를 주지 않거나 승진 기회를 일정한 자리(계장,과장 등) 까지로 한정시키고 있지는 않는가. 가령 '여자는 관리직에 앉히지 않는다', '여자는 계장까지'라는 식의 방침이나 관습은 없는가.
② 승진, 승격에 필요한 근속 연수, 출근율 등의 기준을 여자에 대해서 불리하게 적용하고 있지는 않는가. 가령 남자 사원은 근속 5년에 전원 계장으로 승진시키는데 여자 사원은 근속 10년으로 승진시키지 않는가.
③ 승진, 승격 시험에서 여자를 배제하거나 불리한 조건을 달고 있지는 않는가. 가령 과장으로 승진하기 위한 수험 자격을 여자 사원에게 주지 않거나, 남자 사원은 근속 10년 이상인 자에게 수험 자

균등법상의 적용 예외

모집, 채용, 배치 및 승진에 있어서 균등법상 여자 사원에 대해서 남자 사원과 균등한 취급을 하도록 힘써야 한다고 규정하고 있으나 다음과 같은 경우에는 적용이 제외된다.

1) 다음 직업에 종사하는 사원
① 배우나 모델 등 예술·예능 분야에서 남자에게 종사시킬 필요가 있는 직업
② 수위나 경비원 등 방범상의 요청에서 남자에게 종사시킬 필요가 있는 직업
③ 그밖에 종교상·풍기상 등의 이유에 의해 업무의 성질상 남자에게 종사시킬 필요성이 ①②와 같은 정도인 직업
2) 심야업이나 위험 유해 업무 등 노동 기준법상으로 여자에 대하여 일정한 제한 또는 금지 사항이 있기 때문에 통상 업무 수행(돌발적인 사고의 발생 등 예기치 못한 사태나 장래의 가능성에 대비하는 경우에는 포함하지 않는다)에 있어서 여자에게 남자와 균등한 기회를 주거나 또는 취급하기가 곤란한 경우
3) 풍속과 관습 등의 차이에 따라 여자가 능력을 발휘하기 어려운 해외 근무가 필요한 경우 등 특별한 사정으로 인해 여자에게 남자와 균등한 기회를 주거나 또는 취급하기가 곤란한 경우

격을 주는데 여자 사원은 15년 이상인 자에게만 준다든가 하는 취급을 하고 있지는 않는가.

3) 직능 자격 제도

직능 자격 제도는 사원의 직무 수행 능력을 기준으로 해서 등급에 위치를 부여하고 각 등급에 따르는 처우를 실시하는 것이다.

그러므로 직무 수행상 각 사원의 능력이 판단 기준이 되므로 적정

한 운용이 되는 한 여자 사원에게도 능력을 발휘할 수 있는 길이 공식적으로 열리게 된다.

이 제도의 도입과 운용의 변경을 실시하는 데는 업무 수행 능력과 직접 관계가 없는 요소를 배제하여 객관적으로 공정한 사내 시스템으로서 위치를 부여하고 운용해가는 것이 포인트가 된다. 특히 이전부터의 제도는 있으나 남녀별 등급이 짜여져 있거나, 여자 사원에게는 일정한 등급에서 차단하는 구조가 되어 있지 않은가 체크할 필요가 있다.

능력있는 여자 사원은 그때그때 승격시켜 능력을 발휘하게 하고 업무 성적을 올리게 하는 것이 기업에 있어서나 여자 사원에게 있어서나 플러스가 된다.

그러므로 제도를 만들었으면 그 룰에 여자 사원을 어떻게 적응시켜가느냐 하는 것이 중요한 과제로, 주된 포인트는 다음과 같다.

① 여자 사원을 성차별 없이 공정하게 보고 승격시킨다 —— 여자 사원의 능력 발휘에는 주위의 눈이 중요하다. 능력면을 평가하여 발탁했다면 주위의 중압감에 눌리는 일이 없도록 하는 배려가 필요하다.

② 목표에 의한 관리를 실시한다 —— 자신에게 어떤 능력을 기대하고 있는가를 명확히 파악하게 함과 동시에 능력 평가 기준으로써의 각 등급이 요구하는 능력을 알기 쉽게 보여줌으로써 지향하는 목표를 향해 일할 수 있고 일하는 자세나 업무 효과도 오르게 된다.

③ 의욕면을 중시한다 —— 흔히 볼 수 있는 케이스가 학교 수재형인데 능력은 뛰어나 시험에는 패스하지만, 의욕면에서는 굉장히 소극적이어서 주어진 일은 완벽하게 해내도 문제점에 대처해 나가는 데는 서투르다. 일을 레벨 업하면 결국은 '나는 못합니다' 하고 꽁무니를 빼어 주위를 곤란하게 만든다. 그러므로 특히 초기 단계에

서는 능력은 물론이고 의욕면을 중시하여 처우 등을 실시하는 것이 하나의 포인트가 된다.

④ 여자 사원의 체념에 대한 대처 방안을 강구해 둔다 —— 현장에서 여자 사원의 소리를 들으면, 제도는 있지만 어차피 여자는 승진, 승격을 할 수 없다고 처음부터 단념하고 있는 사람이 많다. 그러므로 우선 전례를 만들어 '우리도 될 것 같다, 해보자' 하는 의욕을 갖게 하는 것이 중요하다.

⑤ 상사가 일 가운데서 여자 사원의 능력을 끌어내어 키운다 —— 여자 사원도 남자 사원과 마찬가지로 일 속에서 엄격하게 육성시켜야 한다. 여자라고 해서 특별히 다루다가는 본인의 능력도 신장되지 않을 뿐 아니라 기업에 있어서도 결코 플러스가 되지 않는다. 여자를 남자와 마찬가지로 승진 레일에 올려 놓기 위해서는 일상적인 일 속에서 여자 사원을 능력면, 의욕면, 의식면을 함께 육성시키는 것이 중요하다.

5. 교육 훈련, 능력 개발, 동기 조성

1) 기본적인 포인트

여자 사원의 교육 훈련, 능력 개발, 동기 조성에 있어서는 다음의 기본적인 포인트를 고려하여 실시해야 한다.

① 직종별, 계층별 등의 코스 혹은 선택할 수 있는 몇 가지 코스로 나누는 등 교육의 기회를 객관적으로 균등하게 취급하는 것이 우선 중요하다. 어느 회사에서는 사내의 교육 프로그램에서 '여성 ○○ 세미나' 등에서 '여성'이란 말을 다 없애 버렸다. 그리고 직종별·계층별에 따른 연수 코스는 누가 보아도 명확히 짜여져 있다. 여성을 일괄해서 보는 교육을 모두 배제한 가운데 교육 훈련 계획을 세우

고 있다. 우선 처음부터 기회 균등의 목표를 세우는 것이 여자 사원의 동기 조성과 여자를 육성하는 풍토 조성에 도움이 된다고 할 수 있다.

② 사원에 대한 교육 방침을 회사에서 명확히 세우도록 한다. 그 일환으로 여자 사원의 육성 계획을 세우고 그에 의한 교육 훈련을 실시한다.

③ 목표로 하는 요원을 어떤 자질을 가진 사원으로 육성할 것인가 하는 여자 사원 육성에 관한 교육 전략과 그것을 성취하기 위한 목표를 확립한다(가능하면 사내에 능력 개발 위원회 같은 기관을 설치해도 좋다).

④ OJT(On the Job Training : 직장내 훈련)를 계속 이용한다. OJT는 일상 업무와 직결된 교육 훈련으로써의 이점을 가지고 있으나 이 경우에는 누가 누구를 지도·육성시키는가 하는 조직상의 위치 부여를 명확히 해두는 것이 중요하다. 또 관리자에 의한 OJT와 함께 실시할 것은 선배 여자 사원에 의한 후배 사원의 지도이다. 후배 지도를 시킬때에는 선배 여자 사원에게 필요한 권한과 책임을 주어 직무상으로 지도를 하게 하는 것이 포인트이다. 후배 지도는 사람을 지도함으로써 지도에 임하는 여자 사원의 의식이 달라지고 실력도 향상되며 후배도 육성하는 일석이조의 효과가 있다고 할 수 있다.

⑤ 여자 사원의 자주성을 존중한 활동을 시킨다. 예를 들면 어느 기업에서는 접수 일을 하는 여자 사원이 어떤 서비스 연수를 계기로 스스로 자주적으로 회사로서의 서비스 향상에 대해서 타 기업의 정보를 얻어 접수 여자 사원 그룹 활동을 시작했다. 그 후 그녀들은 프로 의식을 가지고 일을 하게 되었고, 독자적인 접수 메뉴얼까지 작성하여 서비스 응대 레벨도 향상시켜 성과를 올리고 있다.

⑥ 의욕있는 여자 사원에게는 업무에 관한 자격을 주는 것도 좋다.

자격을 갖게 됨으로써 일하는데 스킬 업은 물론 일에 대한 프로 의식도 높아지고 업무에 임하는 자세도 달라진다. 그러므로 이를 위한 지원, 즉 업무상의 배려, 금전면 · 정신면의 자기 계발 원조 제도에 따른 백업이 꼭 필요하고 또 기대에 대한 부담감으로 사기가 저하되지 않도록 원활한 대응도 필요할 것이다. 또한 자격 취득 후에는 일정한 평가를 해주는 것도 중요하다.

2) 간부 교육 · 능력 개발의 기회 개방

교육 훈련의 경향으로 실시되는 신입 사원 연수 등은 남녀 동일한 프로그램으로 실시하는 기업이 많아지고 있는데 비해, 간부와 관리직 연수에는 여자 사원 참가가 크게 줄어들어 남자 사원만의 참여가 관습화되고 있는 기업이 아직도 많이 있다.

여자 사원 쪽에서도 웬만한 의욕과 주위의 지원이 아니면 참가하기 어려운 것이 실태이다.

여자는 관리직으로는 적합하지 않다고 하지만 다른 관점에서 보면 여자 사원은 평소부터 일 속에서 훈련되지 못하고 있다고 볼 수 있다. 입사 때는 남자보다 훨씬 우수하고 사내 시험에서는 톱을 차지하는 제일 우수한 여자 사원이라도 몇 해가 지나면 일과 처우면에서 남자 사원에게 뒤지는 경우가 있다. 그 배경으로는 직장에서 여자에게는 그다지 기대를 걸지 않기 때문에 여자 사원은 적당한 자리에서 일을 하고 있는 예가 많기 때문이다. 그러나 남자 사원은 일 속에서 상사에게 책망을 받으면서 단련되어 간다.

하지만 여자 사원도 의욕만 있다면 일상 업무를 통해 훈련을 해 나가게 하는 것이 좋다. 훈련해 나가는 동안에 여자 사원 각 자의 적성도 알게 되고 능력도 향상된다.

여자 사원의 간부 육성에는 약간의 플러스 알파의 플로가 필요하다. 일정한 조건하에 인선을 하고 남자와는 별도로(부가적 연수라면 균등법 위반은 되지 않는다) 여자 관리직 세미나를 개최한다. 또 중소기업에서 그럴 여유가 없다면 사외 강좌를 이용해도 좋다.

3) 능력과 의욕있는 여자 사원 발굴

여자 사원의 일하는 방식도 각양각색이어서 능력과 의욕있는 여자 사원을 어떻게 발굴해 가느냐 하는 것이 중요하다. 그러기 위해서는 일찍부터 여자 사원에게도 창의 · 연구를 필요로 하는 일을 주거나, 직장의 치프 등 책임있는 자리에 앉을 수 있게 훈련시키는 것이 중요하다.

또 단순한 일이지만 공명하게 인사를 하고 있는가, 여자 사원을 불렀을 때 어떤 대답을 하고 있는가를 보면 알 수 있다. 의외로 사소한 동작 속에 그 사원의 의욕과 일하는 자세가 드러나게 된다.

4) 여자 사원에게 일을 주는 법

우선 여자 사원을 일 속에서 훈련시키고 키워가는 자세를 갖는 것이 중요하다. 그리고 적당한 레벨의 일을 맡겨 본다. 상사는 감시하는 입장이 아니라 그냥 지켜보면서 필요한 충고를 하고 작은 일이라도 직접 성공 체험을 갖게 해서 칭찬하여 의욕을 향상시키는 것이 중요하다.

자기가 하는 일에 자신이 생기면 어느 사이엔가 제 힘으로 서게 된다. 그렇게 되면 자리가 잡힌 셈이므로 '맡길 테니 알아서 하라'는 한마디로 일을 능동적으로 할 수 있게 된다.

또 상사가 여자 사원에게 어떤 방법으로 일을 시키느냐에 따라 비록 같은 일이라도 본인에게는 즐겁게도 되고 괴롭게도 되는 것이다. 일상 업무 가운데서 여자 사원에게도 일하는 즐거움을 가르쳐 주는 것이 필요하다.

여자 사원 채용에 따르는 문제점으로 여자의 근속 연수가 평균적으로 짧은 것이 제일로 들고 있지만, 일하는 즐거움을 알게 된 여자 사원의 경우에는 근속 연수가 길어지고 결과적으로 정착률이 향상되게 된다.

5) 체크 포인트

균등법에서는 업무 수행에 필요한 기초적인 능력을 부여하기 위한 교육 훈련에 대해 사원이 여자라는 이유로 남자와 차별적 취급을 해서는 안된다고 규정하고 있다.

① 신입 사원을 대상으로 하는 교육 훈련
② 관리직 또는 관리직 예정자를 대상으로 하는 교육 훈련
③ 직능 자격 제도에 따른 직업상의 자격과 직종별, 배속 부서별 일의 종류 등에서 그 업무에 직접 필요한 교육 훈련(일반 교양적인 훈련은 포함되지 않는다)

▶ 업무 수행 중에 행하는 OJT니 소수의 사원을 선발해서 실시하는 교육 훈련은 금지 대상이 정해져 있지 않으므로 남자와 마찬가지로 여자에게도 실시하는 것이 바람직하다.

6. 임금

1) 동일 직종 · 동일 학력인 경우 동일 취급

여자 사원에게 고용 관리상의 남녀 차이가 있는 대우에 대해서 물으면 첫번째로 임금을 든다. 특히 초임금에서 남녀 차를 두고 있는 기업인 경우, 눈치빠른 대졸 여자는 그것만으로도 그 회사 여자 사원

에 대한 대우를 알아차리고 응모를 삼가는 수가 있다.

그러므로 임금에 있어서도 동일 직종·동일 학력인 경우 처음에는 기회 균등으로 해두는 것이 중요하다. 그 뒤에는 직능 자격 제도나 전문적 제도와 연관시켜 임금 체계를 직능급으로 바꿔가면 된다. 또는 코스별 인사 제도 등에 기초하여 채용하고 직종에 따라 임금을 분류하는 것도 노동 기준법(남녀 동일 임금)에 비추어 볼 때 하자가 없다.

2) 체크 포인트

노동 기준법상으로는 여자라는 이유로 임금을 남자와 차별을 두어 취급해서는 안된다고 되어 있고, 다음과 같은 차별 대우를 금지하고 있다.

① 직무 내용, 자격 등에 차이가 없는데 동일 학력을 가진 신규 사원의 초임금에 남녀 차를 두고 있지 않는가.
② 직무 내용, 자격 등에 차이가 없는데 임금표를 남녀별로 정하고 있지 않는가.
③ 직무 내용, 자격 등에 차이가 없는데 퇴직금 계산 방법을 남녀별로 정하고 있지 않는가.

7. 시간외 노동·휴일 노동·심야 작업

1) 여자에 대한 규제 완화

노동 기준법에서는 관리직과 일정한 전문직에 종사하는 여자 사원에 대해서는 시간외 노동, 휴일 노동, 심야 작업의 규제가 해제되어 있다. 따라서 이 규제 완화를 여자 사원의 의식 변혁, 직장 확대로 이어지도록 여자 사원 가운데 의욕과 능력있는 자를 새로운 지위에 배치시켜 실질적인 여자 전력화에 활용해야 한다.

단, 거의 절반의 여자 사원에 대해서는 노동 기준법과는 다른 테두리에서 규제가 적용되기 때문에 다음과 같은 체크를 해볼 필요가 있다.

2) 체크 포인트

• 시간외 노동에 대하여

① 공업적 사업으로써 주 6시간, 연 150시간을 초과하여 시간외 노동을 시키고 있지 않는가(단, 결산을 위해 필요한 업무는 2주 12시간).

② 비공업적 사업(판매업, 금융·보험업, 교육 연구 사업, 소각·청소 사업 등)으로 주 24시간, 연 150시간을 초과하여 시간외 노동을 시키고 있지는 않는가.

③ 비공업적 사업(병원 등의 보험위생업, 여관, 음식점, 접객, 오락업)으로 주 12시간, 연 150시간을 초과하여 시간외 노동을 시키고 있지는 않는가.

▶ 노동 기준법에 따라 주 법정 노동 시간이 단축되고 있어 여자 사원의 시간외 노동이 상기 규제를 초과하지 않도록 유의할 필요가 있다.

여자 사원(18세 이상)에 관한 시간외 노동 등의 규제

사 업		시간외 노동의 상한		휴일근무
		주단위로 하는 규제	연간	
공업적 사업	제조업, 광업, 건설업, 화물 취급업 등	1주 6시간	150시간	금 지
비공업적 사업	농림수산업 등	규제 없음		
	판매업, 금융·보험업, 교육 연구 사업, 청소 사업 등	4주 24시간	150시간	4주 1일
	보건위생업, 여관, 음식점, 접객·오락업	2주 12시간		금 지

(주) 단, 결산을 위해 필요한 업무에 대해서는 2주 12시간

• 휴일 노동에 대해서

① 공업적 사업으로 여자 사원에게 휴일 노동을 시키고 있지 않는
가.

② 비공업적 사업(병원 등의 보험위생업, 여관, 음식점, 접객·오락업)의 여
자 사원에게 휴일 노동을 시키고 있지 않는가.

③ 비공업적 사업(판매업, 금융·보험업, 교육 연구 사업, 소각·청소 사업
등)으로 여자 사원에게 휴일 노동을 시킬 때 4주에 1일을 초과하고
있지 않는가.

▶ 1) 사원에게 법정 노동 시간을 초과하여 시간외 노동을 시키거나 또
는 법정 휴일을 초과하여 휴일 노동을 시키는 경우에는 노동 기준법
제36조의 협정 체결과 노동 기준 감독서를 제출해야 한다.
2) 상기 시간외 노동 및 휴일 노동 규제는 다음과 같은 업무 수행의
지휘·명령을 하는 직무상 지위에 있는 자나 전문적인 지식, 기술을
필요로 하는 업무에 종사하는 자로서 일정한 범위에 해당하는 자에
대해서는 적용되지 않는다.
  • 관리 감독자를 포함한 넓은 범위 안에 드는 자(관리직 포함)
  • 공인회계사, 의사, 치과의사, 수의사, 변호사, 일급 건축사
  • 약제사, 공인회계사, 시스템 엔지니어, 신문기자, 편집자
  • 보조기자, 디자이너, 방송프로, 영화 등의 제작 사업을 하는 프로
  듀서 또는 디렉터 업무에 종사하는 자

• 심야 작업에 대하여

1) 심야 작업을 할 수 있는 대상 업종·직종(노동 기준법) 이외인데도
여자 사원에게 심야 노동을 시키고 있지 않는가(심야 작업이란 원칙적
으로 오후 10시~오전 5시까지 사이의 노동을 말한다).

① 농림, 축산·수산업, 보건 위생 사업, 접객·오락 사업, 전화

사업

② 여자의 건강과 복지에 유해하지 않은 업무로써 심야 작업의 규제가 해제되어 있는 다음 업무

- 항공기에 탑승하는 스튜어디스 업무
- 여자 기숙사 관리인 업무
- 영화 촬영 업무
- 방송프로 제작 업무
- 경찰 업무
- 여행자와 동행하여 실시하는 여정 관리 업무
- 일정한 체신 업무

③ 업무 수행을 지휘·명령하는 직무상의 지위에 있는 자나 전문적인 지식, 기술을 필요로 하는 업무에 종사하는 자로서 일정 범위에 해당하는 자(상기 시간외 노동, 휴일 노동의 규제가 적용되지 않는 자와 동일)
④ 일반 승용·여객·자동차 운송업(렌터카, 택시 운전자)
⑤ 업무의 성질상 심야 작업이 필요하다고 인정되는 업무에 종사하는 자 중에서 하루 노동 시간이 6시간 이하인 자

- 야채, 도시락, 샌드위치, 식빵 등의 제조 업무
- 면류 제조업체
- 어묵류의 수산물 제조 업무
(위의 세 가지 업무 종사자 중에서도 통조림이나 병에 넣어 장기간 보존할 수 있는 경우는 제외)
- 도매 시장에서의 수산물 분류, 배열 등의 업무
- 신문 배달 업무

2) 대상 업종, 직종의 여자 사원에게 심야 노동을 시키는 경우에는

본인의 진정한 합의를 얻고 있는가, 또 사원의 건강·안전면을 배려하고 있는가.

3) 여자 사원에 대한 심야 노동의 범위 확대가 여자 사원의 전문 교육과 관리직 등용에 도움을 주고 있는가.

8. 모성 보호

노동 기준법에 모성 보호 조치로 산전·후의 휴업을 비롯하여 임산부의 노동 시간과 육아 시간 등을 정하고 있다.

1) 체크 포인트(노동 기준법상의 모성 보호, 기타 여자 보호 규정 관련)

• 6주(다태 임신인 경우에는 10주) 이내에 출산할 예정인 여자 사원이 청구한 경우에 휴업시키고 있는가.

• 산후 8주를 경과하지 않은 여자 사원을 취업시키고 있지 않는가 (단, 산후의 강제 휴업 기간인 6주를 경과한 후에는 본인이 청구하고 의사가 지장 없다고 인정한 업무에 종사케 하는 것은 무방하다).

• 임신 중인 여자 사원이 청구한 경우에는 다른 가벼운 업무로 전환시키고 있는가.

• 임신한 여자 사원이 청구한 경우에는 시간외 근무, 휴일 근무 또는 야근에서 제외시키고 있는가.

• 변형 근무를 해야 함에 따라 근무를 시키는 경우에 임산부에게서 청구가 있는 경우 그 여자 사원을 1주 또는 1일의 근무 시간이 법정 근무 시간을 초과하는 시간에 대해서 근무시킨 일은 없는가.

• 생후 만 1년이 안된 육아를 기르는 여자 사원이 청구한 경우에는 1일 2회, 각각 적어도 30분 정도의 육아 시간을 주고 있는가.

• 생리 기간 중 회사 근무가 현저하게 곤란한 여자 사원에게서 휴가 청구가 있을 때에는 휴가를 주고 있는가(직장에서 휴가를 얻기 어렵

다는 관습은 없는가).

2) 육아 휴업 제도

• 실시 상황과 효과

육아 휴업 제도는 육아를 가진 남녀 사원이 희망하는 경우 재직하고 있는 상태에서 일정 기간 일을 쉬고 육아에 전념한 뒤에 다시 직장으로 돌아올 수 있는 제도이다.

노동부의 '여자 고용 관리 기본 조사(1988년)'에 따르면 중소기업(30~99명)에서 육아 휴업 제도를 실시하고 있는데는 19.4%에 그치지만 (500명 이상의 대기업은 25.3%) 그 비율은 해마다 늘어가고 있다.

여자 사원의 활성화 · 전력화를 도모할 때 출산과 육아가 역시 큰 장벽이 되고 있는 것은 부정할 수 없다. 일정한 일에서 경험을 쌓은 여자 사원이 일정 기간 육아에 전념한 후 다시 같은 직장에 복귀할 수 있다면 본인과 기업 쌍방에 있어서 그때까지의 능력을 살릴 수 있다는 점에서 효과적이다.

육아 휴업 제도 및 여자 고용 제도의 실시 사업체 비율 (단위 : %)

구 분	육아 휴업 제도			여자 재고용 제도	
	1974년	1980년	1989년	1985년	1988년
계	4.3	6.6	19.2	5.6	16.6
제 조 업	4.1	5.2	9.5	7.9	18.8
운 수 · 통 신 업	9.8	11.6	16.3	0.3	8.0
도매 · 소매업, 음식점	2.2	3.1	10.2	8.5	22.8
금 융 · 보 험 업	3.2	2.9	16.2	6.6	15.8
서 비 스 업	4.5	13.8	42.1	3.6	16.9
30~99명	3.2	4.0	19.4	5.2	16.3
100~499명	6.6	13.2	18.0	6.7	17.7
500명 이상	11.4	17.8	25.3	13.5	19.7

자료 : 노동부 '여자 고용 관리 기본 조사 - 모성 보호 실시 상황 조사' (주) 산업별 주요산업

실제로 이 제도를 도입하고 있는 기업 가운데 70% 이상은 다음과 같은 효과가 있었다고 한다.

1) 여자 사원의 정착률이 높아졌다.
2) 전문직, 기능직 등 특정 노동력의 확보에 도움이 되었다.
3) 기업에 대한 여자 사원의 신뢰가 높아지고, 직장의 모럴 향상에 도움이 되었다.

한편 여자 사원도 다음과 같은 메리트를 들고 있다.

1) 퇴직하지 않고 일을 계속할 수 있다.
2) 장기적인 시점에서 직업 생활 설계를 세우기가 용이해졌다.
3) 육아를 내 손으로 키울 수 있다.

• 제도의 도입, 운영의 포인트
육아 휴업 제도의 도입, 운영에 있어서의 포인트는 다음과 같다.

1) 사내의 동의, 사내 체제 정비 —— 육아 휴업 제도 도입에 즈음해서 왜 육아 휴업 제도가 자사로서 필요한 것인가, 제도의 내용과 도입 후의 구체적인 대응 방법 등 남자 관리자·사원을 비롯하여 육아 휴업 제도에 대한 전사적인 깊은 인식과 이해를 쌓아두는 것이 중요하다. 노동부의 '1987년도 육아 휴업 제도 실태 조사 결과 보고'를 보면 이 제도를 도입한 결과 문제점이 있다고 한 기업은 사원 29명 이하에서는 59.1%, 전 기업에서도 56.7%로 과반수를 차지하고 있다. 문제점으로는 '대체 요원의 확보가 곤란하다', '휴업자의 복직 후 대체 요원 처우가 힘들다', '이용률이 낮다', '휴업 중 사

회 보험료의 부담이 크다' 등을 들고 있어 육아 휴업 제도를 도입하더라도 이런 문제가 생기지 않도록 사전에 잘 검토해서 사내 체제의 개선을 도모하는 것이 중요하다.

2) 취업 규칙 또는 육아 휴업 규정 등의 명시 —— 다음과 같은 사항을 취업 규칙 등에 가급적 구체적으로 포함시켜 두는 것이 좋다. 또 휴업 기간 중의 임금은 90% 이상의 기업에서 지급하고 있지는 않지만 사회 보험은 계속되고 본인 분을 여러 가지 형태로 청산하는 케이스를 많이 볼 수 있다.

• 육아 휴업을 청구할 수 있는 자의 범위, 청구할 수 있는 회수
• 육아 휴업이 가능한 기간, 기간의 갱신 등
• 휴업 중의 급여, 상여금 등의 지급
• 휴업 중의 근무, 사회 보험의 보험료 징수, 기타 취급
• 복직시의 직무, 급여, 상여 등의 취급 및 연차 유급 휴가의 산정
• 퇴직금 산정의 기초가 되는 기간

3) 복직 후의 취급 배려 —— 원칙적으로 휴업 전의 직장에 복직시키는 것이 바람직하다. 또 휴업한 여자 사원에 대해서 주위의 잘못된 인식으로 인해 근무하기 어렵게 하거나 결과적으로 퇴직하고 마는 일이 생기지 않도록 직장에서 배려할 필요가 있다.

4) 이용하기 쉽게 하는 제도 운영면에서의 연구 —— 형식적으로 제도가 마련되었을 뿐, 직장이 이용할 분위기가 되지 못하거나 수속이 복잡하고 필요 이상의 개인적 설명 따위에 치우쳐 제도 자체가 유명무실하게 되지 않도록 배려해야 한다.

• 육아 휴업법 제정

'육아 휴업 등에 관한 법률'이 1991년 5월 8일에 국회에서 통과되어 1992년 4월 1일부터 시행되었다.

이 법률은 육아 휴업에 관한 제도를 창설하기 위한 규정 외에 육아 휴업 같은 전면적인 휴업 이외의 방법으로 자녀의 양육을 용이하게 하기 위한 근무 시간 단축 등의 조치를 사업주에게 의무 지우는 규정을 두고 있는데, 다시 말하면 두 가지 방법에 의해 자녀를 양육하는 노동자가 퇴직하는 것을 방지하고 고용을 계속하도록 도모하며 직장·가정 생활이 원만하게 잘 조화될 수 있는 상태가 되도록 이끌어 주므로써 사원의 복지를 증진시키려는 것이다.

또 항상 30명 이하의 사원을 고용하는 사업체의 노동자에 대해서는 이 법률의 육아 휴업에 관한 규정(해고 제한에 관한 규정을 포함), 육아 휴업에 관한 규정의 주지 등의 조치에 관한 규정에 대해 1996년 3월 31일까지 적용이 유예된다. 그러나 이 기간 동안 사업주는 아무 조치를 취하지 않아도 되는 것이 아니라, 이들 규정 대신에 육아 휴업과 근무 시간의 단축 등의 조치에 준하여 필요한 조치를 도입할 노력 의무가 가해지게 된다.

9. 복리 후생

복리 후생면에서도 남녀 차를 없애게 됨으로써 여자 사원의 정착률 향상을 도모할 수 있다.

균등법에서는 다음의 복리 후생에 대해서 사원이 여자라는 이유로 차별해서는 안된다고 규정하고 있다.

1) 주택 자금의 대부
2) 생활 자금, 교육 자금, 기타 사원의 복지 증진을 위해 지급되는

자금(물자 구입, 전근, 자녀 입학, 관혼상제의 자금 등)의 대부

3) 사원의 복지 증진을 위해 정기적으로 지급되는 금전 급부(생명 보험료의 일부 보조, 어린이 교육을 위한 자금의 지급 등)

4) 사원의 자금 형성을 위해 행하여지는 금전(재형 저축에 관한 장려금 등)의 급부

5) 주택 대여(독신 기숙사도 포함된다. 또 주택 수당의 지급은 '주택 대여'의 대체 조치로는 인정되지 않는다).

10. 정년 퇴직 · 해고 · 재고용

노동 기준법에서는 산전 · 후의 여자 사원이 법의 산전, 산후 규정에 따라 휴업하는 기간 및 그 후 30일 간은 해고해서는 안된다고 규정하고 있다.

한편 균등법에서는 남녀별 정년제, 여자 사원의 결혼, 임신, 출산 퇴직제, 여자라는 이유로 하는 해고 또는 노동 기준법의 규정에 따른 휴업의 취득을 이유로 하는 해고를 금지하고 있다.

그러므로 이들 정년제와 퇴직제를 정하는 취업 규칙과 노동 협약은 그 부분에 대해서는 무효가 된다.

1) 핵심 포인트

• 취업 규칙과 내규로 여자의 정년 연령을 남자보다 낮게 정하고 있지 않는가.

• 취업 규칙과 내규로 결혼, 임신, 출산 퇴직제를 정하고 있지 않는가.

• 인원 조정을 위해 여자부터 해고하는 등 여자에게 불리한 해고 기준을 두고 있지 않는가.

• 결혼, 임신, 출산 또는 산전 · 후의 휴업을 이유로 여자를 해고하

는 일은 없는가.

• 여자가 결혼, 임신 또는 출산을 하면 직장에 다니지 못하게 만드는 분위기는 없는가.

2) 여자 재고용 제도

여자 재고용 제도는 임신, 출산, 육아의 이유에 따라 자사 또는 관련 기업에서 퇴직한 여자를 일정 이직 기간이 지난 후 재고용하는 제도이다.

노동부 '여자 고용 관리 기본 조사(1988년)'에 따르면 중소기업(30~99명) 중 16.3%의 사업체가 여자 재고용 제도를 실시하고 있고, 근래에 급속히 보급되고 있다(500명 이상의 대기업은 19.7%).

재고용 제도의 효과는 여자 사원이 출산기에서 유아기에 이르는 비교적 장기간 육아에 전념하고 육아가 성장한 뒤에 새로운 의욕을 가지고 직장에 복귀하는 것이 용이하다는 것이다.

이 제도를 도입한 기업에서는 그 효과로 다음과 같은 점을 들고 있다.

• 기술, 경험이 있는 사람의 채용에 따라 즉전력이 된다.
• 재고용 허가 취득이 하나의 노력 목표가 되어 근속 연수가 늘어난다.
• 여자 사원의 모럴 업으로 이어지고 있다.
• 기업의 이미지 업에 따라 신규 졸업자가 다수 응모하게 되었다.
• 여자 사원이 일에 대한 장기 비전을 주체적으로 가질 수 있게 되었다.
• 능력 있는 여자 사원이 복귀하여 직장에서 중심이 되어 활동하고 있다.

3) 제도의 도입·운영 포인트

여자 재고용 제도의 도입, 운영에 있어서는 여자 사원의 라이프 사이클에 적합하고 자사 실정에 맞는 재고용 제도를 검토해야 하고 구체적으로는 다음과 같은 포인트를 들 수 있다.

• 실시 근거

노동 협약과 취업 규칙에 따라 퇴직에서 재고용까지의 규율을 정하고 사원에게 주지시킨다.

• 대상자 범위

재고용 후의 근무 형태는 원칙적으로 풀 타임의 정규 사원과 같으나 파트 타임 근무를 원하는 자에게는 본인의 희망에 따라 선택할 수 있는 제도로 해두는 것도 효과적이다.

• 퇴직시의 자격 조건

퇴직 이유

임신, 출산, 육아의 세 가지 이유를 드는 것이 필요하다. 그밖에 여자 사원의 실정에 따라 결혼, 남편의 전근, 가족 간호 등의 이유를 포함시키는 것은 무방하다.

근속 연수

퇴직 전 커리어(기능 경험)의 요건에 대해서는 기업 실정에 따라 정하는 것이 중요하다.

신청

제도의 적용을 희망하는 뜻을 밝히는 본인의 신청은 불가결하다.

신청은 문서로 작성하는 것이 적절하다.

• 재고용시의 자격 요건

이직 기간

이직 기간은 '여자 사원의 능력, 경험 유지와 육아 기간의 확보의 관점에서 여자 사원과 기업의 실정에 맞는 현실적인 것이 되도록 검토하고 설정해야 한다. 최장 이직 기간을 정하는 경우 3년 이상(여자 재고용 촉진 급부금의 자격 요건으로서)으로 하는 것이 필요하다.

연령

개인 차가 있어 연령 제한은 가급적 피하는 것이 바람직하다. 제한 연령을 정하는 경우에는 40세 이상(여자 고용 촉진 급부금의 자격 요건으로서)으로 하는 것이 필요하다.

• 퇴직시와 이직 기간 중의 조치

퇴직시에는 제도 적용 대상에게 '자격 인정서' 등의 교부와 등록을 해두는 것이 운영상 중요한 핵심 포인트이다. 이직 기간 중에는 제도 적용 대상자와 기업의 연결을 밀접하게 지키기 위한 연구가 중요한데, 예를 들면 사내보를 우송한다거나 제도 적용 대상자의 모임을 수시로 열고 사내 행사에 초대하는 일 등을 생각할 수 있다.

• 모집, 채용에 대한 배려

사원 모집을 하는 경우에는 일반 공모에 우선하여 제도 적용 대상자 중에서 모집, 또는 응모자 중에 제도 적용 대상자가 있는 경우에는 그 자를 다른 응모자에 우선하여 채용하도록 배려한다.

• 재고용 여자 사원의 능력 체크와 근로 조건면의 배려

휴직 기간 중에 일할 의욕이 없어져 버릴 만큼 기술 진보가 빠른 업종에서는 휴직 기간이 길면 OA화와 고도 기술 진전을 따를 수 없는 경우를 방지하기 위해 이직 기간 중과 재취직을 위한 의욕 유지를 위한 유도와 능력 체크를 어떻게 하면 정확하게 실시할 수 있는가 하는 것이 포인트이다.

따라서 재고용에 있어서는 제도 적용 대상자의 경력을 합리적으로

여자 재고용 제도의 타입

취직, 규칙 등에 명시할 사항		A 타입	B 타입
퇴직시의 자격 요건	퇴직 이유	출산, 육아, 남편의 전근, 가족 간호 등 불가피한 가정 사정	임신, 출산, 육아
	근속연수	3년 이상	5년 이상
	신분	정규 사원	정규 사원
	재고용 희망이 있다는 취지의 신청	'자격 인정서'의 교부 신청	제도 적용 대상자로서 등록을 신청한다
자격 인정 및 등록		인사 담당 부서에 있어서의 자격 인정을 행하고 '인정서'를 교부하여 등록한다	인사 담당 부서에 등록한다
재고용의 자격 요건	최장이직기간	규정 없음	6년
	연령	45세 이하	규정 없음
	재고용 신청	'재고용 신청서'에 '자격 신청서'를 첨부하여 인사 담당 부서에 신청한다	'재고용 신청서'를 인사 담당 부서에 제출한다
	시험 등	적성검사, 면접, 건강진단을 실시한다	면접에 따라 실시한다
격매김 · 노동조건	신분	정규 사원, 파트 타임	정규 사원
	임금	퇴직시의 자격 등급, 퇴직시의 경험, 근무 연수 등을 고려해서 결정한다	퇴직시의 자격 등급에 대응하는 현행 수준에 격을 매긴다.
	가격	재고용시에 격을 매긴다	원칙적으로 퇴직시의 자격등급을 매긴다
	사용기간	1개월	규정 없음
재고용처		자사에서 재고용	○○그룹 각사에서 고용

평가하여 임금 등급을 매기는 등의 근로 조건면에 반영시키도록 한다.

실시 사례에 있어서도 퇴직시의 임금, 자격 등급이 확보되는 것과 퇴직시의 경험, 근속 연수 등이 고려되는 경우가 많다.

복직, 재고용에 있어서 처음부터 정규 사원으로 채용하는 것이 아니라, 일정 기간 채용하여 의욕과 능력을 개인별로 확인하면서 근로 조건을 정해 가는 경우도 있다.

● 제도 도입을 위한 직장 체제와 전사적 풍토 조성

재고용자가 활기있게 일하고 있는 직장인가, 재직 중인 여자 사원을 다루고 관리하는 방법에 있어서 여자에 대한 이해가 있는 직장인가의 여부로 아이를 키운 뒤에 다시 이 회사로 돌아올 것인지 아닌지 어느 정도 정해진다.

오랜만에 돌아온 재고용자를 따뜻하게 맞아들여 한동안은 일이 익숙해질 때까지 인도해 주는 정도의 이해와 직장 체제, 즉 여자 재고용자를 활용하는 전사적 풍토가 필요하다.

● 재고용 제도 대상자의 조건

재고용 제도 대상자의 조건으로써 흔히 볼 수 있는 것은 근속 3년 이상인 자, 퇴직 3~5년 이내(업종에 따라 10년 이내로 하는 기업도 있다), 재고용자의 연령 35~45세 이하이며 또 재고용시의 신분은 정규 사원 외에 비정규 사원, 코스별로 취하고 있는 경우도 볼 수 있다.

참고1

여자 재고용 규정(예)

제1조 (목적)

　이 규정은 취업 규칙이 정한 바에 기초하여 결혼, 출산, 육아 등 일정한 이유로 퇴직한 여자를 재고용하는 경우의 취급 방법을 정한 것이다.

제2조(제도 적용 대상자)

　재고용 제도의 적용 대상자는 원칙적으로 퇴직시에 다음 각 사항에 해당하는 여자 사원으로 장래에 취직이 가능해질 때 재고용을 희망하는 취지를 서면으로 신청한 자로 한다.

　1. 퇴직이 결혼, 출산. 육아 기타 불가피한 이유(가족의 간호, 남편의 전근 등)에 따른 자원 퇴직일 것

　2. 근무 연수가 3년 이상이고 재직 중의 근무 성적, 태도가 다 표준 이상인 자일 것

제3조(자격 인정)

　여자 사원이 퇴직시에 재고용을 희망하는 취지를 신청했을 경우, 회사는 제도 적용 대상자로서의 요건을 충족시키는가의 여부를 인정하고 그 결과를 여자 사원에게 통지함과 동시에 제도 적용 대상자로서 인정된 자에게는 '고용 자격 인정서'를 교부하여 인사 담당부에 등록하도록 한다. 또 ○○그룹 각 사로 재취직을 희망하는 자는 그 취지를 신청할 것을 요한다.

제4조(재고용시의 자격 요건)

　재고용시의 자격 요건은 다음에 해당하는 자로 한다.

　1. 이직 기간은 8년 이내로 한다.

　2. 재고용시의 연령은 45세 이하로 한다.

제5조(재고용시의 수속)

　재고용을 희망하는 제도 적용 대상자는 인사 담당부에 '재고용 자격 인정서'를 제출하여 재고용 신청을 해야 한다.

제6조(재고용의 결정)

회사는 재고용 신청이 있는 경우에는 면접을 하고 요원의 상황을 참작하여 재고용을 결정한다. 또 요원의 상황에 따라 대기 기간을 두는 수도 있다. 단, 재고용은 일반 공모에 우선하여 실시한다.

제7조(재고용시의 처우)

재고용에 있어서 처우는 본인의 재직중 및 재고용시에 있어서의 지식, 기능 및 경험을 참작하여 설정해야 하고 다음의 내용대로 실시한다.

1. 근무 형태는 정규 사원으로 할 것인지는 본인의 희망을 감안하여 결정한다.
2. 퇴직 전의 기능, 경험 등을 살려서 직종, 부서에 배치한다.
3. 임금 자격의 등급은 퇴직시의 수준을 확보하는 것으로 한다.
4. 재고용자의 시용 기간은 1개월로 한다.
5. 승진, 승격 등 기타 근무 조건은 취업 규칙의 규정에 의한다.

제8조(근속 연수의 산정)

근속 연수의 취급은 다음의 내용대로 한다.

1. 연차 유급 휴가 산정의 기초가 되는 근속 연수는 퇴직 전 기간을 합산한다.
2. 퇴직금 산정의 기초가 되는 기간은 재고용 후의 기간으로 한다.

제9조(이직 기간 중의 연락)

회사는 재고용 자격 인정서를 교부한 자에 대하여 필요에 따라 재고용에 관한 정보, 기업 상황 등을 제공한다. 또 피인정자는 이직 기간 중에 이름, 주소, 재고용 의사 등에 변경이 있는 경우에는 속히 회사에 연락한다.

제10조(자기 계발의 장려)

본 제도 적용 대상자는 재고용에 대비하여 이직 기간 중에라도 자신의 능력 유지 향상을 위해 스스로 교육 기회를 활용하여 자기 계발에 힘쓴다.

제11조(○○그룹 각 사로의 재취직)

제도 적용 대상자는 ○○그룹 각 사에 우선적으로 재고용할 수 있다. ○○ 각 사로 재취직을 희망하는 제도 적용 대상자는 각 사 인사 담당부에 '재고용 자격 인정서'를 제출하여 직접 신청한다.

부칙 : 본 규정은 1991년 0월 0일부터 시행한다.

참고2

1. 대기업 퇴직 여자 사원의 활용

대기업 퇴직 여자 사원 가운데는 착실한 교육을 받고 능력을 갖춘 자가 많다. 특히 여자 사원의 직업 의식 향상과 전직 지향의 고양과 함께 대기업의 톱니바퀴로 일하는 것이 불만스러워서 퇴직하는 경우가 늘어가고 있다. 따라서 중소기업이 이런 여자 사원을 적극적으로 활용해가는 것도 하나의 방책이다. 그러나 능력있는 인재를 확보하는 데는 우선 기업으로서의 매력이 있어야 하고 일하는 보람을 느낄 수 있는 직장이어야 하는 것이 포인트이다.

2. 여자 사원의 불만에 대한 대응

균등법상의 규정에 대하여 여자 사원에게서 균등 취급에 대한 불만 신청이 있는 경우에는 균등법의 조문에서는 기업 내에서 고충 처리 기관을 활용하는 등으로 먼저 자주적인 해결에 힘써야 한다고 하고 있다.

그러나 실제로 중소기업에 있어서는 사전에 노사로 이루어지는 불만 처리 기관을 설치하기가 곤란하다는 것도 생각할 수 있다.

그러므로 만약 불만이 나오면 다음과 같은 점에 유의해서 대처하는 것이 중요하다.

① 직속 상사에 해당하는 자가 우선 본인이 왜, 어떤 고충과 불만을 가지고 있는가를 잘 들어야 한다.

② 이런 경우 구두만으로 끝내면 나중에 불명확한 부분이 생길 우려가 있으므로 고충 내용을 문서로 작성하여 제출하게 하고 나서 면접으로 들어가는 것이 효과적이다.

③ 또 본인만이 아니라 주변 사원의 의견도 듣는 것이 중요하다.

④ 적극적인 자세로 건설적인 해결 방법을 직장 전체 입장에서 생각한다.

⑤ 여자 사원이 주저없이 균등 취급에 관한 고충을 말할 수 있는 직장 분위기를 조성해 둔다. 사전에 고충과 불만을 들어 두었으면 무사했을지도 모르는 사원이 해결도 보지 못한 채 그만두고 만다면 기업에 있어서나 인재면에 있어서나 마이너스가 된다.

이밖에 각 부인, 소년 실장에 의한 분쟁 해결의 지원, 소년실에 설치되어 있는 기회 균등 조정 위원회에 의한 조정에 따른 해결 방법도 있다.

균등법상의 규정에 관한 신청은 모두 부인, 소년실이 상담 창구가 되어 있다. 또 노동 기준법의 규정에 관한 신청은 각 노동 기준 감독서가 상담 창구가 되어 있다.

참고3

코스별 관리란 여기서는 기획적 업무와 정형적인 업무 등의 업무 내용과 인사를 수반하는 전근 유무에 따라 몇 코스를 설정하여 코스마다 다른 배치, 승진, 교육 훈련 등의 교육 관리를 실시하는 시스템을 말한다.

1. 코스의 정의와 운용 방법을 명확히 할 것

1) 노동자의 의욕과 능력에 준하여 처우하는 제도여야 한다. 코스별 고용 관리는 본래 사원들의 의욕, 능력, 적성 등에 따라 평가하여 처우하는 시스템의 한 형태로써 도입된 것이며, 이 제도의 본래 취지에 따른 성에 구애되지 않는 제도 운용이 중요하다.

2) 일의 내용 등 코스가 명확히 정의, 구분되어 있도록 한다.

① 각 코스의 직무 내용, 처우에 대해서 코스마다 대비할 수 있는 형태로 명확히 정해 둔다. 사원이 장기적인 직업 설계를 하기 쉽고 또 적절한 코스 선택을 할 수 있도록 각 코스의 직무 내용, 처우에 대하여 명확히 정해두는 것이 바람직하다.

② 코스 설정에 있어서는 각 코스에 대하여 코스에 요구되는 능력에 맞는 적정한 처우를 하도록 배려하는 것이 바람직하다.

2. 각 코스에 있어서 남녀 공평한 채용, 전형 등을 실시할 것

1) 같은 코스의 동일 채용 구분으로 채용, 전형에 해당되는 채용, 전형 기준을 성별에 따라 차이를 두지 않도록 한다.

2) 어느 코스를 실질적으로 여자에게 선택하도록 하기 위해 업무에 대한 설명 방법, 설명 내용을 성별에 따라 차이를 두지 않도록 한다.

3) 제도 도입시의 배분 기준시 성별을 기준으로 하지 말고 개개인의 의욕, 능력에 따라서 한다. 또 코스별 고용 관리 도입에 있어 사원을 각 코스에 배분할 때 성별을 기준으로 하지 않도록 한다.

3. 각 코스가 남녀 모두에게 개방되어 있을 것

사원의 의욕과 능력에 따라 고용 관리를 실시하는 코스별 고용 관리의 취지에 따라 각 코스가 남녀 모두에게 개방되어 있는 것이 바람

직하다.

4. 코스 간의 전환을 인정하는 제도를 유연하게 설정할 것

1) 처음 선택한 코스에서 다른 코스로 전환할 수 있는 제도를 설정한다. 실제로 일하고 있는 가운데서 향상되는 의욕, 능력 등에도 대응할 수 있도록 코스 전환 제도를 두는 것이 바람직하다. 이 전환 제도는 그 취지를 살릴 수 있도록 1, 2와 같은 유연한 제도로 하는 것이 바람직하다.

2) 코스 간 전환이 서로 가능하게 한다. 예를 들면 일반직에서 종합직으로의 한 방향으로만 전환하는 것이 아니라, 종합직에서 일반직으로의 전환도 인정하는 등 양방향 전환을 가능하게 하는 것이 바람직하다.

3) 전환 기회가 넓도록 한다. 전환 시험의 도전 기회는 많이 개방해두고 대상에 연령 제한을 둘 때는 연령을 폭넓게 설정하는 것이 바람직하다.

4) 전환의 가부 결정, 전환시에 격매김이 적정한 기준으로 실시되게 한다. 전환의 가부 결정에 있어서 합격 수준을 지나치게 높게 설정하여 전환 제도를 채용할 의미를 상실케 하는 일이 없도록 한다. 또 전환 후 코스의 격매김이 적정한 기준으로 실시되는 것도 바람직하다.

5) 코스 전환자에 대해서는 그때까지의 커리어 루트의 차이를 고려한 훈련을 전환자의 핸디캡을 제거하기 위해 필요한 경우에는 실시하는 것이 바람직하다.

6) 전환에 도전하는 사원의 노력에 대하여 측면 지원을 실시하는 것이 바람직하다

5. 각 코스 내에 있어서 남녀 공평한 고용 관리를 실시할 것

1) 각 코스 내에 있어서 배치, 승진, 교육 훈련 등의 고용 관리는 선별에 따라 차이를 두지 않는다.

2) 동일 코스 내에 있어서의 고용 관리에 성별을 이유로 차를 두지 말고 성에 구애되지 않는 고용 관리를 실시한다.

3 중·고령층 사원의 활성화

1. 고령화 사회에 대한 대응

1. 고령화 사회의 도래

일본인의 평균 수명은 1990년에 남자가 75.9세, 여자가 81.8세로 남녀 모두 세계적인 장수국이다. 반면 1990년의 출생률(한 명의 여자가 일생 동안 낳는 아기의 수)은 1.53으로 역사상 가장 낮은 수준이다. 인구를 유지하는데 필요한 2.1 정도 수준을 크게 밑돌고 있다. 평균 수명은 늘어가고 있는 반면 출생수가 줄어들고 있기 때문에 인구 구성의 고령화는 급속도로 진행되고 있다.

노동력 공급의 추이 및 앞으로의 전망을 보면 전체적으로 노동력 공급은 2000년까지는 증가하지만 그 이후에는 6,700~6,800만 명으로 추이된다. 젊은층의 노동력의 공급은 1990년대 중반에 피크가 되는 반면, 55세 이상의 고령화의 비율은 급속도로 증가하여 2010년에는 사원 중 27%를 차지하게 될 것으로 예상된다.

고령화 추세로 55세 이상으로 일하고 싶어하는 사람이 점점 늘어감과 동시에 그 사람들의 고용 기회 확대의 필요성이 높아지고 있다. 그러나 1990년의 연령기의 실업률이 2.1%인데 비하여 60~64세의 실업률은 3.5%로 연령기를 윗돌고 있다.

또 1990년의 유효 구조 배율은, 19세 이하에서는 구직자 1명 당 구인자가 4.3명, 30~40세에서도 구직자 1명에 대해 구인자 2.6명

노동력 공급의 추이와 전망   (단위 : 만명)

	1980년	1989년	2000년	2010년	2020년
계	5,650 (100.0)	6,270 (100.0)	6,730 (100.0)	6,705 (100.0)	6,785 (100.0)
15~24세	699 (12.4)	809 (12.9)	748 (11.1)	666 (9.9)	804 (11.8)
25~39세	2,156 (38.2)	1,982 (31.6)	2,180 (32.4)	2,154 (32.1)	1,919 (28.3)
40~54세	1,883 (33.3)	2,243 (35.8)	2,249 (33.4)	2,077 (31.0)	2,335 (34.4)
55~59세	385 (6.8)	541 (8.6)	629 (9.3)	642 (9.6)	606 (8.9)
60~64세	248 (4.4)	356 (5.7)	407 (6.0)	526 (7.8)	387 (5.7)
65세 이상	279 (4.9)	339 (5.4)	519 (7.7)	640 (9.5)	735 (10.8)
55세 이상	912 (16.1)	1.236 (19.7)	1,555 (23.1)	1,808 (17.0)	1,728 (25.5)

자료 : 노동부 직업 안정국 '장수 사회 고용 비전'
(주) ( )안은 구성 비율임

연령 계층별 유효 구인 배율의 동향

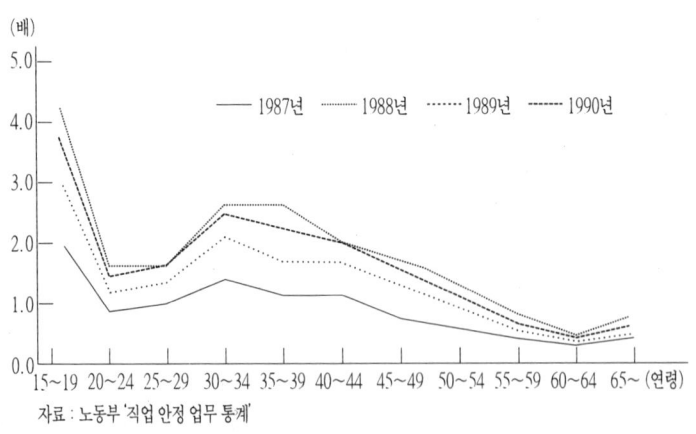

자료 : 노동부 '직업 안정 업무 통계'

으로 구인난에 처해 있다. 그러나 55~59세까지는 반대로 구인자 1명 당 구직자가 2명, 60~64세까지는 구인자 1명 당 구직자가 4명 이라는 상태로 고령층의 구직난은 계속되고 있다.

앞의 도표는 1987~1990년까지의 유효 구인 배율의 동향을 살펴 본 것인데, 유효 구인 배율은 일손 부족을 반영하고 있으며 각 연령 층에서 해마다 상승 경향에 있지만, 중·고령층의 유효 구인 배율이 낮은 것은 근래 4년간 거의 변화가 없다.

이와 같은 고령화 사회의 도래는 일본의 고용 정세에 커다란 변화 를 가져왔다. 이것은 사회 전체적인 대응과 함께 개별 기업으로써도 인사·노무 관리의 전망이 과제가 되고 있다. 특히 일본의 활력을 유 지해 가는 데다가 일손 부족의 해소와 직접적인 관련이 있는 60대 전 반층의 고용, 취직 동기의 확보가 요망된다.

이것을 위해서 젊은층, 중년층의 근무 시간을 단축함으로 말미암아 여유있는 생활을 실현시키는 한편 고령층의 고용 기회의 증대를 꾀하 는 소위 워크셰어링(work-sharing:일을 분담시키는 것)을 추진시켜 가는 것 이 필요하다. 또 중·고령층의 중도 채용을 실시하거나 또는 정년 연 장, 재고용 제도, 근무 연장, 플렉스 타임제(가변적 노동 시간제), 단시간 근무 제도 등 나양한 고용 형대의 활용에 외해 중·고령층의 노동력 화를 추진해 가는 것도 필요하다.

2. 고령층의 고용상의 과제

중·고령층은 육체적인 기능의 쇠퇴라는 핸디캡이 있다. 확실히 인 간은 20대를 정점으로 하여 나이가 들어감에 따라 시력, 청력, 근력, 운동 기능, 기억력 등 대부분의 기능이 쇠퇴한다고 할 수 있다. 그러 나 오랜 세월 동안 몸에 익힌 경험, 지식, 기능 등은 고령층이 되어도 충분히 활용할 수 있으며, 주의력, 판단력, 일이나 기업에 대한 충성

심, 협조성 등은 오히려 젊은층 보다 바람직한 면을 보이고 있다.

단, 중·고령층의 학습에 대해서는 단기적인 기억력이 부족하고 새로운 지식의 흡수에 뒤떨어지며 이해하는 데에 시간이 많이 소요되고 과거의 경험을 고집하는 경향이 있기 때문에 중·고령층의 채용, 배치 전환, 재고용 등의 경우나 새로운 업무를 맡게 할 때에는 시간을 들여서 알기 쉽게 설명하고, 새로운 것에 흥미를 갖도록 특별한 대우에 대한 연구가 필요하다.

2. 정년제의 재평가

1. 정년제 재평가의 필요성

정년제란 어느 일정한 연령에 이르면 고용 관계가 종료되어 퇴직하는 제도로, 정년의 연령은 취직 규칙 또는 노동 협약에 의해 결정되고 있지만 일부 관행에 따른 곳도 있다.

다음의 도표에 나타나 있듯이 30명 이상 규모의 기업에서는 대부분이 정년제를 채용하고 있지만, 사원 규모가 1~9명의 소규모 기업에서는 70% 정도가 정년제를 채용하고 있지 않다.

고령층의 고용 안정 등에 관한 법률에서는 '사업주는 그 고용하는 사원의 정년을 정할 경우에는 해당 정년이 60세를 밑돌지 않도록 노력한다'라는 규정이 있다. 이를 근거로 60세 이하를 정년으로 정하고 있는 사업주에 대해 인상 요청 등의 정년 연장에 관한 지도가 실시되어 왔다.

1990년 동법의 일부가 개정되어 '사업주는 60세 이상 65세 미만의 정년에 달한 사원이 그 사업주에게 다시 고용되기를 희망할 때에는 제 조건의 정비를 하여 능력에 맞는 고용의 확보가 현저하게 곤란할

직종 및 사원의 규모	정년제 있음	정년제 있음=100%		정년제 없음	관행 등에 의해 실시
		취업, 규칙 등에 의거한다	관행 등에 의해 실시		
제조업계	72.8	91.3	8.7	27.2	58.9
1~9명	30.4	67.1	32.9	69.6	59.3
10~29명	72.9	89.0	11.0	27.1	59.0
30~99명	82.0	96.1	3.9	8.0	58.7
100~300명	98.3	99.2	0.8	1.7	58.8
비제조업계	61.9	87.2	12.8	38.1	58.7
1~9명	30.3	67.3	32.7	69.7	58.6
10~29명	66.5	86.1	13.9	33.5	58.7
30~99명	89.0	94.9	5.1	11.0	58.6
100~300명	96.2	97.6	2.4	3.8	58.9

자료 : 전국 중소기업 단체중앙회 '중소기업 노동 사정 실태 조사(1989)'

경우를 제외하고는 그 사람이 65세에 이를 때까지 재고용하도록 힘써야 한다'라는 규정이 추가되었다.

▶ 1. 정부는 이 개정의 실행 후 3년을 경과했을 경우에 있어서 개정 후 고령층의 고용 안정 등에 관한 법률의 시행 상황을 감안하여 필요하다고 인정될 때에는 동법의 규정에 대해 검토하고 결과에 따라 필요한 조치를 강구한다고 규정하고 있다.
2. 이번의 개정법에 대해 진술한 고용 심의회의 진술 내용은 본문을 참조한다.
3. 노동부의 '한창 일할 연령층의 사원의 의식에 관한 조사(1991)'에 의하면 현재 근무하는 회사의 정년 연령이 60세일 경우 60~64세 사이의 취업에 대해서는 '현재의 회사 내지는 동일 기업 그룹 내에서의 정년 연장을 바란다(26%)', '현재의 회사 내지는 동일 기업 그룹 내에서의 재고용 또는 근무 연장을 희망한다(22%)'라고 답변한 사람이 합하여 48%에 이르고 있다. 나아가 '현재의 회사와는 다른 회사에 취업하고 싶다(24%)'라고 대답한 사람을 합하면 거의 70%에 이르는 사람

이 60~64세까지 근무를 원하고 있는 것이 된다. 남녀별로 보면 남자는 거의 80%가 취업을 원하고 있는데 비해 여자는 50%에 그친다.

그러나 경영적인 시점에서는 일반적으로 다음과 같은 고령층 고용의 마이너스 면이 정년 연장의 저해 요인이 되고 있는 것 같다.

1) 정년 연장에 따른 인건비의 증대(임금, 퇴직금 등)
2) 고령층의 재직에 의한 인사의 정체, 사원의 사기 저하(직위 부족, 승진의 지연 등)
3) 고령층의 기능, 체력의 감퇴에 의한 생산성의 저하
4) 고령층의 새로운 기술에 대한 적응난
5) 고령층에 맞는 직장 환경의 개선을 위한 투자 증가

이러한 마이너스 면에도 불구하고 다음의 도표에서 볼 수 있듯이 평균 정년 연령이 사원 규모에 관계없이 58~59세의 범위에 있다는 것은 고령층의 성실한 근무 태도, 풍부한 경험 등을 활용하는 방향에

정년 연령(전 사원이 일률적인 경우) (단위 : %)

정년연령 업종·규모	54세 이하	55	56	57	58	59	60	61~64	65세 이상
제조업 계	0.2	19.6	1.8	5.7	6.1	0.3	61.6	0.7	4.0
1~9명	–	15.7	1.9	4.7	3.6	0.4	63.3	1.3	9.1
10~29명	0.2	19.7	1.4	4.9	5.6	0.3	60.5	1.0	6.5
30~99명	0.2	20.9	2.0	6.4	6.6	0.3	60.3	0.5	3.0
100~300명	0.2	16.4	2.3	6.0	7.3	0.4	65.3	0.3	1.8
비제조업 계	0.3	25.4	1.8	5.0	6.0	0.4	54.7	1.0	5.5
1~9명	0.8	26.4	2.2	4.3	5.5	0.7	51.9	0.8	7.3
10~29명	0.1	26.6	1.6	4.0	5.8	0.2	53.5	0.9	7.2
30~99명	0.3	25.3	1.7	6.1	6.1	0.3	54.1	1.0	5.0
100~300명	0.2	16.6	2.5	5.7	6.5	1.0	63.7	1.0	2.7

자료 : 전국 중소기업 단체 중앙회 '중소기업 노동 사정 실태 조사(1989년)'

서 정년제의 적극적인 재평가가 이루어지고 있는 것과 함께 중소기업에 있어서는 이와 같은 고령층을 고용하지 않을 수 없는 면이 있다고할 수 있다.

60세 정년제는 앞의 도표에 나타난 바와 같이 중소기업에 있어서는 기업 규모에 의한 차이는 거의 없이 보급되고 정착화되는 방향으로 있다. 제조업, 비제조업을 불문하고 사원 규모를 통하여 60% 전후가 60세 정년제를 채용하고 있다. 또한 이미 57%의 기업이 정년연령을 65세로 하고 있다. 반면 아직 55세 정년제를 채용하고 있는기업이 20% 전후 있는 것도 사실이다.

1995년을 피크로 젊은층의 노동력이 감소하게 되고 기업 활동을유지하기 위해서는 고령층의 역할이 점점 중요해지고 있다.

2. 정년 연장 등에 대한 어프로치

앞에서 정년 연장의 저해 요인을 다섯 가지 언급했는데 이것은 인건비의 증대, 인사의 정체, 사원의 사기 저하, 능력 · 체력 감퇴의 세

정년 연장을 위한 제도의 재평가

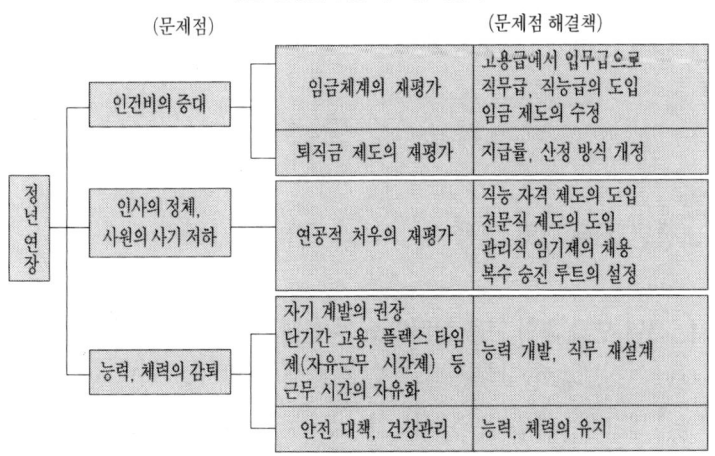

가지 문제로 압축할 수가 있다. 기업이 정년 연장 또는 정년이 가까운 사람의 고용 연장을 실시하려면 이들 세 가지 문제점의 해결을 위해서 도표에 나타난 방법이 일반적으로 채용되고 있다.

우선 인건비의 증대에 대해서는 생활급에서 업무급으로, 종래의 연공적인 임금 체계를 개정하고 퇴직금 제도도 재평가 할 필요가 있다. 임금 제도에 대해서는 직무급이나 직능급을 도입하는 것과 함께 정년 도달 전후의 임금 조건을 수정하고 상승을 억제하며, 퇴직금에 대해서는 지급률을 조정하는 방법이나 산정 방식을 개정하는 방법을 채용하고 있는 곳이 많다.

다음으로 인사의 정체, 사원의 사기 저하에 대해서는 연공적인 대우 제도를 재조정하고 직능 자격 제도, 전문직 제도, 관리직 임기제 등의 능력위주의 인사 관리 제도를 채용하거나 또는 일반직, 종합직 같은 복수의 승진 루트를 제정하는 방법 등이 흔히 실시되고 있다.

또 고령층 고용에서 피할 수 없는 능력·체력의 감퇴에 대해서는 자기 계발을 권장하고 능력의 재개발을 꾀하며, 직무의 재설계를 함과 동시에 정기적인 건강진단을 실시하고 중·고령층은 건강을 스스로 관리하며 능력·체력의 유지, 증진을 도모할 필요가 있다. 반면 기업에서도 중·고령층의 체력을 고려한 근무 시간의 자유화 등을 도모할 필요가 있다.

3.정년 도달자의 고용

1. 정년 도달 후의 고용 형태와 근무 실태

정년 도달 후의 고령층의 고용 형태에 대해서는 정년 연장, 근무 연장, 재고용, 파견 등의 제도가 있다. 특히 인재 확보난의 상황에

기 업 규 모	정년제를 일률적으로 정하고 있는 기업	제도가 있다				제도가 없다
		계	근무연장 제도만	재고용 제도만	양제도 병용	
계	100.0	70.1	15.7	35.6	18.8	29.9
30~99명	100.0	70.1	17.1	33.5	19.5	29.9
100~299명	100.0	72.5	14.8	39.0	18.7	27.5
300~999명	100.0	66.7	10.7	41.2	14.8	33.3
1,000~4,999명	100.0	57.8	4.3	41.7	11.8	42.2
5,000명 이상	100.0	41.7	4.4	34.3	3.1	58.3

근무 연장 제도 및 재고용 제도의 도입 기업　　　(단위 : %)

자료 : 노동부 '고용 관리 조사(1990년)'

있는 중소기업에 있어서는 이들 제도를 활용하여 정년제를 자율적으로 운용하고 있다.

또 이들 고령층의 근무 형태를 보면 남자는 보통 근무 86.3%, 단시간 근무 13.7%, 여자는 보통 근무 65.5%, 단시간 근무 34.5%로 되어 있다(노동부 '고령층 취업 실태 조사 1988').

또 도표에 의하면 사원 규모 1~9명의 기업에서는 70%가 정년제를 실시하고 있지 않지만, 이 경우 60세를 기준으로 해서 임금 체계를 바꾸고 연금액과의 조정을 도모하면서 임금을 결정하고 있는 경우가 많다.

1) 정년 연장 및 근무 연장

정년 연장이란 정년 그 자체를 연장하는 것이며, 근무 연장이란 정년을 보류하고 계속해서 고용하는 것으로 정년에 달한 사람을 퇴직시키지 않고 계속해서 고용하는 제도이다.

일반적으로 근무 연장에서는 일의 내용이나 주당 소정의 근무 시간은 대략 종전대로이며 담당 직무, 자격, 임금 등에 대해서도 종전과 변함없는 기업이 많은 것 같다.

2) 재고용 제도

재고용 제도란 정년에 달한 자라도 건강하고 일할 의욕도 높으며, 경험이 있고 전문적인 지식, 기능을 갖추고 있는 사람을 정년에 의해 일단 퇴직시킨 후 다시 위탁 등의 신분으로 재고용하는 제도이다.

재고용에서는 일의 내용이나 주당 소정 근무 시간은 대개 종전대로이지만 담당 직무, 자격, 임금 등은 바뀌는 경우가 많다. 즉 자격은 대개 정규 사원에서 위탁으로 바뀌게 되고, 그에 따라 관리직에서 벗어나는 경우가 많다.

▶ 1. 1990년의 노동부 '고용 관리 조사'에서는 정년제를 정하고 있는 기업의 35.6%가 재고용 제도를 채용하고 있고, 15.7%가 근무 연장 제도를 채용하고 있다. 또 18.8%가 재고용 제도와 근무 연장 제도의 양제도를 모두 채용하고 있다.
2. 근무 연장, 재고용 등의 제도는 정년에 달한 자 전원이 자동적으로 적용되는 것이 아니라, 취업 규칙에서 '회사가 특히 필요하다고 인정한 사람'에 대해서는 근무 연장 또는 재고용 한다'고 한정하고 있는 경우가 많다. 이것은 정년에 의해 업무에 정통한 사람, 기술 수준이 높은 사람 또는 기능이 우수한 사람 등의 사외 유출을 막기 위함이다.

3) 선택 정년제

정년에 달하기 전에 일정한 연수 이상 근속하고, 동시에 일정한 연령 이상의 사원은 정년을 자신이 알아서 선택할 수 있는 '선택 정년제'를 실시하는 기업도 늘어가고 있다. '선택 정년제'에서는 조기 퇴직을 선택했을 경우 그 사람의 퇴직금을 유리하게 취급하기 위한 '조기 퇴직 우대 제도'가 있다. 이것은 앞에서 말한 인건비의 증대, 인사의 정체, 사원의 사기 저하 등에 관한 대책이며 고용 연장과는 약간 취지가 다르다. 그러나 '선택 정년제'에 의해 중·고령층이 제2의 인생

조치 \ 규모	정년제를 정하고 있는 기업	조 치 방 법				재취직을 위한 교육 훈련을 실시한다	재취직을 위한 상담 제도를 채용하고 있다	독립을 위한 원조를 한다	퇴직 후의 생활 설계를 위한 상담, 연수 제도를 채용하고 있다	기타
		재취직을 알선한다								
		소계	고령자회사	관련회사	기타회사					
계	100.0	5.1	0.6	3.9	1.5	0.4	6.0	0.9	2.1	4.8
30~99명	100.0	3.3	0.6	2.5	0.8	0.1	5.8	0.9	1.2	4.7
100~299명	100.0	5.7	0.1	3.9	2.3	0.5	6.1	0.4	2.4	4.8
300~999명	100.0	13.7	1.0	12.3	2.7	1.5	6.2	1.7	5.5	5.3
1,000~4,999명	100.0	22.3	2.3	19.7	10.4	1.7	9.3	1.8	14.0	5.9
5,000명 이상	100.0	35.8	3.8	34.2	22.4	6.4	18.8	3.8	33.9	4.2

자료 : 노동부 '고용 관리 조사(1988년)'

으로의 스타트(재취업 혹은 독립)를 원활하게 한다는 이유에서 채용하고 있는 기업도 많은 것 같다.

4) 고령자 회사

최근에는 고령층을 위한 '고령자 회사'를 설립하여 본사의 주변 업무를 위탁할 수 있는 곳이 생겨났다. 즉 업무의 일부를 분사화(分社化)해서 새롭게 회사를 설립하여 업무의 합리화, 고령자의 고용 기회 확보, 고령자의 기능 활용, 잉여 인원 대책 등 일석다조의 효과를 얻을 수 있는 케이스가 늘어나고 있다.

5) 파견

중소기업에서도 뉴 비즈니스로의 진출, 경영의 다각화 등을 위한 자회사, 관련 회사, 하청 기업 등으로 고령층의 사원을 파견시키는 경우가 있다. 파견시에는 원래의 기업에 적을 두고 일정 기간 동안 파견된 곳에서 근무를 하고 돌아오는 재적형 파견과 원래의 기업에서 파견된 곳으로 적을 옮겨 파견된 곳에 남게 되는 이적형 파견이 있는데, 중·고령층이나 정년에 달한 후의 고용 연장의 경우는 이적형 파견이 대부분이다.

중·고령층이 지금까지 근무하고 있던 직장에서 몸에 익힌 지식, 경험, 기능을 살리는 것이 바람직한 중·고령층 고용의 자세이지만, 자회사, 관련 회사, 하청 회사 등에서 오는 인재 요청이 있으므로 그곳에서 본인의 능력을 활용할 수 있으며, 나아가 인사 로테이션의 활발화도 도모할 수 있으면 파견 또한 필요한 고령화 대책 중의 하나일 것이다.

2. 재직 노령 연금의 활용

정년 퇴직 후의 임금은 정년 전보다 낮은 것이 통상적이며 정년 전 임금의 60~80%의 경우가 많다.

임금 월액에 따른 재직 노령 연금의 감액 비율

임금월액(원) (이상)　　　(미만)	종래의 감액률	개정후 감액률
~ 550,000	20%	
550,000 ~ 700,000		20%
700,000 ~ 800,000	50%	30%
800,000 ~ 1,000,000		40%
1,000,000 ~ 1,100,000	80%	50%
1,100,000 ~ 1,150,000		
1,150,000 ~ 1,300,000		60%
1,300,000 ~ 1,500,000		70%
1,500,000 ~ 1,750,000	지급정지	80%
1,750,000 ~		지급정지

60세 이상 65세 미만의 후생 연금 수급권자가 피보험자인 기간, 즉 60세가 되면 노령 연금이 지급되지만 그 사람이 여전히 후생 연금 적용 사업체에 계속해서 근무하거나 혹은 다른 후생 연금의 적용 사업체에 취직하면 그 기간 매월 임금액에 따라 지급되는 연금의 일부액 또는 전부가 감액된다.

이 감액의 정도는 지금까지 3단계였지만 1989년 12월 이후(일부는 1990년 4월 이후) 7단계로 늘어나 감액의 폭이 10%로 되었다. 수급하는 연금액이 감액되기 때문에 정년 후의 재고용, 재취직을 망설이는 사람도 감액폭이 적어짐으로써 일할 의욕이 늘어날 것이다. 고령층의 노동력화가 촉진되어 사업주에게 있어서는 고령층을 고용하기 쉽게 되리라고 생각된다.

4. 임금 체계의 재조정

종래의 연공적 임금 제도는 종신 고용을 전제로 하여 근속 연수를 대우 기준 축으로 하여 임금이 결정되고 사원의 라이프 스테이지(life stage:사람의 일생을 유소년기, 청년기, 장년기, 노년기 등으로 분류한 각 단계)에 따라 임금이 상승되는 생활급 체계였다. 고령화 사회를 맞아 정년 연장이나 고용 연장이 당연시되는 현재, 종래의 임금 제도대로 정년 연장이나 고용 연장을 실시하면 고령층의 임금이 두드러지게 높은 액수가 된다. 반면 고령자에게는 나이에 따른 능력의 저하를 인정하지 않을 수 없기 때문에 능력과 임금과의 괴리가 발생되는 결과를 가져올 뿐만 아니라, 그것으로 인한 임금 코스트 증가는 경영 효율의 뒷받침이 없으면 경영에 중대한 영향을 가져오게 될 것이다.

이 때문에 일정한 연령에 달한 후에는 자녀도 독립하고 생활비 부

담이 경감되는 점을 감안하여 임금의 상승률을 억제하는 방법이나,
일이나 능력에 따르는 직무급, 직능급을 주체로 하는 업무급 체계를
이행하는 방법을 채용하고 있다.

1. 임금 커브의 수정

임금의 상승률을 억제하는 즉, '임금 커브의 수정'은 도표에 나타나
있는 것과 같이 정년 연장 후에 대해서 수정하는 방법(도표에서 (2)~
(4)의 선)과 45~50세 무렵부터 수정하는 방법(도표에서 (5)와 (6)의 선)으

임금 커브의 수정 패턴

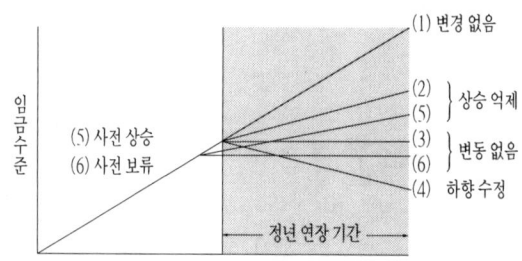

중·고령층에 착안한 정기 승급액 등의 개정 내용별 기업 수의 비율(복수회답)

(단위 : %)

항목 기업규모	중·고령층에 착안하여 정기적인 승급액 등을 개정한 기업		승급액의 감액	평균적용 개시연령	승급기간의 연장	평균적용 개시연령	승급정지	평균적용 개시연령
계	(4.3)	100.0	76.2	50.1세	5.0	51.5세	27.7	55.8세
30~99명	(3.4)	100.0	77.9	49.4	4.1	55.7	29.8	56.1
100~999명	(5.7)	100.0	74.7	50.7	5.8	47.4	24.6	55.4
1,000명 이상	(12.2)	100.0	69.1	48.3	8.0	50.4	27.2	54.8

자료 : 노동부, '임금 노동 시간 제도 등 종합 조사 보고(1987년)'
(주) 1. '중·고령층'이란 대략 45세 이상의 노동자
　　 2. ( )안의 숫자는 모두 기업에 대한 중·고령층에 착안하여 정기적인 승급액 등을 개정한 기업 수의 비율
　　 3. '평균 적용 개시 연령'은 적용 연령의 회답이 있었던 기업의 평균
　　 4. 1985년 1월부터 1987년 12월까지의 3년 동안에 대한 조사임

로 크게 구분할 수 있다. 수정은 앞으로의 경영을 전망하고 사원의 연령 증가나 증원에 의한 임금 코스트의 증가를 고려하고 장기적인 근무 분배율을 예측하여 실시해야 한다. 안이한 수정은 사원의 사기에 영향을 준다는 사실을 잊어서는 안될 것이다.

또 '임금 커브 수정 패턴'의 도표에서 수정은 1단계밖에 나타나 있지 않지만, 실제로는 수정이 여러 단계에서 이루어지는 일이 많다. 예를 들면 먼저 제1단계에서 임금의 상승이 완만하게 되고, 이어 제2단계에서 상승이 멈추고 임금 커브는 수평이 되며, 제3단계에서 임금 커브가 하향하게 되는 여러 단계의 수정이 일반적이다.

앞의 도표는 1985~1987년 3년 동안에 중·고령층에 착안한 임금 커브의 수정을 실시한 기업에 대해서 내용을 살펴본 것이다. 실시 비율은 중소기업보다 대기업 쪽이 적극적이며 또 그 내용은 50세 전후의 승급액의 인하가 중심이고 나아가 55세 전후에 승급 정지 등이 이루어지고 있다.

2. 사람을 위주로 한 임금에서 업무급 체계로의 이행

업무급 체계로의 이행에 즈음해서 직무급이나 직능급 등의 업무급을 주로 하고 연령이나 근속 연수에 의한 사람을 위주로 한 임금을 종으로 하는 사고방식으로 임금 구성을 바꾸지 않으면 안된다. 업무급과 사람 위주의 임금 비율에 대해서는 젊은층의 경우에는 업무 내용의 숙련을 요하지 않고, 정형적인 업무도 많기 때문에 사람 위주의 임금의 비율을 크게 하고 연령, 근속 연수가 늘어감에 따라 업무의 숙련도가 필요하게 되며 또 판단 업무의 웨이트도 늘어가므로 업무급의 비율을 높여가는 것이 바람직하다. 예를 들면 사람 위주의 임금과 업무급의 비율을 전체 평균으로 보면 6:4이고, 젊은층의 경우 처음에는 8:2, 정년에 가까와오면 4:6으로 역전되며, 그 후 더 나아가 3:

7 이라는 비율로 업무급의 비율을 늘려가는 것이 일반적이다.

1) 직무급이란

직무급이란 직무 자체의 근무 가치에 따라 임금을 정하는 것으로 도입에 즈음해서는 모든 직무에 대한 분석을 하여 그 직무를 수행하는데 필요한 지식, 기능의 정도, 책임의 정도, 작업 조건 등을 평가하여 직무의 근무 가치를 설정해 둘 필요가 있다. 또 직무급 제도하에서는 한 가지 업무를 오랫동안 계속해도 햇수를 거듭하여 숙련한 정도의 임금 상승밖에 없고, 보다 고도의 직무에 종사하지 않으면 바람직한 임금 상승은 기대할 수 없다. 직무의 구분이 명확하지 않고 도리어 다능공적 인재가 요구되는 일본에서는 직무급은 별로 채용되고 있지 않다. 한편 세계적으로는 직무급을 채용하는 기업이 최근 급속히 증가하고 있는 추세이다.

2) 직능급의 도입

직능급은 사원의 직무 수행 능력을 체계적으로 평가하고, 그것을 기준으로 기본급 또는 일부를 정하여 임금을 관리하는 것이다. 보통 능력 등급을 설정하고, 각 등급에 필요한 자격 요건을 정하여 그것에 임금을 대응시키고 있다. 이 경우 사원의 직무 수행 능력의 측정 및 평가를 공정하게 실시할 필요가 있으며, 일반적으로 인사 고과 제도와 연관되어 있다. 직능급의 도입은 단순히 고령화 대책이 목적이 아니라 오히려 사원의 능력을 발휘하게 하고 일에 대해 보람을 갖게 하도록 의도하는 것이다.

그러므로 직능급의 도입에 있어서는 사원이 스스로 깊이 연구한 결과, 상위의 직능 자격 요건이 요구되는 직능 수행 능력을 갖추면 임금이나 직제와 함께 연동되어 상승되고, 자기의 장래 설계가 가능하도록 직능 자격 요건을 명확하게 하는 것이 중요하다.

3) 취업 규칙의 변경

임금 체계나 다음에 말하는 퇴직금 제도의 재조정은 취업 규칙의 변경이 된다. 일반적으로 임금이나 퇴직금의 산정 방법을 수정할 경우, 취업 규칙의 '불이익 변경'이 될 때는 사원의 동의가 필요하다. 단, 정년 연장이나 근무 연장의 도입에 수반되는 수정은 반드시 '불이익 변경'이 되는 것은 아니다. 하지만 사원의 기대를 손상시킬 수도 있으므로 임금이나 퇴직금의 재조정은 노사간에 충분한 대화를 가져야 한다. 단번에 실행하지 말고 먼저 구제 조치를 마련하고 단계적으로 실시하며, 동시에 사원이 이미 가지고 있는 기득권은 가능한 한 보장하는 것이 바람직하다.

5. 퇴직금 제도의 재조정

1. 재조정 방식

퇴직금 제도는 기업의 규모와 상관없이 널리 채용되고 있으며, 산정 방식은 대략 다음과 같은 형태로 되어 있다.

$$퇴직금 = 산정\ 기초액 \times 근속\ 연수에\ 따른\ 지급률$$

산정 기초액은 기본급으로 되어 있는 경우가 많고 근속 연수가 길수록 고액이 된다. 또, 지급률도 일반적으로 근속 연수가 길수록 비율이 높아지게 된다. 이들 두 가지 연공적인 요소가 겹친데다가 사원의 고령화나 정년 연장 등에 의해 기업의 퇴직금 부담이 증대화하여

<table>
<tr><td></td><td colspan="4" align="center">퇴직시의 산정 기초</td><td colspan="4" align="right">(단위 : %)</td></tr>
</table>

항목 업종·규모	퇴직 임금을 기초로 한다				퇴직시 임금을 기초로 하지 않는다			
	기본급	기본급 × 일정률	기본급 + 수 당	기준내 임 금	별도의 테이블 방 식	점수방식	정액방식	기타
제조업계	41.5	49.6	5.6	3.3	23.0	5.0	46.4	25.6
1~9명	42.8	38.5	10.9	8.2	8.8	5.5	34.4	51.3
10~29명	41.1	50.0	5.5	3.5	21.6	5.5	43.7	29.2
30~99명	42.0	51.0	4.7	2.4	28.1	3.2	53.9	14.8
100~300명	40.4	53.4	4.5	1.8	33.2	9.4	48.4	9.0
비제조업계	42.3	47.6	6.3	3.9	19.7	5.9	43.7	30.6
1~9명	44.0	41.0	8.6	6.4	12.1	6.8	30.5	50.6
10~29명	41.4	49.3	6.0	3.3	19.3	6.9	42.0	31.8
30~99명	41.7	49.9	5.2	3.2	25.7	4.2	53.7	16.5
100~300명	43.9	48.8	5.2	2.0	25.2	5.7	59.7	9.4

자료 : 전국 중소기업 단체중앙회 '중소기업 노동 사정 실태 조사'
(주) 지불 준비 형태가 중소기업 퇴직금 공제 제도에만 의존하는 기업은 제외한다.

퇴직금 자금의 확보가 대단히 어려워져 퇴직금 제도의 재조정이 시급한 경우가 많다.

재조정의 방법으로서는 퇴직시의 임금을 기초로 하지만 산정 기초액의 증가 경향을 수정 또는 지급률의 근속 연수에 의한 누진적인 증가 비율을 수정하는 방법과 산정 방식 자체를 개정하여 퇴직시의 임금을 기초로 하지 않는 별도의 방식이 있다.

퇴직시의 임금과 별도의 방식으로는 다음과 같은 방식 등이 실시되고 있으며, 이들 퇴직금의 산정 방식에 대한 채용 상황은 위의 도표와 같다.

1) 별도의 테이블 방식

근속 연수나 직능 등급별 퇴직금 지급액표를 설정하고 퇴직자에게는 근속 연수나 직능 등급에 맞추어 표에 나타난 금액을 퇴직금으로 지급하는 방식이다. 근속 연수가 길수록 퇴직금은 높아지기는 하지만 임금과의 직접적인 비례 관계가 없기 때문에 퇴직 금액의 연공적인 증가는 억제할 수 있다.

2) 점수 방식

근속 연수 1년에 몇 점, 각 직능의 채류 연수 1년에 각각 점수를 설정하고 나아가 공헌도에 맞게 점수를 가산하는 방식이다. 각 사람에 대해서 매년 점수를 누적하여 퇴직할 때에는 자기의 점수 합계에 단가를 곱한 금액이 퇴직금이 되는 것으로 임금과는 전혀 다르다. 단가는 통상 임의적으로 설정되고 있다.

3) 제2 기본급 방식

임금 체계 속에서 퇴직금을 산정 기초급으로 하지 않는 기본급을 설정하는 방식이다. 베이스 업시에 전액을 이월하지 않고 일부를 제2 기본급(또는 조정급)이라는 명목으로 별도로 하여 퇴직금의 산정 기초급에서 제외하는 방식이다. 산정 기초급의 금액이 낮아지는 만큼 퇴직 금액의 증가를 억제할 수 있다. 앞 도표의 '기본급×일정률'은 제2 기본급 방식과 같은 사고방식이다

2. 퇴직금의 연금화

1) 퇴직금 제도의 보급

공적 연금의 지급 개시 연령보다 낮게 정년 연령이 정해져 있는 경우에는 퇴직금은 일시금일 필요가 있다. 그러나 양자의 연령이 접합하고 공적 연금 수준이 일정 수준에 있으며, 또한 재고용 제도 등이 보급되면 퇴직금은 반드시 일시금일 필요는 없다. 이것을 연금화할 것을 고려해 볼 수 있다.

정년 도달자의 퇴직 일시금의 사용 용도를 보면, '집 다시 짓기, 수리비'의 웨이트가 내려가고 '퇴직후의 생활비'나 '불시의 대비'에 대한 비중이 높아지고 있다.

또 기업은 연금화에 의해 퇴직금을 일시금으로 지불하는 경우의 일시적인 자금 부담이 없어지게 되며 자금 수요의 평균화를 도모할 수 있다.

이와 같은 퇴직금을 지급하는 기업의 경우 이것을 받는 퇴직자의 필요 등에 의해 퇴직금의 지급 형태는 근래 일시금만 지급하는 기업은 감소하고 일시금 제도와 연금 제도를 병용하는 기업이 계속 늘어가고 있다.

▶ 중소기업 퇴직금 공제 제도의 피공제자의 노후 생활의 필요에 따라 퇴직금을 일시금 지불 외에 분할 지급 방법에 의해 지급할 수 있는 중소기업 퇴직금 공제법의 일부 개정이 1991년 4월부터 실시되었다.

2) 공적 연금과 사적 연금

연금은 국민 연금, 후생 연금 등의 공적 연금과 개인 연금이나 기

퇴직금 제도의 형태　　　　　(단위 : %)

규모·연도 \ 형태		퇴직금 제도가 있는 기업		퇴직금 일시금 제도만	퇴직금 제도만	양 제도의 병용
계	1953	(92.2)	100.0	62.1	16.4	21.5
	1989	(88.9)	100.0	49.3	11.3	39.3
30~99명	1953	(89.6)	100.0	66.7	16.0	17.3
	1989	(86.1)	100.0	55.7	10.2	34.0
100~299명	1953	(97.3)	100.0	57.1	18.3	24.5
	1989	(94.1)	100.0	40.8	13.0	46.2
300~999명	1953	(99.9)	100.0	42.8	16.2	41.0
	1989	(98.6)	100.0	26.9	16.4	56.7
1,000명 이상	1953	(99.9)	100.0	37.7	8.5	53.8
	1989	(99.5)	100.0	13.6	12.5	73.9

자료 : 노동부 '퇴직금 제도, 지급 실태 조사 보고(1989)'
(주) ( )안은 전체 조사 대상 기업에 대한 비율

업 연금의 사적 연금으로 크게 구별된다. 공적 연금은 연금 지급이 종신인 것에 비해 사적 연금은 기한이 정해져 있는 경우가 많다. 개인 연금은 생명 보험 회사나 신탁 은행이 불특정 다수를 대상으로 상품으로써 매출하고 있는 것이다. 또 기업 연금이란 기업이 실시하는 퇴직금의 연금화로 공적 연금과 기업 연금의 조정을 꾀하는 조정 연금과 세법상의 대우를 받는 세제 적격 연금이 있다.

3) 조정 연금

조정 연금이란 후생 연금 기금이 국가를 대신하여 지급하는 노후, 후생 연금(소위 보수 비례 부분)에 퇴직금의 연금화 부분을 플러스 알파로써 지급하도록 한 것이다. 기금에 납부하는 후생 연금 보험의 부금에 대해서는 사업주와 사원이 반반씩 부담하는 것이지만, 플러스 알파 부분의 부금에 대해서는 퇴직 자금을 적립시킨다는 의미에서 사업주가 전액을 부담하게 된다.

또한 보다 많은 연금 급부를 받기 위해서 사원도 비용의 일부를 부담하고 있는 경우도 적지 않다. 이 경우 사업주의 부금은 세법상 전액 경비로 인정되며 사원의 부금은 연말 조정시에 사회 보험료 공제 대상이 된다.

4) 세법상의 적격 연금

적격 연금(세제 적격 연금)이란 기업이 생명 보험 회사 또는 신탁 은행과의 계약에 의해 이루어지는 것으로 세법상의 우대를 받는 퇴직 연금이다.

법인 세법 시행령에 있어서 적격 연금의 요건으로서 12항목을 들수 있다. 그 중 몇 항목을 살펴보면 퇴직 연금의 지급만을 목적으로한 것, 사업주는 사원을 수익자로써 신탁 은행 또는 생명 보험 회사와 퇴직 연금을 지급할 것을 약속한 적격 연금 계약을 체결할 것, 부금 및 급부액은 적정한 연금 계산에 의해 산정되어 있는 것, 사업주는 납부한 부금을 되돌려 받을 수 없는 것(요유보액의 사업주에게 반환의 금지) 등이다.

적격 연금의 부금 중 기업의 부담분은 전액 경비로 계산되며, 사원의 부담분은 생명 보험료 공제를 받을 수 있게 되어 있다.

또 전국 중소기업 단체 중앙회 '1989년 중소기업 노동 사정 실태 조사'에 의하면 중소기업에서 조정 연금의 채용률은 10% 정도 낮지만, 적격 연금은 사원이 30~99명의 규모에서 30~40%, 100~300명 규모에서는 50~60%를 채용하고 있다.

표준 남자 노동자의 모델 정년 퇴직금

		퇴직 금액 (만원)	월수 환산 (월부)	기업규모 간격차 규모 1,000명 이상=100	퇴직금 형태별 내역		
					퇴직금 일시금 제도만 (만원)	퇴직금 제도만 (만원)	양 제도의 병용 (만원)
구(舊)대·신(新)대졸 관리·사무· 기술직	기업 규모 계	1,604	35.0	66	1,219	1,400	2,009
	30~99명	1,372	30.7	57	1,134	706	1,778
	100~999명	1,796	38.8	74	1,360	1,510	2,124
	1,000명 이상	2,413	45.0	100	1,956	2,068	2,590
구(舊)중·신(新)고졸 관리·사무· 기술직	기업 규모 계	1,486	36.9	68	1,107	1,249	1,920
	30~99명	1,252	32.0	57	1,011	612	1,727
	100~99명	1,709	41.5	78	1,291	1,480	2,023
	1,000명 이상	2,187	47.3	100	1,731	1,780	2,348
구(舊)중·신(新)고졸 (현업직)	기업 규모 계	1,320	37.5	68	927	1,178	1,815
	30~99명	1,135	33.1	58	833	643	1,662
	100~999명	1,521	41.9	78	1,078	1,378	1,961
	1,000명 이상	1,943	49.9	100	1,705	1,729	2,016
고소(高小)·신(新) 중졸 (현업직)	기업 규모 계	1,234	37.7	69	964	1,051	1,594
	30~99명	1,093	33.9	61	912	630	1,427
	100~999명	1,388	41.7	78	1,039	1,279	1,775
	1,000명 이상	1,790	51.6	100	1,542	1,646	1,849

자료 : 노동부 '퇴직금 제도, 지급 실태 조사 보고(1989년)'

3. 정년 퇴직자의 모델 퇴직금, 퇴직 연금 월액

퇴직금의 수준은 기업의 자금 부담의 관점에서는 가능한 한 낮은 쪽이 바람직하지만, 업계나 지역의 수준을 무시한 것이어서는 우수한 사원을 확보하고 정착시켜 사기를 높혀 생산성을 향상시킬 수는 없다.

그러므로 기업의 부담 능력, 즉 생산성의 향상을 기본으로 하고 수익성, 재무 상황을 생각하며 동시에 일반적인 수준도 배려한 적정한 수준이 되어야 한다.

다음 도표에 나타난 정년 퇴직자의 모델 퇴직금 및 모델 퇴직 연금 월액은 학교 졸업 후 곧바로 입사하여 표준적인 승진 경과를 거쳐

표준 남자 노동자의 모델 정년 퇴직(60세 정년기업)

		퇴직금 일시금 제도와 퇴직 연금 제도의 병용		퇴직 연금 제도만	
		연금월액	소정내 임금에 대한 비율	연금월액	소정내 임금에 대한 비율
구(舊)대·신(新)대졸	기 업 규 모 계	675 만원	19.0 %	948 만원	26.4 %
(관리·실무·	30~99명	638	17.9	503	15.7
기술직)	100~999명	690	19.9	1,013	27.9
	1,000명 이상	810	20.2	1,388	34.8
구(舊)중·신(新)고졸	기 업 규 모 계	653	21.0	855	26.6
(관리·실무·	30~99명	653	21.3	480	17.1
기술직)	100~999명	630	20.3	975	29.0
	1,000명 이상	758	21.7	1,245	35.9
구(舊)중·신(新)고졸	기 업 규 모 계	638	23.4	780	27.4
	30~99명	630	23.6	465	19.2
(현업직)	100~999명	653	23.6	893	29.2
	1,000명 이상	660	22.2	119	43.5
고소(高小)·신(新)	기 업 규 모 계	578	23.2	705	27.8
중졸	30~99명	548	21.9	450	20.3
	100~999명	593	24.1	840	30.4
(현업직)	1,000명 이상	758	28.7	1,110	45.1

자료 : 노동부 '퇴직금 제도·지급 실태 조사 보고(1989년)'

1989년 12월에 60세로 정년 퇴직한 표준 남자 사원을 가정하여 그 사원이 받을 퇴직금(퇴직 일시 금액 및 퇴직 연금 현가액을 합산한 것) 및 퇴직 연금 월산액이며, 각 기업이 퇴직금 제도의 재조정시 하나의 참고 자료가 될 것이다.

▶ '퇴직 연금 평가액'이란 몇 년 동안에 걸쳐 지불해야 할 연금액의 총액에서 그 동안에 생긴 이식분을 공제한 현재의 금액으로 환산한 가치를 말한다. 후생 연금 등의 공적 연금 및 후생 연금 기금의 보수 비례 부분은 제외하지만 후생 연금 기금의 플러스 알파 부분을 포함한다.

6. 직능 자격 제도 · 전문직 제도

1. 직능 자격 제도

정년 연장 혹은 중·고령층의 고용 촉진에 있어서 중·고령층의 능력, 특히 나이로 인한 능력의 저하가 문제시 된다. 또 기업 내에서 중·고령층의 수가 늘어나면 인사 정체 현상이 발생하게 되어 젊은 사람들의 사기가 저하되는 것이 지적되고 있다. 이러한 문제에 대해서 종래의 연공적인 인사 관리를 배제하고 사원의 능력을 정확히 평가하고 배치 승진, 승격시키는 체제를 채용하는 것이 필요하다. 그 중 한 가지가 직능 자격 제도이다.

일본 경영자 단체 연맹은 직능 자격 제도를 '기업의 경영 활동에 필요한 능력을 그 발전 단계에 맞게 나누고 이것을 기준으로 운용하는 인사 제도'라고 정의하고 있다. 즉 등급을 나누는 기준이 되는 기능 자격 요건을 기초로 한 인사 대우 시스템이라고 할 수 있다.

직능 자격 제도는 고령화의 진전에 수반하여 관리직에 배치할 수

직능 자격 제도 및 전문직 제도의 실시 　　(단위 : %)

기업규모	직능 자격 제도				전문직 제도		
	도입·실시 있음	도입·실시 없음		불명	도입·실시 있음	도입·실시 없음	
		금후 3년 이내에 예정 있음	예정 없음			금후 3년 이내에 예정 있음	예정 없음
계	18.0	11.9	58.6	11.5	16.2	7.7	76.0
30~99명	11.9	10.3	63.6	14.3	13.0	6.3	80.7
100~299명	23.8	16.2	54.2	5.8	17.9	9.3	72.8
300~999명	49.5	13.5	33.1	3.9	36.2	14.3	49.5
1,000~4,999명	65.2	14.4	19.0	1.4	43.0	18.8	38.3
5,000명 이상	77.3	4.0	16.8	0.9	57.8	13.0	29.2

자료 : 노동부 '고용 관리 조사(1990년 속보)'

없는 사람에게는 적당한 지위와 명칭을 주어 그것에 맞는 대우를 하므로써 인사 정체를 해소해 가려는 일면도 있다. 그러나 본래는 자격 등급을 정하고, 각 자의 능력 요건을 명확히 하여 각 사원의 직능 수행 능력을 평가하고 자격 등급에 격을 매기어 임금이나 직위를 연동시켜 가는 제도이다. 예를 들면 직능 자격의 3급자가 계장에, 4급자가 과장 대리에, 5급 내지 6급자가 과장에, 6급 내지 7급자가 차장, 8급자가 부장이라는 식으로 자격 등급과 직위가 일정한 관계를 맺고 있다. 그러므로 사원에게 상위의 자격 등급을 향해서 '능력'을 신장시킬 의욕을 갖게 하여 사기 함양을 꾀하는 효과가 있다.

여기에서 '능력'이란 그 사람의 능력 전체가 아니라 직능 자격 요건이 요구하는 직무 수행 능력을 의미한다. 직능 자격 제도를 도입하는 데 있어서는 종래의 근속 익숙을 기준으로 하는 연공적 인사 평가에 빠져들어서는 안된다. 사원의 능력을 객관적으로 평가하는 인사 고과 제도(승격 시험 제도)의 확립이 중요하다.

직능 자격 제도는 이미 많은 대기업에서 도입되어 실시되고 있지만, 최근에는 중소기업에서도 계속 도입되고 있는 실정이다.

2. 전문직 제도

전문직이란 고도의 전문적인 지식이나 능력을 가지고 있지만, 부하 직원을 데리고 있지 않는 사람을 말한다. 그리고 전문직 제도란 고령화, 고학력화가 진전되는 속에서 관리직의 직위 부족으로 승진할 수 없는 유능한 인재를 활성화시키기 위해서 각 자의 특성에 따라 전문 부장이나 주임 연구원과 같이 지위나 명칭을 주어 전문직으로 한다. 그리하여 관리직과 동등한 지위와 임금을 보장해 주려는 제도이다.

이 제도의 도입에 있어서 관리직에 등용하고 싶지만 직위가 없는 사람을 전문직이라는 안일한 도입을 해서 전문직의 기능이 애매해지게 되고 인재 활성화의 효과를 반드시 기대할 수 있는 것은 아니다. 전문직은 어느 프로젝트에 대한 적재 적소의 직위이지 결코 아무에게나 부여되는 직급이 아니다. 필요에 따라 관리직에서 전문직으로, 또 그 반대로도 고려해 보아야 할 것이다.

이 전문직 제도도 상기 직능 자격 제도와 마찬가지로 대기업에서는 도입이 선행되고 있다.

3. 관리직 임기 제도

관리직 임기 제도는 관리직 대우 제도, 관리직 정년 제도라고도 하며, 퇴직 정년에 달하기 전에 관리직의 정년을 정하여 관리직에서 퇴직하는 제도이다. 관리직 정년 후에는 대개 전문직에 종사하게 된다.

숫자적으로 한계가 있는 관리직 직위를 효과적으로 활용하여 사원의 사기 저하를 방지하고 기업 조직의 활성화를 도모하는 것을 목적으로 한다. 사원의 고령화와 정년 연장의 요청에 대한 대책으로써, 중소기업에서는 아직 활용하고 있지 않지만 많은 대기업에서는 이 제도를 채용하고 있다(노동부 '고용 관리 조사(1987년)'에 의하면 1,000~4,999명의 대기업에서는 29.9%가 이 제도를 도입했다).

관리직 임기 제도의 형태로써는 일정 연령(예를 들면 연장 전의 정년 연령)에 달하면 일률적으로 일제히 관리직에서 물러나는 '일률 해임제'나 일률적인 해임에 의해 발생되기 쉬운 문제점을 없애기 위해서는 관리직별로 임기를 설정하는 '관리직별 임기제'가 있다. 또 관리직에 등용하는 상한 연령을 설정하고 그 연령 전에 관리직에 상당하는 직능 자격 요건이 요구하는 직무 수행 능력이 갖추어지지 못하면, 관리직에 등용하지 않기로 함으로써 사원의 의욕을 자극하고 능력의 향상을 꾀하려는 '등용 연령 설정제' 등이 있다.

또 '등용 연령 설정제'는 관리직에 있어서 엄격한 제도인 만큼 해임된 관리직의 사기 유지, 향상에 충분한 배려가 필요하다. 해임 후에는 전문직이 된다고 하면 전문직 자체가 사내에서 기능적으로 활용되고 이미지가 높이 평가되지 않으면 안된다.

4. 진로 선택 제도

진로 선택 제도의 채용도 또한 검토해야 할 제도이다. 중·고령층이 오랜 기간에 걸쳐 형성되어 온 경력을 보다 효과적으로 살리기 위해서는 개개인의 사정에 따라 선택이 가능한 진로를 준비함과 동시에 중·고령층의 직무를 가능한 한 늘려가는 등의 전제가 필요하게 된다.

이 진로 선택 제도란 장래의 진로(승진, 배치 전환, 파견 등)에 대해 몇개의 코스를 설정해 두거나 또 퇴직에 대해서도 몇 가지 길을 마련해 두어 사원 자신에게 사전에 선택하도록 하는 제도이다. 예를 들면 다음과 같은 방식에 의해 사원의 인생 설계의 선택의 폭을 준비해 두는 것이다.

1) 정년까지 계속 근무를 희망하는 사람에 대해서는 관리직·전문직·일반직 코스 등의 코스를 설정하고 각 코스에 대한 취급이나 처

우 등을 정확히 명시해 두고 그 중 어느 것인가를 선택하도록 한다.

2) 정년 이후에도 계속해서 근무할 수 있는 관련 회사나 자회사(고령자 회사를 포함)를 선택하여 그곳으로 파견한다.

3) 선택 정년제를 설정, 퇴직금의 대우를 받아 정년에 달하기 전에 독립하여 자영의 길을 선택한다.

7. 직무 재설계와 능력 개발

고령자의 고용에 있어서는 직무 재설계, 능력 개발과 더불어 고령자를 위한 고용 관리라는 종합적인 대응책을 강구할 필요가 있다.

1. 직무 재설계

직무 재설계란 사전에 설정되어 있는 직무를 담당하는 사람에게 맞도록 기계 설비, 작업 방법, 순서, 분담, 작업 조직이나 직장 환경 등을 개선하는 것을 말한다.

직무 재설계에는 개별 직무 재설계와 시스템 직무 재설계가 있다.

1) 개별 직무 재설계

개별 직무 재설계란 고령자 한 사람 한 사람의 직무를 그 사람에게 맞도록 가장 적합하게 재조정하는 것이다. 즉, 고령자의 능력이나 체력의 저하를 어떻게 하면 커버할 수 있는가, 고령자를 무리한 작업 자세로부터 어떻게 하면 해방할 수 있는가, 고령자의 경력을 살리기 위해서는 어떻게 하면 좋은가 등에 대하여 재조정의 핵심을 두어야 한다. 예를 들면 부품 선반을 개량하여 부품의 수불을 가볍게 할 수 있도록 한다거나 작업장의 조명을 개선하여 주변을 밝게 하거나 또는 공장 내 바닥의 높낮이를 제거하고 보기차(bogie car)를 움직이기 쉽게 하거나 공정간의 운반 중량을 가볍게 하는 연구를 하는 등 직장 개선을 하고 고령자가 일하기 좋은 직장을 만드는 것이다.

결국 고령자가 일하기 좋은 직장은 젊은 사람들에게 있어서도 일하기 좋은 직장이라고 볼 수 있다.

2) 시스템 직무 재설계

시스템 직무 재설계란 생산 라인의 전부 또는 공장, 직장 전체의 직무를 사원의 고령화에 적합하도록 재조정하는 것이다. 종래부터 일상적인 직무 수행 속에서 각 자가 머리를 짜내고 자기의 범위 내에서 일을 하기 쉬운 아이디어를 내고 있다.

그러나 시스템 직무 재설계에서는 그것들을 조직적으로 받아들여 재조정하여 일련의 직무 순서나 분담 변경도 포함된다. 이 경우 중소기업에서는 직무 분담이 자주 자연 발생적이고 오랫동안 담당한 직무에 강하게 집착하는 양상을 띤다. 재조정한 결과 직무에서 손을 떼게 된 사람은 극단적인 거부 반응을 보이기 쉽다.

그러므로 경영자가 솔선하여 직무 재설계의 방침을 밝혀 사원의 이해와 협력을 얻고 재조정을 권장해 가는 것이 중요하다. 직장의 소집단 활동 속에서 직무 재설계를 검토해 가는 것이 바람직하다.

2. 능력 개발에 의한 활성화

중·고령층을 중심적인 노동력으로 활용할 필요성에서 능력 개발이 급선무로 되어 있다. 특히 신기술이나 변화하는 시장의 필요성에 대응하여 새로운 업종을 개발하고, 기업의 발전을 도모하기 위해서는 중·고령층의 건강 관리, 직무 재설계와 더불어 능력 개발이 중요하다.

특히 만성적으로 일손 부족인 중소기업에서는 중·고령층에게 자기 계발을 권장하고 능력을 재개발시켜 활성화를 도모할 필요가 있다.

또 중·고령층의 활성화는 젊은층에 대해서도 장래 자기 자신에게 관련되는 문제로 안도감을 주므로써 직장 전체의 활력 증진이 된다.

1) CDP에 의한 능력의 육성

CDP란 커리어 디벨롭먼트 프로그램 즉, 사원 각 자의 직무 수행 능력을 오랜 기간에 걸쳐서 개발하고 자질 향상으로 연결시킴과 동시에 사원이 자기 인생 계획의 목표와 코스를 경영 활동 속에서 결실을 맺음으로써 사기를 높이고 인재의 활용을 도모하려는 계획이다.

정년 연장을 실시하거나 혹은 고령자를 고용하려면 고령자가 기업에 있어서 한 사람의 몫을 하는 것이 대전제이다. 일반적으로 신기술, 하이테크 등에서 중·고령층은 배제되기 쉬우며 동시에 자기 스스로도 피하려고 한다. 사전에 적절한 교육 지도 즉 '입사에서 퇴직까지의 평생 능력 개발'을 해가면 나이가 들어도 기간 노동력으로 활용할 수 있다.

CDP를 실시하려면 배치 전환, 승진, 승격의 룰을 정하고 교육 훈련 제도, 기능 자격 제도, 인사 고과 제도 등을 짜맞춘 종합적인 인사 관리 제도를 확립해 두어야 한다. 또 사원의 자기 계발 장려, 능력 개발의 조성, 상사의 적절하고 일상적인 지도 체제 등의 정비도 불가결하다.

2) 다능공화(多能工化)

기술 혁신의 진전에 따라 종래 몸에 익혀 두었던 기능의 진부화가 빨라지고 있다. 또 소량 다품종 생산으로의 이행 속에서 장기간에 걸처 단일 직종에 머물러 있다는 것이 어렵게 되고 있다. 또한 중·고령층의 다능공화나 직종 전환을 위한 교육 훈련의 필요성이 높아지고 있다.

중·고령층은 일반적으로 새로운 환경에 대한 적응력이나 새로운 기술의 흡수력이 뒤떨어져 있다고 알려져 있다. 이 원인 중의 한 가지는 과거의 경험이나 기능의 축적이 무의미화 되는데 대한 위구를 생각할 수 있다. 그러므로 지금까지의 경험이나 기능의 축적을 계속 존중해주며, 나아가 일의 폭을 넓혀 간다는 형태로 새로운 환경에 익숙해지도록 하고 새로운 기술을 빠른 시일에 받아들일 수 있도록 하는 배려가 중요하다.

3) 자기 계발의 지원

평소부터 사원이 업무에 필요한 강습을 수강하고 자격을 습득하는 것을 장려하여 그 비용의 전부 또는 일부를 기업이 부담하고, 중·고령층이 자기 계발을 위해서 통신 교육 등을 받을 때에는 시간·경제적인 지원을 할 수 있는 제도를 마련해 둘 필요가 있다.

8. 고령자를 위한 고용 관리

1. 고령자의 직장 적응

중·고령층을 고용하는데 있어서 직장 적응이 우선적으로 문제가 된다. 그러나 직장 적응의 대책에 대해서는 특별하게 설명할 필요가 없다고 생각되므로 생략한다. 이들 대책을 통하여 중·고령층의 활성화를 끈기있게 계속해 가는 것이 중요하다.

1) 업무 관련 대책
- 육체적으로 무리가 없는 업무로의 전환
- 지금까지 축적해 온 기능과 경험을 살릴 수 있는 업무로의 전환
- 책임감이 가벼운 업무로의 전환
- 반편성에 있어서 젊은층과의 혼합 편성
- 라인에서 벗어나 보조적인 업무로의 전환
- 위험성이 없는 업무로의 전환

▶ 노동 재해 발생률(1,000명 당 휴업 4일 이상의 사상자의 비율)을 보면 20대가 3.4%, 30대가 3.7%, 40대가 4.9%, 50대 이상이 6.7%로 연령이 올라갈수록 높아지고 있다.

2) 교육 훈련 대책
- 젊을 때부터 다능공화를 도모하는 교육 및 배치
- 소집단 활동의 적극적인 참가
- 자기 계발의 원조

3) 노동 시간 대책
- 단시간 근무 제도의 도입
- 잔업 제한
- 휴일 근무 제한
- 연차 유급 휴가의 취득 장려
- 출·퇴근 시간의 자유화

4) 기타 대책
- 평소 대화를 하도록 노력한다.

• 직장 미팅을 장려하여 젊은층과의 의사 소통을 도모한다.

2. 고령자를 위한 직장 개선

고령화의 진전과 함께 고령자를 위한 직장의 확대가 급선무로 되고 있다. 이를 위해 다음과 같은 직장의 환경을 개선 · 정비하며 고령자의 육체적인 능력 저하를 보충하여 작업 능력의 유지 향상을 지원할 필요가 있다.

1) 주로 손끝, 시각, 근력 등의 신체적인 기능을 사용하는 작업에 대해서 작업 보조 기구, 기타 기계 설비의 설치 등에 의해 기능의 저하를 보완하고 부담의 경감을 도모한다. 예를 들면 무거운 물건의 운반을 기계화하거나 콘베이어 시스템에서는 콘베이어의 속도를 약간 낮추어 준다. 나아가 지그(jig), 특수 공구의 개발, 호이스트(소형 기중기), 포크리프트(forklift)의 이용, 벨트 콘베이어에 의한 자동 반송 등으로 작업 공정의 기계화, 생략화를 도모한다.
2) 주로 판단력, 주의력 등을 요하는 작업에 대해 작업 지시의 평이화 등 작업 방법의 개선에 의해 판단력, 주의력 등의 저하를 보충하고 직업에 있어서의 안전을 확보한다.
3) 장시간 부자연스러운 자세의 지속 또는 반복을 요하는 작업에 대해서는 작업 자세의 전환을 도모하기 위해 기계 설비 등을 개선하여 부자연스러운 자세에서 오는 피로를 경감시킨다. 예를 들면 작업대의 개량에 의해 무리한 자세의 작업을 없애고 바닥의 높낮이를 제거하며, 부품, 선반 등을 개량하여 사용하기 쉽게 한다.
4) 조명, 소음, 실내 온도, 습도 등의 작업 환경을 개선시켜 작업 효율을 높임과 동시에 노동 부담을 경감시킨다.

또한 직장 개선을 위해서는 자사의 기계화, 생력화를 가해서 일부의 생산 공정에 대해서는 외제화(하청 기업의 이용)도 검토해 봐야 한다. 또 노동 안전 위생법의 규정을 준수하는 것은 물론이며 필요한 조치도 강구해 두어야 한다.

3. 고령자를 위한 건강 관리

신체의 모든 기능이 저하되어 가는 중·고령기에는 건강진단, 건강교육이나 운동, 식사 지도 등을 계획적이며 지속적으로 실시해야 한다. 사원의 건강을 지원하는 것은 기업에 부여된 책임이라 생각하고 사원의 건강을 위한 환경 정비를 해야 한다. 또 사원 스스로도 적극적으로 건강한 생활 습관을 길러 직무 수행 능력의 지향을 도모하지 않으면 안된다.

또 최근에는 육체적인 면뿐만 아니라 정신적인 면에 대해서도 건강의 유지 증진이 요구되고 있다. 특히 고령자에게 있어서는 크게는 정치, 경제, 사회의 정세가 급속도로 변화하고 신변에서는 컴퓨터, 워드프로세서, NC 선반 등 새로운 기술에 둘러싸여 정신적인 스트레스가 축적되어 있다. 그러므로 정신적인 건강을 위한 카운슬링 등도 중

토탈 헬스 프로모션 플랜의 내용

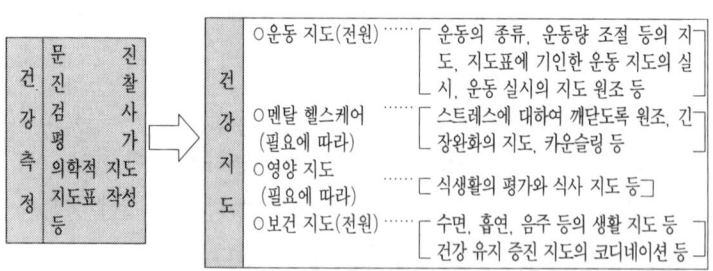

참고자료 : 노동부 '안전 위생부 계획'과 '개정 노동 안전 위생법의 해설'

요하게 되고 있다.

노동부의 '한창 일할 나이에 있는 노동자의 의식에 관한 조사(1991년)'에 의하면 현재 근무하고 있는 회사에 대해서 앞으로 충실해 주기를 바라는 복리 후생 시책은 '사원의 심신 건강을 도모하기(35%)'가 톱을 차지하고 있다.

특히 중·고령자의 고용을 중시해야 하는 중소기업에서는 중·고령자의 능력 활용에 사원의 '심신 건강'을 추진하는 일이 무엇보다도 중요하다.

4. 퇴직 후를 대비한 지도·원조

오랜 기간 동안 기업에 공헌해 온 사원이 퇴직하고 새로운 생활에 적응해 가려면 웬지 모를 불안감이 가해진다. 그래서 사원이 기업에 재직하고 있는 기간뿐 아니라 퇴직하고 난 후에도 건강하고 충실한 생활을 할 수 있도록 퇴직 후를 대비한 교육 지도 등을 기업이 실시한다. 이것은 고령자뿐만 아니라 젊은 사원에게도 안도감이나 기업에 대한 신뢰감을 갖도록 해주며 또 사원의 사기 증진이나 기업 이미지 업에도 기여한다.

사원의 정년 퇴직 후의 생활에 대한 원조

	합계	실시하고 있다	실시하고 싶다	실시하지 않는다	불명
퇴직자를 위한 친목활동	100.0	33.8	30.0	27.5	8.7
퇴직시 재취직 상담 및 알선	100.0	29.8	33.3	31.3	5.6
기업내 여가시설 개방	100.0	19.6	20.6	48.1	11.7
퇴직 후 의료 보장 제도	100.0	15.0	19.6	53.7	11.7
특정 건강 보험 조합의 설립	100.0	6.1	8.9	72.3	12.7
퇴직자에 대한 노후 생활 설계의 지도	100.0	4.3	28.0	57.0	10.7
퇴직자의 건강 관리 실시	100.0	3.1	24.2	61.3	11.5
개호인의 알선 및 파견, 원조	100.0	1.0	12.2	74.6	12.2

자료 : 노동부 '노동력 존중 시대의 인사 시책에 관한 조사(1991년)'

사원의 퇴직 후를 대비하여 실시되는 것으로는 주로 건강 관리 지도나 퇴직 후의 생활 설계에 대한 지도가 많은데, 이밖에 교양, 취미 등 재취직에도 도움이 되는 직업 능력의 개발 등이 실시되고 있다.

또한 정년 퇴직 후의 생활에 대한 원조로써는 퇴직자를 위한 친목 활동, 퇴직시의 재취직 상담, 기업내 여가 시설의 개방 등이 많이 실시되고 있다. 퇴직자에 대한 노후 생활 설계 지도나 퇴직자의 건강 관리를 실시하고자 하는 기업도 많다.

이것들의 지도나 원조의 실시는 현재 상황으로는 대기업이 중심이지만, 중소기업에 있어서도 공동으로 실시하거나 공적 기관의 세미나 수강을 장려하는 등의 연구가 기대되고 있다.

연령 계급별 인구의 추이와 전망 (단위 : 만명, %)

	1975년	1988년	1990년	2000년	1988년~2000년의 증가수
계	11,194(100.0)	12,297(100.0)	12,423(100.0)	13,119(100.0)	822
0~14세	2,722(24.3)	2,420(19.7)	2,313(18.6)	2,359(18.0)	△ 61
15~54세	6,691(59.8)	7,122(57.9)	7,181(57.8)	6,993(53.3)	△ 129
55~59세	467(4.2)	749(6.1)	773(6.2)	870(6.6)	121
60~64세	428(3.8)	633(5.1)	674(5.4)	764(5.8)	131
65세 이상	887(59.8)	1,374(11.2)	1,482(11.9)	2,134(16.3)	761
55세 이상	1,782(15.9)	2,755(22.4)	2,929(23.5)	3,768(28.7)	1,013

자료 : 1975년은 총무청 통계국 '국세조사' 1988년, 1990년, 2000년은 보건복지부 '일본의 장래 인구 추계에 대해서(1986년)'
(주) ( )안은 구성 비율

고령자 고용 대책에 관한 고용 심의회 답신(발췌)

1990년 3월 1일
고용심의회

아래에 명시하는 바에 의해 65세에 달하기까지 고용 기회의 확보를 도모하기 위하여 법적인 정비를 실시함과 동시에 앞으로도 고령자 고용 대책을 적극적으로 추진한다

1. 65세까지의 고용 확보 및 촉진의 필요성

장래의 노동력 인구를 전망하면 15~54세의 인구 감소에 따라 노동력 공급의 증가폭이 둔화됨과 동시에 고령자가 차지하는 비율이 증가하게 된다. 또한 21세기 초에는 소위 집단 세대가 고령층에 들어가게 됨으로써 노동력 인구 증가의 대부분을 고령자가 차지할 것으로 예상된다.

또 최근의 고령자의 고용 실업 정세를 보면 전체가 호전되고 있음에도 불구하고 고령자에 대해서는 아직 개선되는 경향이 보이지 않는다. 또한 60세 정년의 정착도 아직 충분하지 않는 등 냉엄한 고용 환경에 있으며 의욕과 능력이 있는 고령자의 고용 확보 및 촉진이 필요하다.

이런 속에서 기술 혁신이나 정보화의 진전 등을 배경으로 앞으로 대폭적으로 증가할 것이라고 전망되는 전문적·기술적인 업무 종사자, 사무적인 직업 종사자 등의 분야에 있어서 노동력 수요의 젊은층 지향이 계속된다면 노동력의 과잉과 부족이 병존하는 사태가 되지 않는다고 할 수 없다. 그러므로 앞으로 완전 고용을 달성해감과 동시에 안정적인 경제 성장을 유지하고 우리나라의 경제 사회를 풍부하고 활력있게 해가기 위해서는 종래와 같은 강한 젊은층 지향을 전환하여 60세 정년의 조기 완전 정착을 기반으로 한 고령자의 고용 환경의 적극적인 개선을 도모함으로써 고령자의 안정된 고용 기회를 확보하고 이들 고령자의 풍부한 경험과 의욕, 능력을 살려갈 필요가 있다.

이런 경우 60대 전반층의 노동력 비율과 취업 의욕이 비교적 높기 때문에 65세까지의 연령을 목표로 하고 고용의 확보 및 촉진을 도모 하는 것이 적당하다.

2. 고령자의 고용, 취업 본연의 자세

21세기를 전망한 앞으로의 고령자의 고용, 취업의 이상적인 방향 으로써 다음을 들 수 있다.

① 65세 정도까지는 고용, 취업장의 확보가 예상되며, 65세를 넘은 사람에 대해서는 그밖의 분야에서 사회 참가 활동을 할 수 있는 사회 를 목표로 한다.

② 우리나라의 고용 관행 등에서 보아 동일 기업 또는 동일 기업 그 룹에서 지속적으로 고용, 취업장의 확보를 꾀한다.

③ 60세를 넘으면 개인에 따라 건강 상태, 생활 상황도 각각 다르게 되며 취업 지향도 다양화된다. 그러므로 고령자의 고용, 취업장의 확보 기반으로써 60세 정년을 마련해 두고, 60세까지는 보통 근무 고용이 계속되도록 함과 동시에 60세를 넘는 층에 대해서도 65세 정 도까지는 다양한 형태로의 고용, 취업장의 확보가 꾀하여지도록 한 다.

이와 같은 사고방식은 현재에 있어서도 보편적으로 타당하지만 앞 에서 말한 것처럼 증대하는 고령자의 안정된 고용 기회를 확보할 필 요성이 한층 높아져 가고 있다. 고령자의 고용 기회를 확보하는 효과 적인 방책에 대해서는 법적인 정비를 포함하여 보다 광범위한 관점 에서 검토될 필요가 있다.

고령자의 직업 소개 등의 기관

1. 공공 직업 안내소

전국의 480여 군데에 있는 공공 직업 안내소에서는 45세 이상의 중·고령자의 직업을 상담하거나 지도하는 전문 직원이나 직업 상담원을 배치하여 직업 소개 등을 실시하고 있다.

또한 공공 직업 안내소에서는 정년이나 재고용, 근무 연장의 완료로 퇴직하는 고령자를 대상으로 재취직 준비 프로그램을 무료로 실시하고 있다. 재취직 프로그램이란 정년 퇴직 예정자에 대하여 사전에 조기 재취직을 위한 마음의 자세를 갖도록 하고, 재취직의 계획적인 준비를 촉구하기 위해서 안내소가 실시하는 것으로 고용 직업 정보의 제공, 직업 강좌 실시, 비디오 테이프 상영, 팜플렛 배포 등을 실시함과 동시에 희망자에게는 개별 구직 상담도 해주고 있다.

2. 인재 은행

전국의 주요 도시 25 군데에 있는 인재 은행에서는 특히 정년, 퇴직 등에 의해 이직한 관리 직업, 전문기술 직업에 종사해 오던 사람들을 등록하고 전문적인 직업 소개를 하고 있다.

3. 고령자 직업 상담실

전국의 주요 도시(주로 인구 10만 명 이상되는 시)의 청사 시설 내에 있는 약 300여개의 고령자 직업 상담실에서는 상담원을 배치하고 주민의 생활 상담과 유기적이고 일체적인 유대감을 도모하며, 고령자의 직업 상담도 실시하고 있다.

4. 실버 인재 센터

실버 인재 센터는 정년 퇴직 후에 고용 관계가 아닌 어떤 취업을 통하여 자기의 노동 능력을 활용하고 그것으로 말미암아 추가적인 수입을 얻음과 동시에 지역 사회의 일상생활과 밀착된 임시적·단기적인 일을 조직적으로 파악하고 제공하는 단체이다.

4 중도 채용 사원의 확보

1. 중도 채용의 현상과 채용 포인트

1. 인재 확보의 중심 수단 ─ 중도 채용

중도 채용자는 해마다 한 번 정해진 시기에 채용하는 신규 졸업자(정기 채용)와 대비되는 것으로 퇴직자의 보충, 조업도(매상고)의 상승, 설비 부문 확충 등의 필요에 따라 비정기적으로 채용되는 고용자이다.

중도 채용의 실시 사업체 비율은 경기의 호전과 더불어 1989년 10~12월에 65%라는 높은 수준이 되고 있다. 정기적인 채용만을 용원 확보의 중심 수단으로써 순혈주의를 관철하고 있던 대기업도 최근에는 대부분의 기업이 사업 부문의 확대와 환경 적응을 위한 보충 요원으로써 활발하게 중도 채용을 실시하게 되었다.

노동부의 '고용 동향 조사(1990)'에 의하면 1990년도에 취직, 퇴직한 사람(전직자를 포함하는 노동 이동자)의 수는 1,055만 명으로 전년에 비해 6%나 증가하여 과거 최고 수준이 되었다. 이중 전직자는 317만 명(남자 170만 명, 여자 147만 명)으로 전년에 비해 12.8%나 증가하고 있다. 여자 전직자 중 반 정도가 10대와 20대이다. 사업체의 사원 전체에 차지하는 전직자의 비율은 남자가 8.5%, 여자가 11.3%에 이르고 있다.

또 1990년도의 신규 취직자 110만 명 중 그해 말까지 퇴직한 사람은 20만 명으로 퇴직자 비율이 18.2%에 이른다. 고도 경제 성장기

중도 채용의 성과와 앞으로의 방침

중도 채용의 성과	필요한 인재는 충분히 확보했다	3.0%
	필요한 인재는 일단 확보했다	53.1%
	필요한 인재는 약간 확보했다	37.5%
	필요한 인재는 거의 확보했다	5.0%
	기타	1.4%
앞으로의 중도 채용 방침	필요한 인재를 확보하기 위하여 앞으로도 실시하겠다	69.0%
	사내의 활성화를 위해서 앞으로도 실시하겠다	3.9%
	장래의 사업 방향에서 실시할지 여부를 판단하겠다	24.2%
	원칙적으로 앞으로 중도 채용은 실시하지 않겠다	2.3%
	기타	0.6%

자료 : 노동부 '산업 노동 사정 조사(1988)'

인 1965년(23.2%) 다음으로 높은 수준에 달하고 있다. 그 중에서도 고졸 신입 사원의 연내 퇴직자 비율은 25.1%로 두드러지고 있다.

중도 채용을 대상으로 하는 노동력 시장은 신규 졸업자가 취직한 연도에 퇴직하고 재취직하는 사람(소위 제2 신규 졸업자) 20만 명을 포함해서 신규 졸업자의 약 3배에 상당하는 최대의 구인 마켓이다.

마찬가지로 노동부의 '산업 노동 사정 조사'에 의한 중도 채용의 성과를 보면, 반 이상을 넘는 기업에서 '필요한 인재는 충분하거나 일단은 확보했다'고 하며, 또 이들 중도 채용의 실적이 있는 기업에서는 약 70%가 '필요한 인재를 확보하기 위하여 앞으로도 중도 채용을 실시하겠다'는 등 중도 채용에 대하여 적극적인 방침을 가지고 있다.

2. 중소기업의 중도 채용의 포인트

지금까지 중도 채용을 실시하던 기업이 아니었던 대부분의 대기업이 사업 확대, 신규 사업 개발, 연령 구성의 보충 등을 위해서 경험자의 중도 채용을 실시하게 되었다. 1975년 중반부터 전직자의 중소기업에서 대기업으로의 이동이, 대기업에서 중소기업으로의 이동의 2~3배로 대단히 활발해지고 있다.

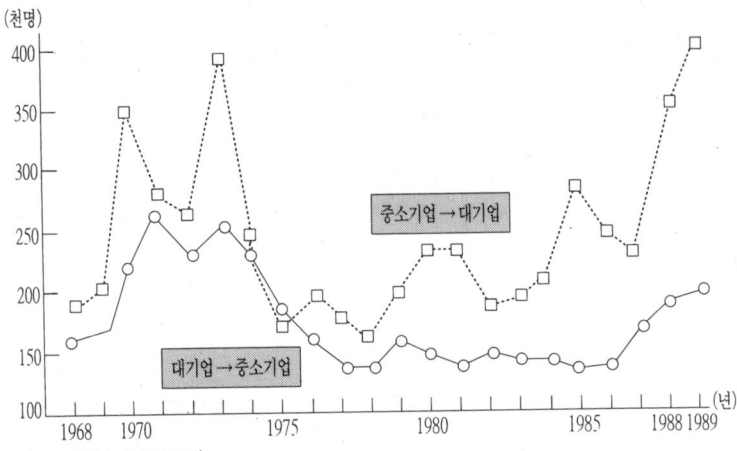

전직자의 규모간 이동 상황

자료 : 노동부 '고용 동향 조사'
(주) 전 산업의 300명 이상을 대기업, 300명 미만을 중소기업이라 한다. 단, 1969년 이전은 자료의 제약에서
50명을 기준으로 한다.

　종래 중소기업의 중심인 구인 시장에 여러면에서 유리한 채용 조건
을 갖는 대기업이 대량으로 밀어 닥쳐왔기 때문에 중소기업의 중도
채용에 의한 인재 확보는 한층 어렵게 되어 있다.
　이와 같은 배경하에서 중소기업이 유리한 모집 채용 활동을 실시하
고 인재를 확보하여 활용해 가기 위해서는 다음과 같은 대책이 절대
적으로 필요하다.

1) 모집 활동 면의 포인트
●중소기업 고유의 좋은 면을 분명하게 할 것
　대기업 특유의 연공 서열, 최종 학력 우선, 어릴 적부터 기른 부하
의 우대, 학벌 위주가 아닌 능력주의 우선, 경직적이 아닌 조직 운
영, 톱과의 일대 일의 대화 등 중소기업 고유의 좋은 점을 명확히 한
다.

- 자사 고유의 특징을 분명히 할 것

제품, 직장, 조직, 제도, 기존 사원 등의 독특한 점이나 좋은 점을 명확하게 내세운다.

- 중도 채용의 단점에 대한 시책을 미리 준비할 것

채용비의 코스트에 대해서는 고용 조건, 교육, 배치 등의 수용 체제를 사전에 정비하여 면접 채용률, 정착률을 높이고 능력 발휘도를 높혀 장기적인 면에서 비교적 비용이 적게 들도록 한다.

- 인재 확보는 과다 경쟁하에서의 구인 마케팅 활동이라는 것을 인식할 것

자사에서 가장 필요로 하는 인재를 필요한 때에 필요한 인원을 확보하려면 자사를 잘 선전하여 입사를 결심하도록 하기까지 일련의 구인 활동에 마케팅 수법을 활용한다.

2) 경영 계획 달성 면의 포인트

- 중 · 장기적인 계획의 인원 계획은 반드시 연차별의 질과 양의 계획으로 하고 선행한 인재 확보 활동을 실행할 것

장기적인 계획의 달성도는 연차별 인재 획득 달성도에 의해 크게 좌우되므로, 인재 확보난의 시대에는 시간이 흐른 후 사내 조달을 기대할 수 없는 소요 인재는 앞당겨 처리하고 중도 채용해 간다.

- 중도 채용자의 채용, 정착 촉진, 능력 발휘를 위한 고용 조건, 전 회사적인 인사 관리 제도의 재조정을 실시할 것

전문직, 고령자, 파트 타임 등 다양한 근로 조건에 대응할 수 있는 고용 형태, 근로 형태, 호칭, 임금 규정, 운용 기준 등을 연구한다.

이와 같은 관점에서 중도 채용의 계획에서부터 채용, 처우까지를 설명한다.

3) 중도 채용의 장점과 단점

• 중도 채용의 장점

중소기업에서의 중도 채용은 다음과 같은 장점을 충분히 살리도록 해야 한다.

① 취사 의식(회사의 이름으로 입사한다)의 저하, 전직에 대한 저항감의 감소, 신규 졸업자 미스 매치로 인한 입사 조기 퇴직자 증대 등 인재의 유동화가 증진되어 중소기업에서도 일류 인재를 채용할 수 있는 기회가 확대되어 가고 있다.

② 타사에서의 교육, 사회 경험, 직무 경험이 있기 때문에 교육을 일부 생략할 수 있다(교육 기간의 단축화).

③ 관리직, 전문직 등 필요한 직종, 직위의 인재를 수시로 채용할 수 있다.

④ 필요한 자격이나 직무 수행 레벨을 지정하여 그것에 맞는 경험자를 채용하기 때문에 즉시 활용할 수 있다.

⑤ 자사보다 선진 기업에서 일하던 사원을 채용함으로써 타사의 선진 정보, 노하우를 도입할 수 있고, 기존 사원의 능력 개발에도 활용할 수 있다. 외부의 이질적인 인재의 도입에 의해 기존 사원에게 자극을 주고 조직의 활성화와 체질의 강화를 꾀할 수 있다.

⑦ 사업 활동의 원천인 필요한 인재를 적절한 시기에 수시로 채용할 수 있어 여러 사업에 참가할 수 있는 기회가 주어질 수 있다.

• 중도 채용의 단점

중도 채용에는 일반적으로 다음과 같은 단점도 있다. 그러므로 중도 채용을 실시하는데 있어서는 효율적인 모집 활동, 능력, 인물을 정확하게 통찰하기 위한 면접 전형 방법, 채용 초기 임금의 조정 준비, 입사 후의 교육, 배치 계획, 정착 대책 등을 사전에 검토하여 정비해 둘 필요가 있다.

① 급여 등의 처우, 승진 면에서 기존 사원과의 조정이 어렵다.
② 전 회사의 업무 습관이 쉽게 없어지지 않아서 관리·교육 면에서 곤란한 점이 많다.
③ 채용 코스트가 신규 사원보다 높다.
④ 신규 졸업자와 같이 신중하게 채용하지 않으면 잘못하여 부적임자를 채용하는 경우가 있다.
⑤ 전직에 익숙해져 있는 사람이 많아 정착률이 일반적으로 나쁘다.

2. 중도 채용 계획

결원이나 증원의 필요가 생기고 나서 중도 채용 계획을 세워 모집 채용에 착수하면 채용까지의 기간 동안 경영 활동에 지장이 생긴다. 경영 계획을 확실하게 달성해 가기 위해서는 다음 도표에 명시한 것과 같이 시계열로 장기 경영 계획에 대응하는 사원의 질과 양의 계획이 필요하다. 사원 20명 이하 정도의 규모에서 직무나 직위가 많지 않은 기업에서는 각 표를 작성할 필요는 없지만 계획표의 항목 사항에 대한 시점은 필요하다.

연차별 인사 실적 계획표

항 목	계산별	실 적			계 획			실적
		현인원	연간	실제수	근무량			근무량
					현인원	연간	실제수	
연간 가동 일수								
연간 가동 인원수								
A 소정내 노동 시간								
B 소정외 근무 시간								
C 파트 노동 시간	A+B+C							
D 총노동 시간								
E 연간 마켓 사원수								
F 당기 신규 채용수								
G 당기 중도 채용수								
H 채용 합계	F+G							
I 당기 퇴사수								
J 당기 마켓 사원 재적수	E+H-I							
K 전기말 파트 인원수								
L 당기 파트 채용수								
M 당기 파트 퇴사수	K+L-M							
N 당기말 파트 재적수								
O 재적 파트 재적수	J+N							
P 연간 예상액								
Q 연간 예상 총이익								
R 연간 총인건비								
S 연간 급료 합계								
T 1명당 연간 예상액	R÷O							
U 1명당 연간 예상 총이익	Q÷O							
V 1명당 연간 총인건비	R÷O							
W 1명당 급료 합계	S÷O							
X 1명 시간당 연예상액	P÷D							
Y 1명 시간당 예상 총이익	Q÷D							
1명 시간당 총인건비	R÷S							
1명 시간당 급료 합계	S÷D							
Z 노동 분배율	V÷U							

(주) 파트 타임의 사원 환산 인원수 = 파트 인원수 × 파트 1명 당 1일 평균 근무시간/사원 1명 당 1일 평균 근무시간 = 1명 당 1일 평균 근무시간

연차별 인원·인건비의 실적·계획표

구분			항목	계산방법	실적					계획					
					연간	연간	실적난	연간	실적난	연간	실적난	연간	실적난	연간	실적난
기존인원	정사원		재적수												
			인건비 총액												
			1인당 인건비												
			급료 총액												
			1인당 급료												
	파트		재적수												
			인건비 총액												
			1인당 인건비												
			급료 총액												
			1인당 급료												
	합계		재적수												
			인건비 총액												
			1인당 인건비												
			급료 총액												
	급료 인건 배율														
기중채용인원	정기채용	고졸	채용수												
			초임급액												
			급료 총액												
			인건비 총액												
		대졸	채용수												
			초임금액												
			급료총액												
			인건비 총액												
	중도채용	부서장	채용수												
			평균 급료액												
			급료 총액												
			인건비 총액												
		과계장	채용수												
			평균 급료액												
			급료 총액												
			인건비 총액												
		일반	채용수												
			평균 급료액												
			인건비 총액												
			채용수												
		파트	채용수												
			평균 급료액												
			급료 총액												
			인건비 총액												
	합계		재적수												
			인건비 총액												
			1인당 인건비												
			급료 총액												
	급료 인건 배율														
증가분	정사원		재적수												
			인건비 총액												
			1인당 인건비												
			급료 총액												
	파트		재적수												
			인건비 총액												
			1인당 인건비												
			급료 총액												
	합계		재적수												
			인건비 총액												
			1인당 인건비												
			급료 총액												

인재 조사 계획표

작성 : 년 월 일

부서	5년 후의 필요 직종	장래의 직능 헤이트 축소, 확대, 신규	현재의 담당별 (성별) 담당도 (시간 배분율, 인원 환산 합계)				5년 후의 필요수 인원 환산	인재 부족수			조달방법 = 이동예정수, 공모소개우드			확보방침	
			과차장	과계장	담당	인원환산		부서장	과계장	담당	부서장	과계장	담당	우선도	긴급도
개발	신제품 개발 정보수집연구	축·확·신		△△△ 0.5	△△△ 0.5	1.0	7	1	2	4	내부	1 내부	2 외부	A	B
				△△△ 0.5	××× 0.5	1.0	3		1	2		1 내부	1 외부	B	C

조달방법 : 내부조달 = 이동, 승격 등용. 관계회 파견 승낙, 정년 재고용, 중도퇴자 재고용
외부조달 = 신문, 구인지 공모, 헤드헌팅(head hunting). 또는 인재 소개업

1. 요원 계획 기본 방침의 검토

젊은층의 노동력은 1993년을 피크로 하여 그 후에는 감소가 계속되므로 중소기업이 원활하게 신규 사원을 채용해 가기가 점점 어렵게 되어 간다.

또한 중도 채용 노동 시장도 대기업뿐만 아니라 중소기업까지 합세하여 인재 획득 경쟁을 전개하기 때문에 통상적인 인재 모집 활동으로 사원을 채용할 수 있는 확률이 매우 낮아져 가고 있는 실정이다.

이같은 노동 시장에서 자사의 인재 필요성을 충족시켜 가기 위해서는 확고한 자사의 구인 마케팅 전략을 세워가지 못하면 계획대로 인재를 확보하기가 어려울 것이다.

자사의 구인 마케팅 전략은 다음의 도표와 같은 플로로 증원이 필요한 자사의 내부 여건을 분명히 하여, 인재 획득 경쟁이 심한 시장에서 어떻게 접근해 갈 것인가를 구성해 가야 한다.

2. 인원 증가 계획

중도 채용에 의해 인원을 증가시키면 자연발생적으로 인건비도 증가한다. 그러므로 인원 증가를 가져오는 규모 확대 계획에는 생산성 지향 계획과 이익의 향상 계획을 포함시킬 필요가 있다. 그러기 위해서는 도표에 의거하여 과거의 인사 실적을 분석한 다음 인원 증가 계획과 경영 효율 향상 계획을 일체화시킬 필요가 있다.

1) 소규모 기업에서 중도 채용 계획을 결정하려면 먼저 중·장기적인 경영 계획과 대응하는 요원 계획을 체크할 필요가 있다. 소정 요원수의 산출 방법에는 직장별, 직종별로 필요 인원을 쌓고 인건비율에서 가능 요원수의 산출, 생산성 면에서의 요원수 산출 등의 방법이 있는데 소규모 기업에서 요원수의 총규모 결정은 생산성을

인원 증가 계획 기본 방침의 검토에서 모집 계획까지의 흐름
인원 = 요원(현업 일반직) + 인재(스쿨 한정 관리직)

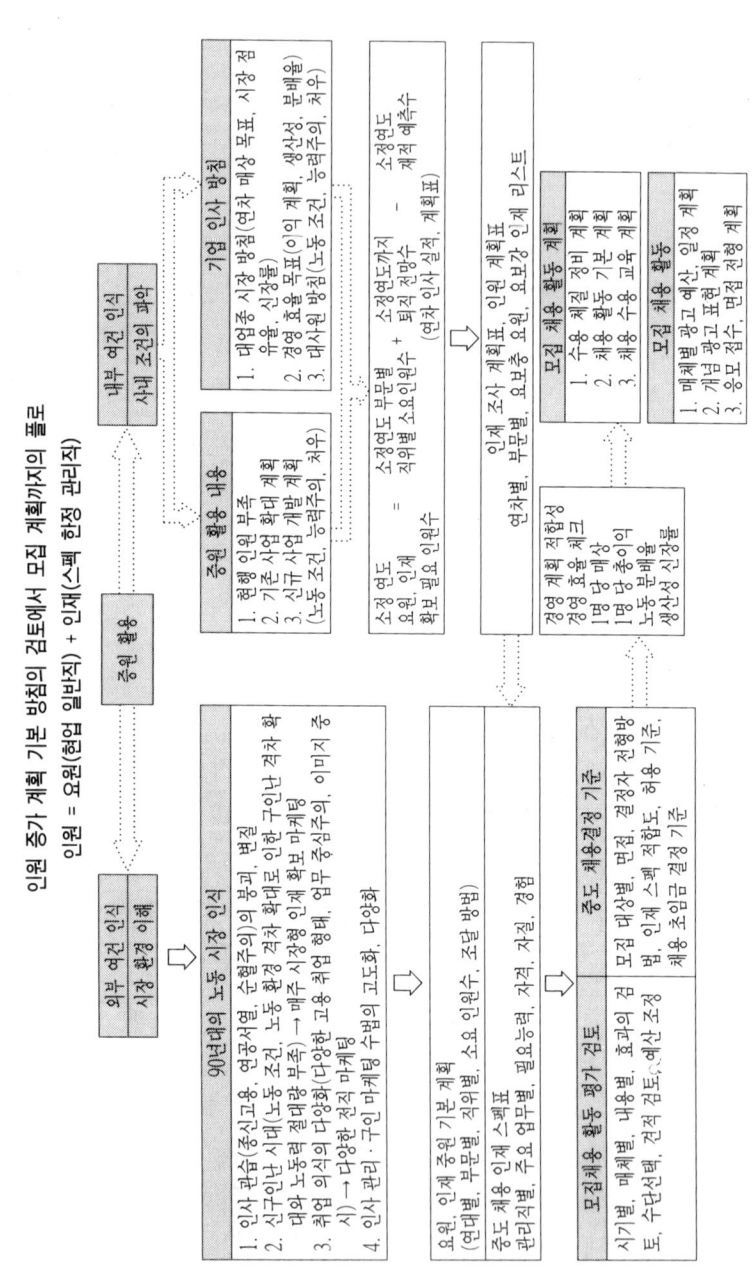

예:당년의 사원수 25명, 생산고 28억원, 다음 해의 계획 생산고 35억원 예정, 생산성의 향상 계수는 인건비의 신장률을 흡수할 수 있는 비율을 목표로 연 7% 향상시켰을 때 다음 연도의 총 요원수는 다음과 같이 산출한다.

▶ 다음 해의 총 요원수

$$= \frac{\text{다음 해의 계획 생산고}}{\dfrac{\text{당년 생산고}}{\text{당년 요원수}} \times \text{향상계수}} = \frac{35억원}{\dfrac{28억원}{25명} \times 1.07} ≒ 28명$$

28명 - 25명 = 3명(신규 사원자의 채용 예정이 없으면 중도 채용에서 3명을 채용하게 된다)

기준으로 산출하면 좋다.

2) 사원수가 30명 이상 되는 규모로써 신규 사원이나 중도 채용을 실시하고 있고, 파트 타임도 상당수 고용하고 있는 기업에서는 연차별 인사 실적 계획표와 같은 형식으로 과거의 각기 내역 실적을 검토하여 1인당 효율, 생산성의 향상 실적을 목표로 요원수의 계획을 세울 필요가 있다. 인원수가 결정되면 인건비 총액, 1인당 인건비도 설정할 수 있으므로 연차별 인원, 인건비의 실적, 계획표에서 채용 종류별, 직위별의 개별 인건비의 총액을 조정한다.

3) 확보해야 할 인재의 질 조사와 계획은 인재 조사 계획표로 앞으로의 필요도를 늘리는 직무, 직능마다 소정 연도의 필요 인원을 계획하고 직위마다 현재 인원을 제하고 소요 인원수를 산출한다.

이어서 직위마다의 인재 부족수 중 소정 연도까지 사내의 기준 사원의 육성, 이동으로 조달되는 사내 조달 전망수를 결정한다. 사내에서 조달할 수 없는 인원수는 외부에서 공모, 스카우트 등으로 조달한다. 인재 확보의 우선도, 긴급도를 분명하게 해두고 채용 활동의 지침으로 삼는다.

승격, 이동 등으로 조달된 인재 체크는 개인별 경력 관리표나 자기 신고서, 인사 고과 기록에 의해 이루어지지만, 이 계획표 작성에 있어서는 지금까지의 인재 평가에만 구애되어서는 안된다. 과거에 별로 좋은 평가를 얻지 못하고 있는 인물의 재평가를 실시, 약간의 위험이 있더라도 소정 기간의 근무 교체나 교육에 의해 육성 배치할 계획을 세우는 것도 필요하다. 통상적으로 일정한 규모의 기업이 되면 필요한 인재는 부족하지만 인원수 외로 채용할 인원도 몇 사람 정도는 필요하기 때문이다.

3. 중도 채용의 목적과 채용하는 인재 타입

중도 채용의 목적은 다음과 같이 세 가지로 나누어지며 각각 그 목적에 따라 요구되는 인재의 타입과 채용 경로가 다르다.

1. 인원 보충형 중도 채용

신규 사원이 예정대로 채용되었지만 퇴직자가 나와 결손이 생기거나, 경영 계획상의 수정으로 인하여 인원이 맞지 않는 등 일반직의 일손 보충 채용 제도이다.

이 유형에서 요구되는 인재는 기존 업무의 경험자, 미경험자, 현업 감독자 레벨의 인원 확보가 중심이다. 구인 대상은 외부의 광범위한 구직자가 중심이지만 기존 사원의 소개자, 기존 파트 타임이나 아르바이트 사원 등용, 이전에 고용했던 주부나 파트 타임의 재고용 등에도 중점을 두어야 한다.

모집 방법으로는 각종 광고 매체를 이용하여 일반적으로 모집하는 경우가 가장 많다.

2. 경영 혁신형 중도 채용

외부의 경제 환경의 변화, 사회 환경의 변화, 급속한 기술 혁신에 대한 대응과 경영 내부의 합리화의 필요에서 새로운 기계, 컴퓨터의 도입, 기획부의 신설 등 인재로는 처리할 수 없는 업무가 발생되었을 때 새로운 직무를 담당할 인재를 채용하는 제도이다.

이 유형의 구인 대상은 동업 또는 다른 업종에서의 채용, 동일 직종의 업무 경험을 보유한 사람이면 된다.

담당 업무가 경제 환경 등의 변화에 대응하여 창조적으로 경영 혁신을 이루어 가는 일이기 때문에 담당 직무에 대해서는 일단 전문가이지만, 넓은 각도에서 사물을 볼 수 있는 타입(일전문 다능형), 학력에 구애되지 않고 상업적인 재능이나 지혜가 뛰어난 타입, 완만한 사고를 지닌 크로스오버(crossover)형 등의 인재를 찾도록 노력할 필요가 있다. 또 경영 혁신의 원동력이 되어 가는 인물이라는 관점에서는 톱이 소유하고 있는 혁신 비전에 공명한 인물인지 아닌지도 중요하다.

이 타입과 다음에 말하는 3의 타입은 관리직 이상의 위치로써 기업의 장래를 결정할 인재이므로 4와 같은 보강 인재 스펙표에서 요구되는 인물상을 명확히 해둘 필요가 있다.

채용 방법은 일반적으로 공모가 중심이지만 공공, 민간 인재 은행, 스카우트 등을 병용한다.

3. 확대 발전형 중도 채용

공장이나 지점의 신설 등 기존 사업 분야를 확대할 경우의 중도 채용은 책임자나 경영층에서의 인재 보강이기 때문에 사전에 경력이나 능력, 실적 등의 인물 프로필을 세부적인 면까지 파악하여 채용한다.

특히 톱의 경영 방침에 대한 공감도의 체크는 중요하다.

반면, 신규 사업 분야로 진출할 때의 사업 부문의 책임자나 프로젝트, 리더를 채용할 때는 실무에 관해 폭넓은 전문적인 지식을 가지고 있으며, 확실한 실적을 올리고 있는 사람을 찾아 채용해야 한다. 능력의 평가는 구체적인 각 업무의 수행 능력 레벨 조사에 기인할 필요가 있다.

아무튼 경영층의 인재이기 때문에 첫째, 탐구심·향상심이 강하고 적극적이며 자기 혁신 능력이 있는 인재이어야 한다. 둘째, 실행력이 왕성하며 셋째, 독창성이 풍부한 인재일 필요가 있다.

채용 경로는 거래업자, 은행원이나 아는 사람의 소개 등에 의한 케이스가 많지만, 효과가 좋은 것은 민간 인재 은행이나 인재를 스카우트 하는 것이다.

이런 타입의 인재는 타사에서 확실하게 실적을 올리고 있는 경영층의 인재이므로 필요할 때 금방 발견되는 것이 아니다. 신규 분야로의 진출을 검토하는 단계에서 인재 찾는 일에 착수해야 할 것이다.

4. 보강 인재 스펙트

사업의 대폭적인 발전으로 말미암아 필요하게 된 인재는 구체적으로 인사를 담당할 부장직처럼 직무와 직위로 나타나게 되는데, 각각의 직무와 직위에 요구되는 능력과 바람직한 자질은 각양각색이다. 또 확대해야 할 인수나 직위 그리고 시기에 따라 다르다.

이들을 인재 조사 계획표의 보충이 필요한 직무 단위로 명시해 가는 것이 중도 채용 인재 스펙표이다.

자사에 맞는 인재를 필요한 시기까지 채용해 가려면 이 스펙표의 조건을 기본으로 모집 광고의 작성에서 면접까지 일련의 모집 채용 활동을 실시할 필요가 있다.

▶ 다양한 고용 · 취업 형태에 따른 중도 채용자의 고용

　중소기업이 필요한 인재를 필요한 시기에 채용하려고 해도 자사의 취업 규칙, 임금 규정의 테두리 안에서만 정규 사원을 채용하려고 하면 상당한 무리가 발생하게 된다. 그러므로 직종이나 일할 사람 측의 상태를 고려해 주어야 하며 다양한 고용 · 취업 형태의 채용을 검토해 볼 필요가 있다. 구인 마케팅 관점에서는 응모자나 취업 희망자가 바라고 있는 취업 조건을 자사에서 실시하면 어떻겠는가를 검토하고, 가능하다면 종래 자사에서 실시하고 있지 않던 새로운 고용 계약이나 취업 형태를 연구한다. 연구할 내용은 정시 → 플렉스 타임, 고용 → 청부, 출사 → 재택, 무기한 → 유기, 장기 → 단기, 장시간 → 단시간 등이다. 또한 기존의 사내 관리직 명으로 채용이 어려운 관리직에는 추진 담당이나 조사 담당이라는 새로운 호칭을 만드는 것도 필요하다.

4. 중도 채용자의 모집

1. 구인 방법의 선택

　일반적인 구인 직종별로 효과적인 구인 방법과 그 실적은 다음의 도표와 같다.

　공공 직업 안내소, 민간 인재 은행, 민간 인재 알선 회사에서는 각각 이용 안내를 하고 있으며, 신문이나 그밖의 광고 매체는 발행 부수, 독차층, 구인 광고에 관한 데이터 등 자세한 자료를 준비하고 있으므로 발행처나 광고 대리점을 통해 입수하여 연구 평가한다.

　각각 장단점이 있으므로 목적에 따라 구별하거나 필요에 따라 이용할 필요가 있다.

　여기에서는 현업의 일반직 사원을 요원, 관리직 이상의 인재와 구별하고 있지만 각각 적절한 구인 방법과 특징은 다음과 같다.

중도 채용 인재 스펙표(보강이 필요한 인재의 프로필) 기입 예

부서	직위	주요 업무	필요 능력 자격	바람직한 자질의 타입	직종	연령	당년	3년 후	5년 후	조달 우선도	조달방법
인사	부 장	인사 계획 모집 채용·계획 교육·훈련 기획	임금 사회 보험 교육 훈련	명랑, 공정 실시, 안정 신중성	동기, 관리직	~50	1			A	스카우트 공모
	담 당	급여, 노무			미경험	~40	1	2	3	C	공모, 이동
기획	부 장	사업 전략 중기 계획	신규 사업 시스템 재무제표	시스템 사고 넓은 시야 유연한 사고	유통업 재무 관리직 마케팅	~45	1			B	스카우트 공모, 인재
	과 장	판촉 기획 점포 개발 조성	정보 수집 분석	표현성	마케팅 개발	~35		2	2	C	공모, 인재
영업	본부장	점포 운영 지도 경영 관리	관리 회계	비전성 지도성 공감성	영업 관리직	~45		1		B	이동 스카우트
	제 장	점포 운영	계수 관리	행동력	점포 영업 책임자	~30	1	1		B	공모, 이동

1) 요원 · 인재의 전반적인 구인에 적합한 방법

• 공공 직업 안내소의 특징

전국에 약 480개 가까이 있으며 사업체의 소재지에 의해 관할 직업 안내소가 정해진다. 구인, 구직 모두 무료로 소개해 주며 지방의 직업 안내소에도 구인 의뢰를 할 수 있다.

일반직의 채용에는 대체적으로 확실성이 높지만 한 사람의 구인에 대하여 한 사람의 구직자밖에 소개받을 수 없으므로 많은 구직자를 비교하여 선택할 수가 없다(채용하지 않을 경우 이어서 다음 사람을 소개해 준다).

• 신문 구인 광고의 특징

중앙지를 이용하여 전국적으로 구인을 모집한다. 또 중앙지의 지역판, 지방지를 이용하여 한정된 지역의 모집을 할 수가 있다.

일반지 이외로는 비즈니스맨, 관리자에 대해서는 경제지나 공업지, 현업직, 음식, 미용 관계에 대해서는 일반적으로 스포츠지, 오락지 등이 효과적이며 한정된 독자를 선택하기 쉬운 것이 특징이다.

신문의 지명도는 사회적인 신용에 따른 신뢰감이 있고 매일 배부되므로 속보성, 확실성이 높다. 그러나 지면당 코스트가 높기 때문에 한정된 지면에 한정된 정보밖에 실을 수가 없다. 구직자는 한정된 정보에서 선택하게 되므로 기업의 지명도나 급료로 응모하는 경향이 많아서 중소기업으로서는 반드시 유리한 매체라고 할 수 없다.

• 구인 정보지의 특징

대도시권을 중심으로 하는 대형 구인지는 발행 부수가 많고 구직의 의사를 가지고 있는 사람이 대금을 지불하고 구입하기 때문에 주목률 · 숙독률 · 회독률이 높다. 또 광고 지면당 코스트가 일반적으로 낮기 때문에

효과적인 구인 방법과 구인에서 채용까지의 소요 시간의 기준

	관리직	기술직	사무직	생산·판매	파트·아르바이트	구인 소요 기간 목안
직 업 안 내 소	O	O	O	O	O	15일 이상
공 영 인 재 은 행	O	O				1개월 이상
인 재 알 선 회 사	O	O				1개월 이상
신　　　문	O	O	O	O	O	3~7일
구 인 정 보 지	O	O	O	O	O	15~30일
전 단 · 옥 외 광 고			O	O	O	5~10일
스 카 우 트	O	O				수시·장기
비　　　고	O	O	O	O	O	수시·장기

중도 채용자 및 파트 타임 노동자의 채용 경로　　　(단위 : %)

직종	채용한 기업	공공직업안정소、국가의 (인재은행、파트뱅크)	민영직업소개소	헤드헌팅 (인재를 스카우트하는 것)	거래처의 관련기업 소개	등의 관계하고 있는 경제단체、소개	업계 등의 소개	대등학、연구소 등의 교수 소개·연고(사원의 친구)	아는 사람의 소개	구인광고、전문정보지	벽보、전단	기타	회답이 없는 기업
중도채용자 계	100.0	53.2	5.1	2.8	16.5	1.4	2.4	51.3	43.5	37.1	7.4		1.2
관 리 직	100.0	22.0	10.4	8.6	30.1	3.0	1.2	27.9	15.5	3.1	9.0		5.3
사 무 직	100.0	44.0	4.9	0.8	9.2	0.8	1.9	32.9	36.8	6.7	2.8		4.5
기 술 직	100.0	30.8	8.1	4.0	19.2	1.0	6.4	31.5	38.8	5.5	4.8		6.1
현 업 직	100.0	52.2	2.8	0.8	8.5	0.7	0.4	47.2	40.3	19.2	5.7		2.2
파트 타임 노동자	100.0	36.7	2.5	0.2	3.4	0.3	0.7	37.6	41.6	37.3	4.6		5.5

자료: 노동부 '고용 관리 조사 결과 속보(1989년)'　　(주) 복수회답

자세한 정보를 실을 수 있다. 반면, 페이지 수가 많고 게재 건수가 많기 때문에 동일 지역, 동일 직종의 구인이 경합하게 되므로 광고 표현의 잘 하고 못함, 구인 조건의 상대적 고저로 광고 효과에 커다란 차이가 나는 경향이 두드러진다.

구인 대상은 대개 전직에 마이너스 이미지를 가지고 있는 20~30대에 한정되므로 중급 이상의 관리직의 구인으로는 적합하지 않다. 또 대도시권 중심의 매체이므로 지방의 중소기업에게는 적합하지 않는 매체이지만 U턴, J턴 구인에는 적합하다.

• 신문에 끼워 넣는 전단

전단 광고는 자사가 소재하는 신문 판매점 지역의 판매 부수를 최소 단위에서 용지의 사이즈, 내용 실시 시기를 자유롭게 결정할 수 있으므로 중소기업으로서는 가장 적합한 매체이다. 그 밖에 10여 개 회사의 구인 광고를 모아 전문 회사가 발행하는 합동 구인 전단이 있는데, 이것은 원고 내용을 발행 회사에게 알려 게재 신청을 할 뿐, 인쇄나 끼워 넣는 일을 할 필요가 없다. 간단한 매체로 이용하기는 편리하지만 내용이나 표현에 있어서 안이하게 되기 쉽다. 문의나 응모 접수에 대한 체제가 갖추어지지 않을 우려가 있으므로 유의할 필요가 있다.

2) 요원 구인에 적절한 방법

• 기업 세미나, 기업 활동 설명회

기업 세미나는 대기업이 실시하는 회사 설명회와 비슷한 것으로 졸업 예정자가 흥미를 갖는 사회 생활이나 기술 정보 등을 테마로 강연이나 파티를 열어 기업의 PR을 하므로써 구직 후보자를 모아 참가자 리스트를 근거로 하여 모집 활동을 전개하는 것이다. 중소기업에서는 단독 또는 동업 조합 단위로 개최하는 경우가 많다.

 기업 합동 설명회는 적절한 직업 전시회 등의 명칭으로 폭넓은 구직자를 모두 모으는 집단 구인 이벤트이다. 구인 광고를 취급하는 광고 대리점, 신문사, 중소기업 단체 등이 주체가 되어 10여개 사의 구인 기업을 한 회장에 모아 매스컴 광고, 교통 광고 등으로 구직 희망자를 초대하여 그 자리에서 기업 설명, 응모 면접을 실시하는 방법이다.

 구인 기업과 구직자 쌍방에 있어서 대폭적으로 시간을 절약할 수 있는 편리한 수법이다. 출전(참가)시의 유의점은 많은 사람이 한번에 많은 기업을 비교하므로 기업 설명 자료나 모집 조건 등에 자사의 특징과 유리한 점을 확실하게 주장해 둘 필요가 있다. 또 면접자로는 자사의 모든 면에 대하여 자세히 설명할 수 있는 화술이 뛰어난 사람을 배치해 두어야 한다.

 • 연고자 소개 등에 의한 구인

 소개나 구인 광고처럼 불특정한 다수의 사람을 향하여 구인하는 것이 아니라, 업종이나 능력에 대하여 어느 정도 정보가 파악된 특정한 개인을 대상으로 채용하는 것을 전제로 구인하기 때문에 신중함과 기술을 요한다.

 중소기업에서 스카우트할 경우에는 거래처나 금융 기관 등으로부터 인재 정보를 얻어 경영자나 인사 담당자가 시간을 투자하여 직접 적극적으로 임하는 방법을 취한다.

 연고 소개는 인물 중심이어서 정에 사로잡히기 쉬우므로 반드시 능력이나 적성에 대하여 시험해야 한다. 시험, 면접 결과에 따라 채용하지 않을 수도 있다는 것을 확실히 밝혀 두고 소개받도록 한다.

• 간판, 포스터의 특징

기업의 소재지나 가까운 역 등의 게시판에 게시하는 것으로 비교적 낮은 코스트로 반복 게시할 수 있으며, 특히 현장직의 구인에 적합하다. 허술한 상태로 너무 오랜 기간 게시하면 이미지에 손상이 오기 때문에 주의를 해야 한다.

• 기타 매체에 의한 구인

텔레비전, 라디오, 주간지, 전문지 등의 매스 미디어가 있지만 대상 지역이 광범위하고 코스트가 높기 때문에 일반적으로 중소기업에서는 이용하지 않는다. 그러나 집중적인 모집 캠페인을 할 때에는 주된 모집 광고를 측면에서 이미지 업 시키는 수단으로써 매스 매체나 교통 광고를 이용하는 것도 효과적이다.

3) 인재 구인에 적절한 방법

• 공영 인재 은행의 특징

공영 인재 은행은 직업 안내소의 내부 조직이므로 비용은 무료이며, 40세 이상의 관리직, 30세 이상의 기술직, 전문직에 한정되어 소개를 해준다.

• 민간 인재 은행(직업 소개 회사)의 특징

민간 인재 은행의 비용은 유료로써 한정된 24개 직종의 인재 소개를 해주는 노동부 장관의 허가를 받은 기관이다. 이곳은 특히 관리자와 과학 기술자의 이용이 많은 편이다.

구인측, 구직측 모두 중간에 한 단계를 두기 때문에 많은 사람을 상대로 직접 면접하지 않아도 상대방의 자세한 정보를 파악할 수 있다.

구인 매력도 체크표의 기입 예

항목	기업의 이미지		대우 조건		직종 노동 조건	
평점 합계	[6점]		[3점]		[5점]	
내용 (네 항목의 평가를 합계하여 평점으로 한다)	지명도 (1점)	회사명, 제품명이 알려져 있다 / 화제성이 있는 일을 하고 있다	임금 수준 (0점)	동업지역 수준보다 높다 / 고정 월급제	근무지	도시 중심부에서 가깝고 교통 편리
		전혀 알려져 있지 않다 / 예스러운 회사명이다		동업지역 수준보다 낮다 / 일급제, 시급제	(2점)	지방 교외로 역에서 멀다 / 통근 사정이 나쁘다
	사업 내용 (2점)	성장 업종에서 경쟁력이 강한 상품이 있다 / 제품, 시장 개발력이 있다	상여 수준 (0점)	연간 4개월분 이하	직종	신직종, 전문 직종이 있다 / 위험, 힘든 일, 지저분한 일은 전혀 없다
		하청 수주 50% 이상 / 업적은 보합 상태, 쇠퇴업종		연간 4개월분 미만	(1점)	서서 일함, 무거운 짐 운반, 야근, 교대제가 있다
	규모 (1점)	정규 사원 30% 이상 / 업계 평균 매상 보다 상위	승급 실적 (1점)	년 1회 이상 직능 자격 등급에 의해 승급 / 승급률은 보통 이상	직장 환경 (1점)	직장은 밝고 깨끗하며 능률적, 사원의 정착률이 좋다
		정규 사원 10명 이하 / 동업자 중에서는 소규모		평가 승급 제도 없음 / 승급률은 보통보다 낮다		지저분한 일이 있다 / 고령자가 많다 / 정착률이 좋지 않다
	장래성 (2점)	업적 신장률이 좋고, 장기적인 계획이 확정되어 있다 / 평균 연령 35세 이하	가족 수당	가족, 주택, 교통비 전액, 관리, 식사비 등이 있다	전근	전근은 없다. / 전근 경우에는 사택 제공
		업적 신장률이 낮다. / 장기적인 계획은 없다 / 평균 연령 45세 이상	(2점)	교통비는 일정 한도내에서 지급 / 그밖에 한가지 수당	(1점)	전근 있다

(주) 1. 상기 내용은 일반적이므로 업종, 지역 등에 따라 설정하는 것이 필요

2. 각 항목은 모두 1991년 수준이다.

(점수는 상단이 높다=2점, 하단이 나쁘다=0점, 어느 쪽이라도 할 수 없다=1점)

노동 시간, 휴일		복리 후생		모집 활동	
[4점]		[4점]		[4점]	
노동시간 (2점)	소정 근무 시간 1800시간 미만 잔업 1개월 10시간 이내	사회보험 (1점)	의료보험, 후생, 고용, 산재 모두 실시하고 있다	광고매체 (0점)	공공 직업 안내소에서는 항상 구인하고 있다 매체는 두 가지 이상 병용하고 있다
	소정 근무 시간 2000시간 이상 잔업 1개월 20시간 이상		실시하고 있는 것은 두 가지 이하		사원 모집을 위해 어떤 광고를 낸다
연간휴일 (2점)	연간 95일 이상 주휴 2일제를 월 2회 이상 실시	후생시설 (2점)	기숙사, 사택, 주택 임대 보조가 있다 몇 가지 후생시설이 있다	광고규모 (1점)	모집 실시 기간에 매체를 집중시켜 연간 계획 하에 실시하고 있다
	연간 65일 이하 평상시 주휴 1일 이하		특별한 것은 없다		비용이 들지 않는 것을 선택하여 실시하고 있다
유급휴가 (0점)	최고 20일 소화율 65% 이상	복리제도 (1점)	제복 대여, 식당 또는 식사 보조가 있다 오락·휴식 시설이 있다	광고표현 (2점)	전문가에게 원고 작성 의뢰, 실시 정도, 반응과 비용을 평가 뭔가 재치있는 아이디어를 내세운다
	소화율 35% 이하 운용이 불명확		제복 대여만 한다		가사에서 시간과 조건에 맞추어 만들고 있다
취업형태 (0점)	플렉스 타임제(자유 시간 근무제) 노동 시간제, 재택 근무 등 활용	보장제도 (0점)	보상금, 표창, 성과 배분 제도가 있다 사원 지주 제도가 있다	응모접수 (1점)	접수 책임자가 항상 대기 프리다이얼, 보이스 메일, 응모 등록제 등 실시
	상기 제도를 채용하고 있지 않다		특별히 실시하고 있는 것은 없다		채용 담당이 수시로 대응 부재시 대행자는 없다

• 인재 스카우트

인재 스카우트란 마크된 인재와 직접 접촉해서 채용하는 방식이다. 앞의 민간 직업 소개 회사나 간부 스카우트 전문 회사가 법정 외의 인재 서비스 사업으로써 실시하고 있으며, 입사시 연봉의 30% 내외의 성공 보수로 마크한 인재의 스카우트를 해준다. 비용은 성공 보수의 소개료 외에 조사비, 컨설턴트료, 착수금 등의 명목으로 상당히 많이 소요된다.

사전에 타깃할 인물에 대한 정확한 정보를 파악하여 자사에 적절한 인재인지를 확인해 두는 것이 중요하다.

2. 모집 광고의 계획

1) 자사의 구인 매력도 체크

오늘날처럼 구인 경쟁이 치열한 시대에는 대부분의 기업이 계획대로의 채용이 불가능하다고 해도 과언은 아니다. 중소기업에서는 구인 광고가 전혀 효과가 없다고 하는 경영자가 많은데도 불구하고, 그 원인을 파악하고 대책을 강구하는 기업은 적다.

구직자는 모든 매체를 통하여 매일 홍수처럼 밀려드는 구인 정보를 객관적으로 그리고 냉정하게 선별하고 있다. 그런 속에서 자사에 적합한 구직자에게 자사의 구인 정보를 발견하게 하고 이 회사에 응모해 보자고 결단케 하려면 상당한 노력과 연구가 필요하다.

가령 커다란 지면을 사용하여 광고가 눈에 띈다고 해도 기업의 이미지가 나쁘거나 근무 조건이 보통 회사들보다 크게 떨어지게 되면 응모자를 모을 수가 없다.

자사의 구인 활동에 충분한 성과를 올리지 못하고 있는 기업은 구인 매력도 체크 표에서 자사의 구인 조건 중에서 어디에 문제가 있는가를 체크하고 문제점에 대한 개선책을 강구하고 나서 구인 활동을 해야 할 것이다.

중소기업이 어느 항목에서나 2점을 얻기는 어렵지만 어떤 항목에 있어서나 평균점에 가까이 가도록 노력하면서 동시에 한 두 가지 항목에서는 뛰어난 조건을 만들어야 한다.

모든 조건을 평균점에 가깝게 하거나, 도저히 평균에 다가갈 수 없는 부분을 메워 갈만한 획기적인 사항을 만들지 않으면 아무리 큰 광고를 내봐도 효과를 올리기는 어려운 일이다.

▶ 도표의 기입 예에 있어서 각 항목의 평점을 구인 매력도 레이더 차트에 플로트한 것이 아래의 도표이다. 이 예시 기업의 경우, 기업 이미지는 고평가이지만 대우 조건은 저평가이다. 그러므로 임금, 상여금 등의 대우 조건을 개선하거나 또는 당면 복리 후생, 노동 시간 등의 면에서 획기적인 사항을 만들도록 해야 한다.

구인 매력도 레이더 차트(기입 예)

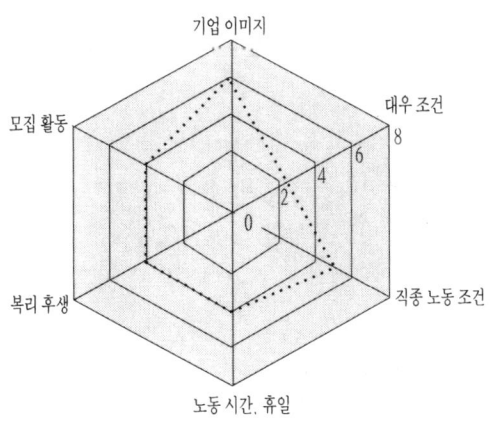

2) 효과적인 모집 광고

효과적인 모집 광고란 응모자, 채용자 1명 당 소요되는 모집 광고비가 상대적으로 낮은 경우를 가리킨다.

모집 광고를 실시할 때마다 모집 내용과 매체, 실시 기간, 문의 건수, 응모수, 채용수를 기록하고 다음 도표의 형식으로 정리해 두면 자사의 과거 구인 활동 효율을 비교 참고하여 실시 기간마다 효율적인 구인 활동 계획을 세울 수가 있다.

또 광고 대리점이나 매체 발행원은 표현이나 실시 기간, 지면 등의 조건에 의한 효과의 차이를 조사한 데이터를 가지고 있으므로, 이것들을 입수하여 자사 구인 광고의 상대적인 효과를 비교할 필요가 있다.

구인 광고를 했을 경우 사람이 모이는 방법은 각 직종에 따라 크게 다르다. 예를 들면 컴퓨터 계통과 같이 절대적으로 사람이 부족한 직종에서는 지면을 많이 차지하는 대형 광고를 내어도 응모자에 대한 채용 비율은 아주 낮다는 사실을 사전에 알아둘 필요가 있다.

3. 구인 광고, 모집 조건의 포인트

1) 구인 광고(신문, 구인지, 전단 등 문서 모집의 경우)

• 매체의 선택 —— 광고 예산, 구인 대상 (직종, 연대, 성별)과 독자층, 통근권과 배포 지역, 고지 내용과 지면의 적합성을 체크한다.

• 게재 시기 —— 구인하는 직종의 휴일 게재가 효과적이지만 신문에 끼워 넣는 방법은 되도록이면 토·일요일에는 구인 이외의 끼워 넣기 전단이 집중되기 때문에 피한다. 특히 젊은층을 채용하려면 일반적으로 신규 졸업자의 이직이 많은 5~6월에 게재한다. 많은 인원의 채용을 계획하고 있을 때는 직장을 옮기려고 생각하고 있는 사람을 빨리 캐치하기 위해서 '입사일 상담', '인재 등록 제도가 있

모집 채용 활동의 평가기록 (년 월 일 ~ 년 월 일)

작성자 : 년 월 일

	실시방법	실시시기	문의건수	면접수	채용인원 사원	채용인원 파트	채용인원 기타	지출	채용 1명 당 단가	채용지명
직접	사내									
	거래처 소개									
	현업									
	파견맞이									
매체	신문광고									
	구인잡지 광고									
	업계잡지 광고									
	전단 카워낭기 광고									
	기타									
모집	다이렉트 메일									
	라디오, 텔레비전 광고									
기관	학교									
	직업 안내소									
	공영인재은행									
	민영인재은행									
타										

음'을 조건으로 게재한다.

• 모집 직종의 표현 —— 현실적인 업무와 동떨어지지 않는 범위 내
에서 직명을 연구한다.

예 : 점원 · 사원 → ○○사원
    견습 · 보조 요원 → 어시스턴트, 스태프, ○○후보
    기술직 → 엔지니어, 스태프, 플래너, 오퍼레이터
    접수직 → 어드바이저, 코디네이터, 컨설턴트, 플래너, 팀멤버

• 캐치 프레이즈와 디자인 —— 광고의 표현은 'AIDMA(살 가망있는 손
님이 제품을 살 때까지의 마음의 움직임)'의 원칙에 의해 구성될 필요가 있는
데, 구인 광고도 마찬가지이다. A는 어텐션으로 주목하게 하고, I는
인터레스트로 흥미를 갖도록 하며, D는 디자인으로 그런 기분이 들도
록 하고, M은 메모리로 기억하게 하며, A는 액션으로 행동을 일으키
도록 표현의 구성이 필요하다.

광고에서 주목을 끌어 읽어 보도록 흥미를 갖게 하는 것은 캐치 프
레이즈와 전체의 디자인이다. 캐치 프레이즈는 구인 대상자가 가장
흥미를 갖고 있는 일, 염려하고 있는 일, 자사에서 가장 자랑할 만한
일 등을 짧은 문장에 수록한다. 특히 젊은층에게 어필할 경우에는 과
대, 추상적, 틀에 박힌 말은 피하고 구체적인 표현을 연구하는 것이
중요하다. 자사의 제품, 신념, 일, 사원, 입지 등을 구석구석까지 재
검토하여 다른 곳과 차별화할 수 있는 특징을 발견하고 그것을 캐치
프레이즈로 사용한다 (예:미래를 향하여 날개치는……, 업계 굴지의……, 젊은
행동력, 원대한 꿈을 키울 수 있다는 등 과장되고 틀에 박힌 표현은 피한다).

디자인은 혼란스럽게 가득 채우지 말고 일러스트나 사진 등도 사용

하면서 공간의 미를 최대한 살린 읽기 쉬운 레이아웃으로 하는 것이
가장 중요하다.

이러한 작업은 일반적으로 인사 담당자로서는 감당하기 어려운 경
우가 많다. 그러므로 전문가에게 충분한 정보 자료를 보내주어 원고
를 작성하게 하고 그것을 체크하는 방법을 취하는 편이 좋다.

2) 모집 조건

• 모집 기간 —— 응모 마감은 일반적으로 게재일로부터 7~10일로
한다.

• 응모 접수 방법 —— 회사의 접수 체제, 구인의 긴급도 등에 따라
접수 · 면접 방법을 명시한다. 구인을 서두르고 있는 경우에는 '전
화 연락 후 면접일 상담' 또는 '○월 ○일 ~ ○일, △시 ~ △시,
필요 서류 지참, 직접 내사 요'라고 한다. 시간적인 여유가 있고 응
모자가 많이 예상될 경우에는 '서류 발송해 주시면 면접일 통지하
겠습니다.'라고 한다. 이 경우에는 서류 전형 여부 및 응모 서류를
반환할 것인지, 하지 않을 것인지를 함께 명시한다.

• 인재 등록 제도 —— 모집 광고를 본 사람 중에는 바로 응모, 전직
하려는 사람뿐만 아니라 자신에게 맞는 회사가 있으면 전직을 고려
해 보려는 사람도 많다. 이러한 사람들을 응모하게 하기 위해서는
응모 광고 내용 중에 '인재 등록 제도를 이용하시기 바람. 즉시 면
접, 전직이 불가능한 분은 전화 또는 우편으로 주소, 이름, 전화번
호를 알려 주시기 바람, 자료를 발송해 드리겠습니다.'라고 기입해
둔다. 반응이 있는 사람에게는 응모를 재촉하는 편지와 회사의 안
내장을 발송하여 나중에 집요하지 않을 정도의 플로를 해준다.

5. 중도 채용자의 응모 접수·면접·전형·채용

1. 응모 접수 체제

전화 문의는 응모자의 기업 체크와 기업 PR의 장으로 생각하고, 전임 담당자가 친절하고 정중하게 대답하여 신뢰감을 갖도록 한다.

전임 담당자가 항상 대기할 수 없을 경우에는 응모자가 내사할 장소에 있는 사원이나 전화를 받는 사원 모두가 친절하고 분명하게 대답할 수 있도록 평상시에 교육시켜 둔다.

응모 문의는 가능한 장기간으로 하며 0120번(프리다이얼)이나 보이스 메일(voice mail), 대행 안내 등으로 평상시에 모집 안내를 알리는 것도 생각해 볼 수 있다.

전화 문의는 그때그때마다 응모 접수 대장에 이름, 응모 순서, 희망 직종, 연락처, 연령, 통근 소요 시간, 직종의 변경 여부 등을 질문 기록하여 면접 순서나 탈락 자료로 한다.

2. 전형 방법

관리직, 전문직 응모자에게는 가능한 한 자세한 이력서를 제출하도록 하고, 일반직에게는 일반 교양 테스트 또는 적성 검사를 실시한다. 입사 지원서의 형식에서 전직 퇴직 이유, 지망 동기, 자기 세일즈 포인트 등을 쓰도록 하면 면접시 참고가 된다.

전형에는 면접 외에 작문 테스트 등의 한 가지 이상씩 검사를 반드시 실시하여 응모자를 여러 면에서 객관적으로 평가한다.

3. 면접 진행 방법

평가의 공정성을 기하기 위하여 면접자는 경영자와 인사 담당자 또는 인사 담당자와 현장 책임자의 2인 1조로 실시한다. 면접은 면접 체크 용지를 이용하여 회답 내용이나 평점을 기록한다.

면접을 담당하는 사람은 자사에 대하여 폭넓게 이야기해 줄 수 있는 타입이 좋지만, 젊은 사람의 면접에는 가능한 한 연령면에서 가까운 사람에게 담당하도록 하여 공감성을 북돋우면 더욱 효과적이다. 또 회사의 안내, 카탈로그, 비디오를 이용하여 회사의 특징이나 장래 비전을 체계적으로 PR하여 입사 의욕을 촉진시킨다.

4. 판정과 통지

합격·불합격의 판정은 반드시 여러 명의 담당자가 신중하게 체크하고 결정되는 대로 신속하게 통지한다.

채용이 내정되면 반드시 전직 조사를 실시한다. 전직 회사를 방문하거나 서면으로 퇴직 이유, 재직 중의 직무, 직위 근무 상황 등에 대하여 확인한 후 채용 조건을 결정한다.

불채용자에 대한 통지는 '유감스럽지만 이번에는 희망을 따라 드리지 못하지만 앞으로도 변함없이 폐사에 대하여 격려해 주시기를……'라고 정중한 편지를 띄운다.

채용하기로 결정되었지만 응모자 쪽에서 사퇴했을 경우에는 1~3개월 후에 '그때 응모해 주신데 대하여 감사드립니다. 귀하가 입사해 주시기를 기대했으나 사퇴하셔서 정말 유감스러웠습니다. 폐사는 업무 내용의 확대로 말미암아 계속해서 인재를 모집하고 있습니다. 귀하를 포함하여 귀하가 아시는 분 중에서도 당사의 입사 조건에 맞는 분이 계시면 부디 소개해 주시기 바라며 지난번 응모해 주신 것을 인연으로 근황을 여쭈며 여러 가지로 잘 부탁드립니다.'라는 식으로 재권유하는 방법도 있다.

입사지원서

응모하여 주셔서 감사합니다.

이력서에 기입할 수 없던 것을 가능한 한 자세하게 기입해 주십시오.

응모에 대한 비밀은 엄수하겠습니다.

한　글		인	제출　년　월　일
성　명			
한　　글			
채용여부 연락 가 능 한 곳			
전　　화	전화 받기 좋은 일시		

	전 근무 사업체명	근무 기간(년 / 월~년 / 월)	퇴직전월수
경	1.	/ ～ /	
	2.	/ ～ /	
	3.	/ ～ /	
력	4.	/ ～ /	
구 체 적 직 무 내 용	1. ~의 직무 내용		
	2. ~의 직무 내용		
	3. ~의 직무 내용		
	4. ~의 직무 내용		
상기 직무 중에서 가장 좋았던 직장			

지원서

퇴직·전직이유	당신이 지금까지의 직장을 그만둔 이유나 혹은 그만두고 싶었던 이유를 가능한 한 구체적으로 기입해 주십시오.
실적·공헌	지금까지의 업무 중에서 자신이 회사에 공헌했다고 생각되는 일, 자랑할 만한 업무에 대하여 기입해 주십시오.
응모이유	당사에 응모하기로 결심한 이유에 대해 기입해 주십시오.
회사에 대한 희망	입사하면 '이렇게 하고 싶다'라고 생각되는 일, 신념 등을 자유롭게 기입해 주십시오.

근무조건		
	출근 가능 날짜	년 월 일경
	근무지에 대한 희망	
	통근 경로	
	현재 가입하고 있는 보험	고용, 건강, 후생 연금

응모자 성명		응모 직종	면접 일시
제출 서류 체크	1. 이력서	개요 기입 유·업무 경력 기입 유·본일 기입	

	질 문 항 목	본 인 내 용
학 력	최종 학력(학부·학과·전공)	
	학생 시절에 열중한 것	
	학업 성적	
	아르바이트 경험	
	자격·면허·특기	
전 직	퇴사시 업무·직급·기간	
	퇴사 이유	
	급여	
	복리 후생·사원 특전	
	근무 시간·잔업 유무	
응 모 내 용	응모 이유·채용시의 희망	
	희망 직종·직종 변경 사유	
	장기근무 가능한가	
	잔업은 가능한가	
	입사 희망 시기	
	최저 필요 수입(실제 수령액)	
	타사에의 응모상황	
본 인 데 이 터	건강 상태	
	스포츠·오락·취미	
	부양자 유무·현황	
	교우 관계	

기록표

년 월 일 면접자		채용 판정	
2. 응모제출 유·무		뛰어나다 5, 보통 3, 불가 0	
코멘트		**1.**	표 현 력 · 말 투
		인	성 격 · 태 도
		물	인 품 · 의 욕
		적	센 스 · 개 성
		성	소 계
		2.	학 력 상 황
		면	전 직 개 요
		접	응 모 내 용
		결	본 인 데 이 터
		과	소 계
		3.	적 성 검 사
		시	지 능 상 식
			전 문 기 능
		험	자 격 면 허
			소 계
		총	합 세
		특	플러스면
		기	
		사	마이너스면
		항	
		채용 여부	배속

6. 중도 채용자의 처우

중도 채용자의 채용 후의 문제에 대하여 다음 표에 명시한 바와 같이 특별한 문제는 없다고 하는 기업이 약 절반 정도 되지만, 정착률이나 인간관계 등에서 문제점을 지적하는 기업도 많으므로 아래와 같은 점을 배려한 처우가 필요하다고 볼 수 있다.

1. 중도 채용자의 임금 결정

1) 처우 방침의 확인

아래와 같은 처우 방침을 확인해 두는 것이 필요하다.

중도 채용자의 입사시는 담당하는 업무가 뚜렷이 없으므로 본채용시의 임금보다 낮게 억제하여 지급하고 본채용시에 인상한다는 경우가 아직 일반적이다.

시용 기간 중의 임금은 만일의 경우 본채용이 되지 못하는 사람의 임금일 수도 있으므로 리스크 면에서 낮게 하는 경우도 있지만, 현재와 같은 구인난 시대에는 한 사람이라도 가능성이 있는 인재를 확보하는 것을 우선으로 하려는 관점에서는 입사시의 낮은 임금은 개선하는 편이 좋을 것이다. 양질의 인재를 확보하기 위해서는 시용 기간 때부터 본채용시 임금을 지급하여 우선 입사시킨다. 그리고 직위는 부여하지 않을지라도 본인이 의욕을 가지고 최대한의 능력을 발휘할 수 있도록 하여 시용 기간 중에 능력을 파악한다.

입사한 달부터 본채용시의 임금을 지불하지 않을 경우에는 본채용시에 정기 고과와는 별도로 고과를 실시하여 더 올려줄 필요가 있는가를 검토한다. 그러기 위해서는 무엇보다도 능력주의의 임금 체계가 필요하다. 능력주의의 임금 제도가 적절하게 운용되고 있다면 중도 입사한 사람의 임금이 기존 동격자보다 높을지라도 또 반대로 중

중도 채용자 및 파트 타임 노동자의 채용 후의 문제 　　　　　(단위 : %)

구　　분	채용한 기업	승진 · 승격	임금	직무 수행 능력	교육 훈련	인간 관계	정착률	기타	특히 문제 없다	회답 없는 기업
중도 채용자계	100.0	6.0	16.6	14.0	13.2	16.7	25.7	2.0	54.4	9.2
5,000명 이상	100.0	9.9	12.3	7.9	11.9	5.3	17.2	0.3	77.8	4.0
1,000~4,999명	100.0	12.1	18.9	10.4	19.4	11.2	23.9	1.9	68.9	3.3
300~999명	100.0	11.7	19.7	13.1	18.8	14.5	29.0	2.4	60.8	4.2
100~299명	100.0	6.9	20.1	14.0	13.9	18.6	27.2	2.0	58.0	6.7
30~99명	100.0	5.0	15.1	14.2	12.3	16.5	25.0	2.0	52.0	10.7
관　리　직	100.0	7.7	13.7	12.2	7.6	14.6	6.8	0.7	49.8	17.2
사　무　직	100.0	4.8	10.6	8.4	10.0	8.1	11.2	1.0	58.3	11.4
기　술　직	100.0	9.0	15.3	10.4	11.8	11.5	12.6	0.3	49.0	11.9
현　업　직	100.0	3.3	14.7	12.1	10.7	15.4	26.9	1.7	44.9	10.9
파트 타임 노동자	100.0	0.7	9.2	9.8	8.3	17.6	28.1	2.0	45.3	12.7

자료 : 노동부 '고용 관리조사 결과 속보(1989)' (주) 복수회답

도 채용자의 본채용시의 임금이 채용시에 예상 임금으로써 제시한 금액보다 낮을지라도 아무도 불평할 수 없기 때문이다.

본채용시의 고과는 소정의 고과표에 의한 평정과 면접 평가의 재조정의 양면에서 종합 판단하는 방법이나 별도로 시용 기간 만료 고과표와 같은 것을 만들어 두는 방법도 있다.

한편, 관리자나 경영층이 인재로 어떻게 해서든 채용하고 싶지만 임금이 타협되지 않아서 채용할 수 없는 경우에는 사장 면접에 의해 일정 기간 임금 체계에서 벗어날지라도 채용 결정한다는 기준도 정하여 둘 필요가 있다.

적극적으로 유능한 인재를 확보하여 정착하도록 하려면 취직난 시대에는 생각할 수 없었던, 단락을 지을 때마다 기회를 포착하여 처우를 보다 적정화시켜 가는 연구가 필요하다.

2) 초임금의 결정

임금 체계가 정비되어 있는 경우 중도 채용자의 첫 월급은 표준 연령(신규 졸업자로부터의 근무 연수를 업종·직종의 차이로 환산)이나 근속 지수를 이용하여 직무·직능의 등급 호봉에 맞추어 기본급을 결정하는 것이 일반적인 사고방식이다. 중도 채용자의 임금 결정 제도를 가지고 있는 기업의 대부분이 이 방법을 취하고 있다.

그 결과 중도 채용자 전체의 초임금은 평균적 상태보다 낮게 책정되어 있다.

이 방법으로 임금을 결정하면 우수한 동업, 동직종 경험자 이외에는 반드시 전직 급여 및 사내 동격자 임금보다 낮은 임금이 되기 때문에 자사에는 없는 조금이라도 뛰어난 인재를 채용하고 싶다, 혹은 젊은층의 증강을 도모하고 싶다는 중소기업에서는 적합한 방식이라고 할 수 없다.

중도 채용자의 임금 결정에 관한 제도의 유무, 경험 연수의 평가(환산) 방법별 기업수의 비율

(단위 : %)

구 분			중도 채용자의 임금 결정에 관한 제도가 있다 (41.8%)					없다 (58.2%)
			계	재직중인 노동자와 같이 평가한다	일정한 비율로 평가(환산)한다	전혀 평가하지 않는다	불명	
중도 채용자의 경험 내용	직무(일)·직종이 같은 기간	35세 미만	100.0	42.2	53.5	4.0	0.3	–
		35세 이상	100.0	39.7	51.4	5.3	3.7	–
	직무(일)·직종이 다른 기간	경험이 도움이 된다고 인정되는 기간 35세 미만	100.0	24.9	59.5	12.8	2.9	–
		35세 이상	100.0	23.9	57.2	13.2	5.7	–
		이외의 기간 35세 미만	100.0	13.3	48.0	33.0	5.7	–
		35세 이상	100.0	12.8	45.6	33.1	8.5	–

자료 : 노동부 '임금 노동 시간 제도 등 종합 조사 결과 속보(1987년)'
(주) 1. 중도 채용자의 임금 결정에 관한 제도에는 관행도 포함된다.
　　2. 경험 연수의 평가(환산) 방법은 현장직의 중도 채용자에 대한 비율

남자 표준 사원 및 중도 채용자의 학력, 업종별 임금 (단위 : 천원)

1) 표준사원(학교졸업 후 바로 취직하여 동일 기업에 계속 근무하고 있는 자)

학력·업종\연령	대 졸			고 졸		
	제조업	도·소매업 음식점	서비스업	제조업	도·소매업 음식점	아르바이트
계	331.4	320.1	312.1	253.7	271.3	250.3
20~24세	187.2	189.5	189.2	168.6	166.1	162.7
25~29	219.3	227.7	224.5	206.0	213.6	201.6
30~34	274.9	284.2	282.2	253.6	259.3	252.4
34~39	350.1	357.2	358.9	299.5	329.8	310.2
40~44	431.2	448.5	455.2	352.8	378.1	363.5
45~49	525.7	524.0	537.1	417.2	443.9	468.5
50~54	594.1	580.1	609.7	463.6	499.8	477.8
55~59	613.8	572.7	580.4	443.4	523.4	428.1

2) 중도 채용자(근속1년 미만인 자)

학력·업종\연령	대 졸			고 졸		
	제조업	도·소매업 음식점	서비스업	제조업	도·소매업 음식점	아르바이트
계	215.9	224.7	293.1	173.5	185.2	184.7
20~24세	181.0	181.1	183.5	162.9	161.9	161.5
25~29	205.0	201.1	245.8	184.0	200.1	189.1
30~34	237.9	269.6	375.1	203.2	229.5	208.1
34~39	273.5	299.7	409.0	215.5	254.9	234.3
40~44	338.6	375.9	500.4	228.1	259.1	229.3
45~49	348.8	354.7	461.9	235.9	264.3	223.9
50~54	441.5	501.6	453.1	238.6	259.0	233.0
55~59	397.5	466.8	387.4	223.3	215.1	211.0

자료 : 노동부 '임금 구조 기본 조사(1990년)'

중소기업에서 자사 수준보다 유능한 인재, 젊은층을 중도 채용하려고 생각한다면 자사의 임금 체계에 대한 이론적인 면을 중시하기 보다는, 응모자의 자사에서의 활용 유리점을 평가하고 어떻게 해서 최소한 전 직장의 급여 수준을 보장하여 채용할 수 있는가를 연구하는 편이 현명하다고 할 수 있을 것이다.

현재 구인 정보지에 명시되어 있는 중소기업의 처우 조건은, 그들 대부분이 '중도 입사자가 입사 전의 정규 사원으로서의 경력을 자사의 학력이 같고 근속 연수가 같은 사람의 경력과 동등하게 취급하여 급여를 지불하겠습니다. 또한 상여금이나 승진에 대해서도 마찬가지입니다.' 라고 명시하고 있다.

그러므로 중소기업의 중도 채용시 임금 결정은 임금 규정이 있는 경우라도 아래와 같이 엄밀한 규정이 없는 경우와 마찬가지의 방법으로 총액을 결정하고 어떻게 채용할 것인가를 정한 다음 임금 규정에 맞추는 방식을 취하지 않을 수 없는 것이 현실정이다.

엄밀한 평가 환산 규정을 만들지 않을 경우에는 아래와 같은 방식으로 경력을 살려 정도에 맞게 평가 산출한 급여액(기준)을 직종, 지역 시세, 사내 동격 사원 수준, 전직 급여, 채용의 필요도를 감안하

전직 경력자 평가에 의한 표준 임금 산출 방식의 예

(전직과 채용직의 직능 차의 예)		(기초 평가율)
다른 업종, 다른 직종	(영업직, 연구직, 제조판매)	
다른 업종, 같은 직종	(생산재 세일즈, 소비재 세일즈)	70%
유사 업종, 유사 직종	(유사 제품, 유사 직종)	80%

상위 기업의 같은 업종, 같은 직종(동업 타사 스카우트)　　　　　　　100~130%

경력자 평가율(전직 경험이 채용직에서 살릴 수 있는 정도)

$$(100 - 기초\ 평가율) \times \frac{채용\ 직종\ 경험\ 연수}{전직\ 통산\ 연수(근무\ 연수)} + 기초\ 평가율$$

중도 채용자 산출 임금 = 실제 동격자 임금 × 경력자 평가율 + 조정급(직무급·직능급, 수당의 조정적 적용에 따르는 가산)

여 융통성있게 조정한다.

▶ 동식에 의한 계산 예

1) 기계 제조 메이커 회사의 제조 과장을 소비재 도매업 세일즈맨
으로 채용하는 경우 — 본인은 고졸 38세(전직 통산 연수 20년), 이전
에 5년간 상사에서 세일즈를 해본 경험이 있다(채용 직종 경험 5년).
전직 임금 200만원, 자사에서의 동년 동격자의 임금 250만원이다.

$$경력자\ 평가 = (100 - 60) \times \frac{5}{20} + 60 = 70\%$$

계산상 채용자의 초임금 = 250만원 × 0.7 = 175만원이 된다.

이 경우에는 거의 경험을 살릴 수 없는 전직이지만 경력을 무시하
고 성과, 보수 중심의 영업 직종에 재도전하여 직업을 바꾸는 경우이
다.

위의 산출 방식에 의한 초임금은 상위 기업의 동직종을 제외하고
대부분의 경우 전직 임금을 하향하는 액수가 된다. 그러므로 채용 필
요도가 높을 때는 전직 급여액의 보장을 기준으로 '3개월 동안은
200만원에 일을 해보고, 4개월 이후에는 당신의 실적을 보아 250만
원까지는 고려해 보겠는데, 그래도 괜찮겠습니까?' 라는 식으로 설득
하여 채용한다.

시용 기간 완료 직전에 임금의 여부를 판정하기 위한 시용 고과를
실시하고, 직무급 · 직능급 수당 등을 바꾸어 실재 동격자의 임금에
가깝게 인상시킨다.

2) 자사보다 상위 기업의 동업, 동직종의 경력자를 스카우트하는

경우 계산 방식에 의존하지 말고, 전직 기업과 본인의 능력을 평가하여 경력자 계수를 1.0~1.3사이에서 정하고 직접 실재 동격자 임금에 곱한다.

$$250만원 \times 1.2 = 300만원$$

▶ 도표에서 학교 졸업 후 바로 취업하여 동일 기업에 계속해서 근무하고 있는 사람과 중도 채용 후 1년 미만되는 사람과의 임금을 비교해 보면 젊은층(29세 이하)의 경우에는 격차가 아주 적지만 중·고령층이 되어 감에 따라서 표준 노동자와 중도 채용자와의 임금 격차는 커지게 된다.

2. 채용 절차

적임이라고 생각되어 채용한 후에 적합하지 않다는 것을 알면 그만두도록 해야 하는 사람도 있으므로 본인이 납득한다면 1~3개월 정도의 기간을 정하여 파트 타임으로 채용한다. 적성의 여부를 알고나서 정규 사원으로 채용하는 방법도 취할 수 있기 때문이다.

관리직 채용의 경우에는 2~3개월 동안은 시용 기간으로 직위없이 임시로 근무 시키면서 직장이나 거래처에 인사가 끝나고 일에 익숙해질 때에 직위를 임명한다(해고에 해당되지 않는 법률상의 시용 기간은 입사일부터 14일 이내).

3. 중도 채용자의 역격차 임금 대책

구인난 시대에 중소기업이 자사보다 우수한 인재를 중도 채용하려고 하면 자사의 동격자보다 높은 임금을 조건으로 하지 않으면 채용하기 어려운 경우가 많다. 그러므로 기대하고 채용하는 중도 채용자의 임금이 기존 사원보다 높은 것이 일반적이다.

기존 사원의 입장에서 보면 비슷한 정도의 경력을 지닌 중도 채용자의 임금이 높다는 것은 심리적으로 납득이 가지 않는 부분이다.

이와 같은 역격차 임금에 의한 기존 동격 사원의 사기 저하나 불평을 막기 위해서는 다음과 같은 대책을 강구해야 한다.

1) 사내에 능력주의 인사 풍토를 조성하는 일에 항상 신경을 쓴다.
2) 직무 · 직능 임금 체계를 확립하고 사원에게 철저히 주지시킨다.
3) 고과 제도를 확립하여 공정한 고과를 실시한다.
4) 중도 채용자의 시용 기간 만료시 고과 및 정기 평가를 실시한다 (중도 채용자의 임금 격차를 해소하기 위해서 정기 고과에 대상 기간이 부족한 중도 채용자도 고과 대상으로써 조기 동수준화에 힘쓴다).
5) 중도 채용자의 초임 임금 결정 기준과 승급 조정 기준을 만든다.
6) 양질의 인재 확보에 의한 실적의 향상을 계속해서 실증해 보이며, 기존자의 임금 상승과 연결시켜 간다.
7) 임금의 언밸런스가 발생했을 때는 적정한 평가를 하여 가능한 빠른 시기에 조정한다.

4. 중도 채용자의 사내 융화와 정착 대책

중도 채용자는 타사에서 오랜 기간 동안 사회 경험을 해왔지만 중도 입사한 기업에서는 신입 사원이기 때문에 심리적으로 많은 불안감을 가지고 있다. 또한 받아들이는 기업 측은 빨리 직원들과 융화하고 실력을 발휘해 주기를 기대하는 법이다.

융화 정착 대책의 첫째, 임금 처우의 조건에 의한 융화 정착 대책이다. 중도 채용자가 상위 수준 기업에서 온 전직자이고 전직보다 높은 직위에 취입시켰을 경우나 사내의 동격자 수준보다 높은 임금으로 채용했을 경우에는 본인에게 사내 수준보다 높은 평가를 부여하고 있다는 사실을 충분히 자각시켜서 주변에서 능력, 실적을 인정할 수 있도록 혼신의 노력을 다하도록 설득해야 한다.

전직보다 낮은 임금으로 채용한 사람에 대해서는 능력 발휘 정도에 맞게, 예를 들면 2~3년 동안에 본인의 희망 조건에 접근해 가도록 노력해 가기로 하여 납득하게 한다.

둘째, 회사 일에 대한 이해의 문제이다. 일반적으로 경력이 오래된 중도 채용자일수록 전 회사나 업무의 평가 기준에서의 비판이 선행되며 행동이 수반되지 않을 경우가 많다. 이것이 반복되면 본인은 고립되고 사내의 조화를 문란하게 하는 원인이 되기도 한다. 그러므로 입사시의 도입 지도에서 회사의 장·단점, 과제 등을 분명하게 설명하고, 개선에 조직의 일원으로써 최선을 다하도록 충분하게 설명해 둘 필요가 있다.

셋째, 인간관계의 문제이다. 중소기업의 경우에는 인간 중심으로 일이 이루어져 가는 면이 강하므로 특히 대기업 경험자 등은 전문 능력의 발휘뿐만 아니라 의사 소통, 책임 수행의 중요성을 납득시켜 두는 일이 중요하다.

관리자급 중도 채용자에게는 더 나아가서 다음과 같이 입사시 및 입사 후의 배려가 필요하다.

1) 경영자의 비전, 경영 방침의 명시와 그것에 관련된 중도 채용자에 대한 기대와 역할을 설명하여 공통 이해를 시킨다. 중도 채용자가 전 회사의 경력을 살려 주기를 바라는 면, 자사에서는 통용되지 않는 면을 명확히 하여 열심히 해주기를 바라는 구체적인 업무를 명시한다.

2) 사내 융화 기간(입사 후 1~3개월 정도)이 지나면 권한과 책임을 주

어 본인의 능력을 발휘할 수 있도록 톱이나 직속 상사는 적극적인
지원을 해야 한다.

다양한 채용 형태의 활용

1 파트 타임의 활용

1. 파트 타임에 대한 새로운 인식

파트 타임이란 '소정 노동 시간이 같은 종류의 업무에 종사하는 보통 노동자의 소정 노동 시간에 비해 짧은 노동자'라고 정의된다. 다음에서는 풀 타임 노동자에 비해 노동 시간이 짧은 각종 타입의 노동자에 대한 내용이다.

기업에 있어서 비교적 낮은 노동 비용으로 노동력 부족을 보충하고 업무량에 맞추어 융통성있게 고용을 조정할 수 있는 점에서 파트 타임의 활용은 큰 장점이 있다. 그러나 호황이 지속되어 모든 산업에서 대량의 파트 타임를 필요로 하는 최근과 같은 상황이 발생하면 파트 타임의 구인난, 고임금화라는 상황도 발생하게 된다.

1. 법제도 등의 개정

1989년에 종래의 파트 타임 노동 대책 요강을 확충한 '파트 타임 노동 지침'이 제정되었다. 그 중에서 노동 조건의 명확화, 노동 조건의 적정화, 고용 관리의 적정화 등에 관하여 노사를 비롯한 관계자가 고려해야 할 사항이 정해져 있다.

또 1988년의 노동 기준법 개정으로 파트 타임에 대해서도 1년간 지속 근무하고, 해당 파트 타임의 소정 노동일의 80% 이상 출근했을 경우에는 주 소정 노동 일수에 비례하는 일수의 연차 유급 휴가를 주

파트 타임 노동자 등에 대한 연차 유급 휴가의 최저 부여 일수

구분 \ 연수	주당 소정 근무 일수	1년간의 소정 근무 일수	근무 연수														
			1년	2	3	4	5	6	7	8	9	10	11	12	13	14	15년 이상
1988년 4월1일부터(단, 규모 300명 이하의 경우에는 1991년 4월1일부터)	4	169~216	6	7	8	8	9	10	10	11	12	12	13				이하동일수
	3	121~168	5	5	6	6	7	7	8	8	9	9	10				
	2	73~120	3	3	4	4	4	5	5	5	6						
	1	48~72	1	1	2	2	2	2	2	2	3						
규모 300명 이하의 경우 (경과 조치) 1991년 4월1일 ~ 1994년 3월31일	4	169~216	5	6	6	7	8	8	9	10	10	11	12	12	13		이하동일수
	3	121~168	4	4	5	5	6	6	7	7	8	8	9	9	10		
	2	73~120	2	3	3	3	4	4	4	5	5	5	6				
	1	48~72	1	1	1	1	2	2	2	2	2	2	3				

도록 정해졌다.

종래 파트 타임, 사업주 모두 인식이 낮고 적용률도 낮은 사회 보험에 대해서도 이해와 적용이 요구되고 있다.

사회 보험 중 건강 보험과 후생 연금은 직장 노동자의 대략 3/4 이상의 시간 취업하는 사람을 대상으로 하며, 고용 보험은 주당 노동 시간이 22시간 이상 33시간 미만이고 1년 이상의 근무가 예상되어야 하며, 연수입 7백만원 이상이 예상되는 사람에 대해서는 단시간 노동 피보험자로서 고용 보험에 가입시키지 않으면 안되게 되었다.

또 1989년에 소득세법 등의 일부 개정(파트 감세)이 이루어져, 파트 주부의 소득세를 내지 않는 급여 수입의 한도액이 연 7백만원에서 8백만원으로 인상되었다.

그 밖에 중소기업 퇴직금 공제 제도의 파트 타임 가입 촉진을 꾀하기 위해 2,000원과 3,000원의 특별 월액금을 마련하는 중소기업 퇴직금 공제법의 일부 개정이 1991년 4월부터 실시되고 있다.

종래에는 저임금에 임시적, 보조 요원적으로 간주되기 쉬웠던 파트 타임은 법제면 및 노동력 면에서도 지금은 정규 사원에 준하는 기간

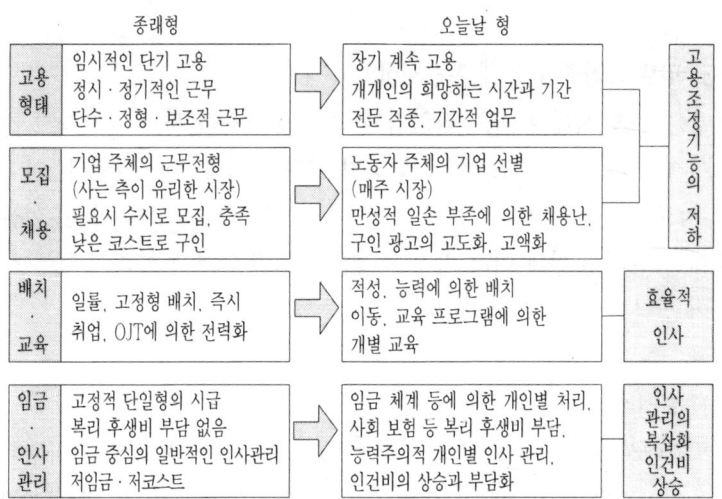

파트 타임 고용상 과제의 변화

	종래형	오늘날 형	
고용 형태	임시적인 단기 고용 정시 · 정기적인 근무 단수 · 정형 · 보조적 근무	장기 계속 고용 개개인의 희망하는 시간과 기간 전문 직종, 기간적 업무	고 용 조 정 기 능 의 저 하
모집 · 채용	기업 주체의 근무전형 (사는 측이 유리한 시장) 필요시 수시로 모집, 충족 낮은 코스트로 구인	노동자 주체의 기업 선별 (매주 시장) 만성적 일손 부족에 의한 채용난, 구인 광고의 고도화, 고액화	
배치 · 교육	일률, 고정형 배치, 즉시 취업, OJT에 의한 전력화	적성, 능력에 의한 배치 이동, 교육 프로그램에 의한 개별 교육	효율적 인사
임금 · 인사 관리	고정적 단일형의 시급 복리 후생비 부담 없음 임금 중심의 일반적인 인사관리 저임금 · 저코스트	임금 체계 등에 의한 개인별 처리, 사회 보험 등 복리 후생비 부담, 능력주의적 개인별 인사 관리, 인건비의 상승과 부담화	인사 관리의 복삽화 인건비 상승

노동자로서 위치를 굳혔다고 해도 과언이 아니다.

2. 파트 타임 활용의 새로운 시점

한편, 파트 타임의 취업 의식도 단순히 임금을 위해서라는 경제적인 이유만이 아니라, 능력을 발휘하고 사회에 참가하고 싶어하는 사람이 늘어가는 등 노동 의식이 크게 변화히고 다양화되고 있다.

즉, 일할 수 있는 시간은 적지만 그 속에서 최대한으로 자신의 능력이나 전문성을 살려 일하고 싶어하는 사람이 많아지고 있는 것도 사실이다. 파트 타임의 모집에서 후자의 하고 싶은 마음이 있는 파트 타임을 찾아내어 본인의 의욕과 능력에 맞는 교육, 평가, 처우를 해가며 신입 사원과 비교할 수 없는 성과를 올릴 수도 있다.

이와 같이 새로운 시대의 환경 속에서는 기업 활동에 있어서 양, 질 모두 중요한 역할을 담당하고 있는 파트 타임을 유효한 전력으로써 활용해 가려면 파트 타임에 대한 새로운 고용 관리의 사고방식이 필요하다.

3. 파트 타임 확보의 새로운 시점

일손 부족 시대의 파트 타임의 확보는 종래부터 파트 구직자인 기업이 요구하는 취업 조건에 적합하지 않다고 여겨 온 프리랜서, 아이를 기르는 중년 주부, 고령자 등에게도 눈을 돌려야 한다. 물론 이들 중에는 취업 조건에 여러 가지 제약은 있지만 의욕과 능력이 있는 사람이 상당히 많을 수 있다.

1) 프리랜서

프리랜서는 자신이 하고 싶은 일을 한결같이 추구하고 있는 타입의 젊은이이지만, 일반적으로 능력 수준이 높은 사람이 많다. 그러나 기업측은 일에 대한 사고방식, 한결같이 유연성이 없는 면, 경우에 따라서는 옷차림 등을 싫어하는 경향이 많았다.

프리랜서를 잘 활용하려면 본인이 목표를 향하여 노력하고 있는 것을 칭찬해 주고, 본인의 시간상의 형편을 존중해서 일을 맡기면 의욕적, 능률적으로 일을 잘 처리해 낼 수 있는 사람이 많다.

2) 재택 근무 파트 타임

아이를 기르고 있는 주부 중 20대 후반에서 35세 정도까지를 미즈라 한다. 그들 대부분이 몇 년 전까지는 직장에서 전문가로서 활동적으로 일하던 사람으로 능력은 젊은 신입 사원 못지 않다.

업무 능력, 일할 의욕은 높지만 육아 때문에 집을 떠날 수 없는 제약 때문에 취업을 포기하고 있는 사람들이기 때문에 집을 떠나지 않는 취업 형태, 즉 재택 근무 파트 타임을 활용하면 유능한 스태프로서 이용할 수 있게 된다.

업무를 효율적인 면에서 잘 살펴보면 사무실이나 공장에서 하지 않아도 될 일들이 많다. 전화, 팩스, 컴퓨터 통신 등을 사용하면 많은 업무가 회사 밖에서 처리될 수 있다.

내직 파트, 하청 파트 모집으로 하면 사람들이 모여들지 않지만 자택 OA 스태프, 자택 마케팅 스태프, 자택 어드바이저, 프리 스태프, 자택 가동 스태프로서 업무의 내용이나 임금, 대금의 지불 방법에 맞게 형태를 연구하면 미즈의 능력을 활용할 수 있다.

이 방법으로 성과를 올리고 있는 사례는 각종 단말 입력 업무, 텔레마케팅(세일즈, 조사, 어포인터), 전화 수주, 각종 제조, 가공, 봉제, 필드워크(프리 타임 세일즈, 조사) 제도, 편집, 디자인, 교정 등 다양하다.

3) 플렉스 파트, 페어시프트 파트

플렉스 파트는 주당 출근 계약 시간 수를 정해 두고, 주마다 요일별 출근 시간을 정해 가는 방법이다. 즉 학생 아르바이트 등 매일 장시간 근무할 수 없는 사람을 다수 모집하여 주 단위의 근무 스케줄을 편성해 가는 방법이다.

반면 페어시프트 파트는 친구나 가족 등 2인 1조로 주중 월요일에서 금요일까지, 아침 10시에서 오후 5시까지 어느 쪽에선가 일한다는 계약이다. 어느 쪽에서나 출근만 하면 된다고 하면 출·퇴근 관리가 어렵기 때문에 기본 시프트 표를 월 또는 주마다 작성해 두고 변경이 있을 때는 책임자에게 양해를 얻어 변경하도록 한다. 양쪽 모두 형편상 출근 할 수 없게 될 때 등 상대방에게 책임을 전가하는 일이 발생하지 않도록 세부적인 면까지 정해둘 필요가 있다.

4) 기타 파트 타임

파트 타임으로서 구인 대상으로 하지 않았던 신체 장애자나 고령자

중에도 유능한 사람이 많다. 체력이나 제약 조건을 고려한 업무의 분
담 방법을 연구하면 효과적으로 활용할 수 있는 분야는 얼마든지 있
다.

2. 파트 타임의 채용 계획

1. 채용 인원수의 계획

파트 타임의 보충, 증원은 현장이 바쁘거나 피크시의 일손 부족에
서 이루어지는 경우가 많다. 또한 과거에는 비교적 시간당 급료가 높
지 않았기 때문에 생산성의 관점에서 체크되는 일이 적었다. 또 많은
기업이 파트 타임 급료를 잡비 과목으로 처리하여 인건비대 생산성
관점에서의 관리에 부족한 면이 있었다.

그러나 앞으로는 파트 타임의 인원도 늘어나고 1명 당 인건비도 정
규 사원 못지 않게 되어 가기 때문에 정규 사원의 증원과 마찬가지로
기간의 생산, 판매 계획에 의거하여 생산성을 기준으로 하는 소요 인
원수의 계산과 노동 분배율에 맞는 인건비를 계산할 필요가 있다.

매월 필요 인원은 다음 산출 방식처럼 맨아워 산출고(한 사람이 한 시
간에 생산하는 생산량, 매상고)를 기초로 산출한다.

제품의 생산에는 원료 자재의 발주, 입하, 제도 절차에서 제품을

▶ 과거 6개월 간의 맨아워 생산고

(3개월 또는 1년 단위의 평균화 된 값) = $\dfrac{\text{과거 6개월 간의 총생산고}}{\text{과거 6개월 간의 총생산고}}$

▶ 당해 월 소요 인원 =

$\dfrac{\text{당해 월 예정 생산고}}{\text{평균 맨아워 생산고}}$ ÷ 1명 당 1개월의 실노동 시간

포장하고 출하까지 많은 관련 부대 작업을 수반하지만, 모두 생산량에 비례하여 걸리는 것으로써 개인의 작업 능력 차이 및 아이들의 유무를 무시한 경우의 소요 인원 계산은 앞의 산출 방식에 의해 산출된 소요 인원수에서 정식 사원수를 제외한 인원수가 필요한 파트 인원수이다(정규 사원과 파트 타임의 노동 시간이 같을 경우). 소매업의 판매 요원수, 도매업의 피킹 출하 요원 등 동일한 업무에 많은 사람이 종사할 경우에는 다음과 같이 생각해도 좋다.

▶ 계산 예
　설정 조건 : 과거 6개월간의 생산고 — 30,000개
　　　　　　　실노동 시간 — 사원 및 파트 타임 모두 1일 7시간,
　　　　　　　　　　　　　　월 24일간, 사원 3명, 파트 7명
　　　　　　　당월 생산 예정수 — 6,000개
　　　　　　　평균 맨아워 생산고

$$= \frac{30,000개}{(3+7)명 \times 7시간 \times 24일 \times 6개월}$$

$$= \frac{30,000개}{10,000} = 2,976$$

당해 월 파트 소요 인원수 $= \frac{6,000개}{2,976} \div (7 \times 24) = 12명$

현재 10명이 있는 곳에 2명(12명 - 10명 = 2명)의 증원이 필요하다.
파트 타임의 노동 시간이 6시간으로 되어 있는 경우에는 다음과 같이 9명이 필요하게 된다.

▶ 평균 맨아워 생산고 $= \dfrac{30,000개}{(3 \times 7 + 7 \times 6) \times 24 \times 6} = 3,307$

▶ 당해 월 파트 소요 인원수 $= \dfrac{6,000개}{3,307} - (3명 \times 7시간 \times 24일)$

또 업무의 종류가 많고 각각 처리 시간에 격차가 있는 경우에는 업무 부문 단위로 이와 같은 계산을 한다.

또한 업무의 종류가 많은데다가 초보자와 경력자의 능률에 커다란 격차가 있을 경우(정규 사원이나 파트 타임이나 동일한 수행도로써 계산한 소요 인원수가 9명이 되었을 경우에, 파트 타임의 능률이 정규 사원의 70% 되는 사람이 절반, 90% 되는 사람이 절반이라고 추정되었을 때)에는 다음과 같이 11명이 된다.

▶ 9명 ÷ $\left\{ \dfrac{70}{100} \times 0.5 + \dfrac{90}{100} \times 0.5 \right\}$ = 11.25명 ≒ 11명

2. 파트 비율

파트 타임의 전력적인 활동에는 체계적인 교육, 평가, 폴로엎 시스템이 필요하다. 그러나 30명 이하의 중소 규모에서 교육 체계가 정비되어 있지 않고 전임 지도 담당자도 없는 기업에서는 파트 타임은 채용 즉시 배치하여 현장 요원이 OJT 지도하는 것 외에 방법이 없는 경우가 많다. 이와 같은 직장에서는 파트 비율이 육성, 생산성, 정착에 커다란 영향을 준다.

파트 비율이란 정규 사원수와 파트 타임 수의 비율로, 정규 사원이 5명이고 파트가 15명일 경우 파트 비율은 25명÷20명 = 75%가 된다.

▶ 파트 타임의 1일 노동 시간이 정규 사원과 다를 경우 1명 당 생산성을 계산할 때는 파트 타임 전원의 총노동 시간을 산출하고 그것을 사원 1명 당 1일 노동 시간으로 나눈 값을 파트 인원으로 환산하지만, 여기에서 말하는 파트 비율은 관리 가능 인원을 문제로 하고 있으므로 단순하게 파트의 인원수를 이용한다.

일정한 인원 단위로 지도 감독을 필요로 하는 업무에 취업시키는 파트 타임을 채용할 경우에는 파트 비율을 고려하지 않으면 안된다.

한 사람의 감독자가 관리할 수 있는 인원수에는 한계가 있기 때문에 일정한 관리 수준을 유지하려면 업무마다 가장 능률이 오르는 파트 비율을 파악해 두고 일정한 파트 비율을 유지해 갈 필요가 있다. 예를 들면 A생산 라인은 정규 사원 1명에 파트 타임 5명(파트 비율 83%), B판매장은 정규 사원 1명에 파트 타임 3명(파트 비율 75%) 등과 같이 경험적인 기준치를 정해 둔다.

일손 부족이라고 해서 파트 타임을 증원시켜도 효과적인 지도 감독이 이루어지지 않으면 생산성이 저하되는 경우도 있다.

그러므로 파트 채용 계획상 파트 비율이 기준보다 높아질 것으로 예상될 때는 정규 사원의 보충 또는 파트 타임의 경력자를 서브 치프 등의 관리직에 임명(정규 사원과 동일한 취급)하여 파트 비율이 기준보다 높아지지 않도록 노력한다.

3. 채용 방침의 명확화

파트 타임 모집에 앞서 채용 방침을 명확히 해두지 않으면 모집 조건이 불명확하게 되며, 부적당하다고 생각되는 사람이 응모해 오거나 전형 채용시에 목적과 다른 인재를 채용하게 되버리는 경우가 생긴다.

어떤 인재가 필요한지 필요한 능력, 자격, 연령 제한을 분명하게 하고 경험이 필요한가 아닌가, 경험, 능력의 차이에 대해서 처우는 어떻게 달리할 것인가를 명확히 해두어야 한다.

미경험자를 채용할 경우에는 사내의 육성 훈련 체제를 반드시 갖추고 나서 채용하는 등 채용 이후의 육성, 배치, 처우 등 채용자에 맞는 일련의 취급 방법을 확립해 둘 필요가 있다.

구체적으로 원하는 인재의 타입은 어떤 사람인가, 직무마다 필요한 경험 내용, 기능 레벨을 명확히 하고, 각 직위당 자사의 임금, 처우의 체계에 어떻게 적용시킬 것인가, 능력의 향상, 경험의 누적은 어떻게 평가할 것인가를 서면으로 표시해 두어야 한다.

4. 파트 타임 응모 시기와 방법

파트 타임의 채용은 일반적으로 퇴직하거나 할 때 보충한다거나 임시적으로 필요해서 모집하는 형식으로 서둘러서 모집하는 경우가 많다. 그러나 파트 구인난 시대에는 부족하게 되었을 때 임시 방편으로 모집하는 방법을 취해서는 필요 인원을 보충하는 것은 어렵다.

생산 계획, 판매 계획에 근거하여 월별로 필요한 요원수를 산출하고, 예를 들면 3~4월과 같이 비교적 파트 타임을 모집하기 어려운 시기에 필요 인원이 피크가 될 경우에는 사전에 12월에서 다음해 3~4월까지 일할 사람을 미리 채용해 둔다. 연간을 통하여 일손 부족 시기에 맞추어 월별 파트 채용 계획을 세워 두어 인력 부족 시기에 대한 선행 대책을 강구해 둘 필요가 있다.

모집시 유의할 점은 사전에 필요 인원의 계획을 세우고 비용이 들지 않는 모집 방법에서부터 순서적으로 실시해 가야 한다. 비용이 들지 않는 방법은 기존 사원, 파트 타임, 거래 관계자, 인재 은행 등에 소개 의뢰나 자사 퇴직자, 등록 아르바이트에 의뢰한다. 그래도 요원 수를 확보할 수 없는 경우에는 포스터 게시, 전단 배포, 학교 구인 등을 하고 마지막으로 신문에 끼워 넣기, 구인 정보지의 이용 등 단계별로 실시한다.

5. 모집 광고의 포인트

구인 모집 광고로 파트 구직자에게 자사를 주목하게 하고 흥미를 갖도록 하여 응모해 보려는 마음을 갖게 하려면 구직자의 관심사에 대하여 장·단점을 포함해서 구체적으로 가식이 없는 설명을 해야 한다.

파트 구직자가 직장 선택에서 중시하는 것은 시급(時給)과 근거리이지만, 계속해서 근무한다는 면에서는 근무하기 좋고 일하는 보람이 있는 근무 조건, 처우 조건이 커다란 포인트이다. 이들 조건이 갖추어져 있어도 구체적인 광고 표현이 서투르면 눈에 띄지 않게 되며 어필력이 부족하게 된다.

광고를 내도 좀처럼 채용하지 못하는 구인 광고 경우에는 원고를 만들기 전에 자사 현상의 파트 고용 조건이 보통 시세와 비교해서 어떤가를 체크해 보아야 한다. 전반적으로 일반적인 시세(평균점 4점)를 클리어하지 못한 기업은 지역 내에서나 같은 업종의 다른 회사가 하고 있지 않는 것을 노릴 필요가 있다.

파트 구직자의 마음을 사로잡기 위해서는 다음과 같은 조건이 광고 내용에 들어가 있으면 효과적이다.

1) 일하기 쉬운 점을 어필

① 근무 시간과 기간의 선택 폭이 넓은 점, 즉 하루 중의 근무 시간대를 선택할 수 있다, 주중 근무 일수를 선택할 수 있다, 토·일요일을 쉴 수 있다, 플렉스 타임제·재택 근무·장기 연속 휴가 등을 구체적으로 표시한다. 예를 들면 '장기적 또는 2개월 이상 희망 기간을 선택할 수 있다', '근무 시간은 하루 3시간 이상, 주중 3일 이상 근무할 수 있는 분이라면 정시형(정해진 요일, 시간에 출근하는 제도)과 플렉스형(월 단위로 출근하는 일시를 정하는 제도) 어느 쪽이든 선택할 수 있습니다. 도중에 변경할 수도 있습니다.' 라고 표시하여 고용 시간이나 출근 시간의 구속에 대한 염려를 없앤다.

② 직장이 밝고 즐거우며 쾌적해야 한다. 이것은 중소기업에서 어느 기업을 막론하고 직장 내의 정리, 정돈, 청소로 청결을 유지하며, 휴게실, 식당, 오락실, 화장실 등 후방 시설, 유니폼 등을 편리하고 매력있는 것으로 한다.

③ 아이를 기르고 있는 주부나 학생에게 생활이나 학업의 편리를 제공하는 시설이나 제도, 예를 들면 탁아 시설, 보육실, 학습실, 수면실, 독신 기숙사, 식당, 식사 수당 혹은 육아나 학습 지도에 대한 카운슬링 지도를 표시한다.

④ 업무의 내용을 자세하게 설명한다. 어떤 타입의 사람(연령, 특기, 성격)에게 맞는 일인가, 일반적으로 익숙하지 못한 제품, 작업 등은 알기 쉽게 설명한다.

⑤ 복리 후생 면에서 정규 사원과 같은 특전을 받을 수 있게 한다. 자사 제품, 상품의 할인 구매 제도, 각종 상품의 공동 구매 제도, 회사 행사에 대하여 자유로운 참가, 후생 시설의 이용, 적격자는 사회 보험에 가입할 수 있는 일 등을 표시한다.

2) 일하는 보람의 어필

① 숙달이나 능력 향상에 따라 시급이 오르고, 교육 훈련에 의해 능력을 향상시키며 정기 평가나 자격 인정에 의해 합리적인 승급이 이루어지며 상여금, 퇴직금 제도가 있다. 일정한 경력이나 자격 요건을 갖추면 외부인보다 유리하게 사원에 등용된다.

② 숙달됨에 따라 기술 습득, 자격 취득의 길이 열려 있어야 한다 (미경험자에게 트레이닝 코스, 자격 시험 수험자에 대한 특별 지도 등).

③ 다른 파트 타임, 정규 사원과의 커뮤니케이션 기회가 있다.

④ 자기 신고 제도, 제안 제도, 소집단 활동에 참가할 수 있다.

3) 입사를 결심하도록 어필

① 지역, 동업 계열의 다른 회사와의 시급차, 개별 사정으로 파트 타임의 수급 관계에 커다란 차이가 있으므로 구인 긴박도에 따라 시세의 5~20%의 시급 인상을 한다.

② 일하기 쉽고 일의 보람을 얻을 수 있는 자사의 자랑거리를 광고의 캐치 프레이즈에 넣는다.

③ 입사 시기의 희망에 맞게 한다. 등록 스태프제 등으로 전직 시기의 사정을 배려한다.

④ 전단 광고라면 뒷면을 이력서로 한다. 모집 접수 기간을 짧게 하고 맞추기 어려운 사람은 전화 예약을 받아 응모자의 사정에 대응한다.

4) 응모 범위를 넓힌다.

① 연령, 성별, 국적 등의 폭을 지장이 없는 범위 내에서 최대한 넓힌다. 업무별로 제한 범위를 재검토하여 고령자, 외국인, 장애자 등도 대상으로 한다.

② 응모 문의, 면접 등을 언제라도 가능하도록 한다. 적어도 업무 시작 한 시간 진부디 업무 종료 한 시간 후까지 접수하며 대응한다. 0120번(프리 다이얼), 보이스 메일 등도 활용한다.

③ 응모 할 업종명을 기억하기 쉽게 스마트한 이름으로 한다.

6. 구직 주기와 꼭 맞춤

학생이나 주부가 연간 생활 사이클 속에서 일하려고 생각하는 시기나, 직장을 찾는 시기에 맞추어 모집을 실시하면 모집 채용의 효율이 높아진다.

일반적으로 주부는 2~3월에 걸쳐 자녀의 시험, 입학, 진학, 졸업,

또 남편의 인사 이동, 전근 등이 있어서 바쁘고 정신적으로도 안정되지 않기 때문에 이 시기에는 퇴직하는 사람도 많고, 신규 모집을 해도 응모가 적다.

주부 모집시에는 이 시기를 피하며, 가정이 안정되는 4월 중순부터 5월과 여름 방학이 끝나는 9~10월이 효율적이다.

학생은 4월 신학기와 1월의 학기말 시험 기간에는 일하지 않기 때문에 4월 중순에서 5월의 골덴 위크 전, 7월말의 여름 방학 전, 9월의 중간 시험 후 겨울 방학 직전 시기가 가장 구직자가 많은 때이다.

또 대학생이나 전문대생을 채용할 경우에는 1학년 신입생을 타깃으로 하여 채용하면 일반적으로 아르바이트를 하고 있는 사람이 비교적 적고 근무 시간이 길며, 나중에 친구나 아는 사람의 소개로 연결되는 등의 장점이 많다고 한다.

신입생 채용은 3월 합격자 발표나 입학 수속이 끝나는 시기부터 4월말 사이에 집중적으로 실시하는 것이 중요하다.

6월과 11월 중순 이후에는 대기업의 증원이나 연말 상업전 때문에 아르바이트생을 대량으로 모집하므로 중소기업에서는 초순으로 잡는 편이 유리하다.

7. 연중 모집 시스템

누군가 그만두었기 때문에 모집하는 것이 아니라, 다음과 같은 방법으로 연간을 통하여 모집 활동을 실시하고 결원이 없을 때의 응모자는 예비로 등록해 둔다.

1) 퇴직자의 재취직 예약

파트 타임이 사임을 신고할 때 보통 고용측은 '이렇게 바쁜 때에'라고 원망을 표하기 쉽다.

채용활동 카르테

월		기 업 채 용	취업희망자 움직임	채 용 난 이 도		
				중도채용	주부파트	학생 아르바이트
3월	결산기끝	신입 사원 채용 준비 / 신입 사원 입사 교육	연말 퇴사 현재화 / 고교·대학생 봄방학 / 아르바이트 구직	△	△	○
4월	덴	학교졸업식, 입학식 / 신입 사원 입사식 / 인사 이동	가정내 전체 생활 변화 / 주부 구직 활동 활발화 / 하반기 상호 퇴직 예정자 / 교체 활동	○	○	○
5월	위	5월 병으로 인한 퇴사 발생	골덴 위크 중에 전직 면접 활성화. 중·고교생의 중간 시험기간중 아르바이트 부족	○	×	△
6월	크 하	하반기 아르바이트 구인 활발화	하기 상여 후 전직 희망자 구직 활동 활발화(제2신졸, 이동 퇴직), 학생 아르바이트	△	△	×
7월	반기상여	상반기퇴직 보유계획 중도채용 활동개시	하계 아르바이트 응모 피크 / 추석 휴가 전 취직 결정 / 희망자의 활동 활발화	○	△	×
8월	추석가결 휴가	하반기 상호 퇴직자	하계 상여후 퇴직자 구직 활동	지방 ○ 도시 ×	×	○
9월			10~11월 전직 희망자의 활동 대학 전기 시험기간 중 아르바이트 결원 발생	△	○	○
10월	산	연말 파트·아르바이트 구인	학원 축제, 체육회, 중간시험 기간으로 인해 학생 아르바이트를 쉬는 사람이 많다. (11월도 동일)	×	○	○
11월	기	연말 퇴직자 채용계획	연내 취직 결정 희망자, 구직 활동 활발화	○	△	△
12월	동절기상여		동기 상여 후 퇴직자 구인 활동. 고교, 대학생 아르바이트 응모 피크	×	×	△
1월	설날휴가	내정 가능성이 무너지는 것을 대상으로 한 신졸 최종 모집	동기 상여 후 퇴직자 구직 활동	○	×	×
2월		봄방학 아르바이트 구인	연말 퇴직 예정자 활동 개시	△	×	△

파트 타임이 대부분 그 고장 사람으로 유통업이나 서비스업에 있어서는 고객이기도 하므로 사임할 때는 싫은 내색을 절대로 하지 않도록 주의하고 '오랜 기간 동안 일해 주어서 정말 고맙다.', '당신과 같은 중요한 위치의 사람이 빠져서 정말 유감스럽다, 나중에 형편이 되면 꼭 와달라.'는 등 감사의 말과 다시 오도록 촉구하는 말로 보내도록 한다.

가능하다면 근무 기간 동안의 노고를 치하하면서 '형편이 되면 또 다시 잘 부탁합니다.'라는 말이 퇴직자의 입에서 나오도록 이끌어 가야 한다. 그 정도까지 해두면 설령 그 사람이 다시 올 수 없을지라도, 그 지역 사람에게나 친구에게 직장에 대한 호의적인 의견을 들려 줄 것이다.

2) 예비 등록 회원제 아르바이트

연간에 걸쳐 몇 차례 모집을 하면 모집 기간이 아닐지라도 '지금 파트는 모집하지 않습니까?'라고 물어오는 경우가 많다. 이와 같은 응모자가 있을 때는 수시로 면접을 보고 이름, 희망 요일, 시간대, 주소, 연락처를 물어서 예비로 등록해 둔다. 그리고 결원이 생길 때는 이 등록자 중에서 조건에 가까운 사람에게 연락해 즉시 일할 수 있도록 한다.

정기적 또는 일시적으로 대량의 아르바이트를 필요로 하는 일에서는 연간 스케줄을 기록한 아르바이트 회원을 모집하여 위에서 말한 바와 마찬가지로 등록해 두고, 컴퓨터로 관리하면서 결원이 생길 때마다 해당자를 검색하여 지명하는 방식을 취한다.

3) 친구나 아는 사람 소개

파트 타임의 근무 관리가 잘 되어 있거나 또는 경영자나 사원의 평판이 좋으면 현재 근무하고 있는 파트 타임의 친구나 아는 사람 등의 소개가 있는 법이다. 그때마다 적극적으로 면접을 보아 동조자를 늘리는 기회로 삼는 것이 중요하다. 희망하는 일이 없을 경우에는 잠시 기다려 달라고 사정을 잘 설명해 준다. 함께 일할 마음이 있다는 사실 만큼은 반드시 분명하게 어필해 둘 필요가 있다. 그리고 예비로 등록, 희망하는 취업 조건이 나왔을 때에 일할 수 있도록 한다.

4) 지역 리더급의 소개

여러 그룹이나 조직에는 반드시 통치급이나 리더 등 중심 인물이 있다. 중심 인물은 그룹이나 주위에 대해 영향력을 갖는 어피니언 리더이다. 이 어피니언 리더의 평판에 의해 기업의 평판이 크게 좌우되므로 이러한 사람에게 적극적으로 접근하여 기회가 있을 때마다 자기 기업의 특징이나 기업으로써 노력하고 있는 일을 PR해 둘 필요가 있다.

가능하면 이 고장의 어피니언 리더급의 사람에게는 회사를 보여주거나 제품을 사용해 보도록 하는 등 호의를 갖도록 수단을 강구해야 한다. 어떤 광고보다도 입에서 입으로 전해지는 평판의 힘이 강력하다는 것, 기업에 대한 호감이 없는 곳에는 사람이 모여들지 않는다는 것을 충분히 인식하는 것이 중요하다.

5) 평상시 모집 광고

간판, 포스터 등의 파트 모집 광고를 항상 게시해 두어 언제라도 파트 타임를 받아들일 수 있도록 한다.

면접 후 등록은 앞에서 말한 예비 등록, 지역 리더급의 소개 등과 마찬가지로 해도 좋지만, 특히 시즌 피크로 대량의 파트 타임을 필요로 하는 기업에서는 광고에 '○월 ○일~○월 ○일 △△직, ○○명 모집'이라는 내용을 명시하여 예약 형태로, 경우에 따라서는 대기 수당을 기간 종료시에 가산해 주는 등의 방법으로 인력을 확보한다.

8. 모집 광고의 타이밍

파트 타임 구직자는 조금이라도 유리한 직장을 찾으려고 노력하고 있으므로 자신이 구하고 있는 직종에 대해 자기 지역에서 가장 가까운 직장을 찾아 가능한 한 많은 구인 건수가 게재되고 있는 매체를 보는 경향이 있다. 따라서 앞에 기록한 구직 주기에 맞추고 동일 지역 특집, 동일 직종 특집 등의 타이밍에 맞추어 모집 광고를 내면 효과적이다. 또 자기 기업의 처우 조건이 동업 조건보다 낮을 때에는 반대 방법을 취한다.

또 한 가지 생활 시간의 타이밍을 생각하는 것도 중요하다. 야간 근무를 계속하고 있는 사람이 야간 파트직을 찾을 경우에는 조간의 구직난이나 전단을 볼 기회가 별로 없으므로 역에 붙이는 포스터나 구인지를 이용하는 등의 연구가 필요하다.

3. 파트 타임의 채용 · 처우

파트 타임의 면접 전형은 이력서와 단시간의 면접에 의해 결정하는 경우가 많은데, 오늘날처럼 파트 비율이 높고 기업간에 경쟁이 심할 때는 파트 여하에 따라 업적이 좌우되므로, 파트 타임이라 할지라도 능력을 중요시할 필요가 있다.

모집 업종에 맞게 정규 사원에 준한 면접 시험, 필기 시험, 적성 검사, 신체 검사를 실시해야 한다.

1. 채용 절차

1) 고용 통지서

모집 광고에 고용 조건을 명시하여 면접 후 채용하게 된 사원에 대해서는 근무 조건을 바르게 이해시켜 나중에 발생하게 될 문제를 예방하기 위하여 근무 조건을 기재한 노동 계약서를 교부함과 동시에 파트 타임 취업 규칙을 설명하거나 또는 첨부한다.

노동 계약서는 근무하는 장소, 업무의 내용, 출·퇴근 시간, 휴일, 휴가, 교대제가 있는 경우의 구조, 임금의 결정, 계산, 지불 방법, 마감일, 지불일, 승급, 퇴직, 해고에 대해서 명시할 필요가 있다.

노동 시간 계약서의 기재상 유의해야 할 것은 고용 기간과 근무 시간이다. 정규 사원과 마찬가지로 파트 타임도 모두 기한을 정하지 않고 계약을 할 경우에는 문제가 없지만 시기를 한정하여 고용하고 싶을 경우에는 반드시 ○년 ○월 ○일까지, 또는 ○개월간이라든가 1년 이내의 기간을 정해둘 필요가 있다. 고용 기간을 정하고 고용 기간 만료시에 다시 계약을 개편하면 계속하고 싶지 않을 경우에는 기간 만료에 의한 퇴직이 되며 해고 예고의 정당성 등의 문제에 저촉되지 않는다. 단, 계약 갱신을 몇 차례 반복했을 경우에는 고용 기간이 정해지지 않는 계약으로 간수되므로 고용 만료가 아니리 해고 취급을 하게 된다.

출·퇴근 시간 및 1일 노동 시간의 계약이 중요한 것은 노동 계약에서 정해진 근무 시간이 주당 소정의 노동 시간이 되며, 그것을 넘는 시간을 잔업으로 취급하지 않으면 안되기 때문이다.

2) 파트 타임의 전용 취업 규칙

파트 타임을 포함하여 평상시 10명 이상의 노동자를 고용하는 사업장에서는 취업 규칙을 정하여 노동 기준 감독서에 신고해야 하는

파트 타임 노동자의 노동 계약서 예

<table>
<tr><td colspan="2" align="center">사 입 통 지 서</td></tr>
<tr><td>_____ 전</td><td align="right">년 월 일</td></tr>
<tr><td></td><td>사업장 명 칭
소재지
사용자 성 명　　　㊞</td></tr>
</table>

당신을 채용하는데 있어서 노동 조건은 다음과 같습니다.

채 용 기 간	1. 기간을 정하지 않음　2.　년　월　일부터　년　월　일 까지
인 사 내 용	
시업·종업 시 각 및 휴 식 시 간	1. 오전 　후 시 분부터 오전 　　　　　　　후 시 분까지[그중 휴식시간 분] 2. 교체제 등 ┌1) 오전 　　　　　　　후 시 분부터 오전 　　　　　　　　　　　　후 시 분까지[그중 휴식시간 분] 　　　　　　└2) 오전 　　　　　　　후 시 분부터 오전 　　　　　　　　　　　　후 시 분까지[그중 휴식시간 분]
휴 일 또는 근 무 일	휴 일 ┐은 ┌1) 매주 [　　] 요일 근무일 ┘　└2) [　　　　　　　]
소정외 노동	1. 소정외 노동을 시키는 일이 [무/유] → [　　　　　　　　] 2. 휴일에 노동을 시키는 일 [무/유] → [　　　　　　　　]
휴 가	1. 연차 유급 휴가 1)1년간 계속 근무자의 휴가 ┌(1) 법정대로 　　　　　　　　　　　　　　　　　　└(2) 법정을 상회하다.[일] 　　　　　　　　　 2)근속 1년 이내의 연차 유급 휴가 : [무/유] → [　 월] 2. 기타 휴가　1) 유급 [　　　　　　　　　　] 　　　　　　　2) 무급 [　　　　　　　　　　]
임 금	1. 기본임금 1) 시간급 2) 일급 3) 월급[　　　　원] 　　　　　　4) 출근 최고 근무 수당 [기본 단가　원, 보장금　원] 2. 자수당　1) [　　수당　　원], 2) [　　수당　　원] 　　　　　 3) [　　수당　　원] 3. 소정외 노동에 대한 할증률 　1) 소정외 a. 법정초과[　%], b. 소정초과[　%] 　2) 휴 일 a. 법정휴일[　%], b. 법정외 휴일[　%], c. 야근[　%] 4. 임금 마감일 [　　　　] 5. 임금 지불일 [　　　　] 6. 임금 지불시에 공제하는 비목 [　　　　　　　] 7. 승 급 : [무/유] → [시기 등　　　　　] 8. 수 당 : [무/유] → [시기 등　　　　　] 9. 퇴직금 : [무/유] → [시기 등　　　　]
기 타	

출처 : 동경 노동 경제국 직업 안정부

데, 정규 사원용 취업 규칙을 파트 타임에게도 준용하는 것을 명문화해두면 파트 타임 용을 따로 정하지 않아도 된다.

그러나 현실적으로는 파트 타임의 노동 조건은 정규 사원의 기준에 이르지 못하는 부분이 많기 때문에 개개인의 파트 타임과 계약한 노동 계약 중 정규 사원의 취업 규칙에서 정한 기준에 이르지 않는 부분은 무효가 된다. 무효화 된 부분은 노동 기준법의 강행 규정에 따라 정규 사원의 취업 규칙이 정하는 기준에 의한 것이 되므로 파트 타임을 정규 사원과 별도의 사원으로써 고용하는 목적을 잃어버리게 되기도 한다. 따라서 파트 타임 전용의 취업 규칙은 반드시 작성하는 편이 좋다.

작성에 있어서는 파트 타임 노동 지침에 명시한 내용을 기준으로 노동 기준법, 최저 임금법, 근로 안전 위생법 등 관계 법규에 위반되지 않는 내용의 범위 내에서 자사의 파트 타임 근무 실태에 맞추면서 조정해 간다.

파트 타임 취업 규칙은 채용 면접시에 회사의 설명 자료 중 하나로써 사용되는 것이기 때문에, 공명 · 정대한 직장이며 사람을 중시하는 직장이라는 것을 명시하는 조문도 덧붙여 누구나 이해하기 쉬운 구체적이고 평범한 표현으로 해야 한다.

2. 임금 체계의 개요

파트 타임의 취업 동기에는 사회 참가나 전문 기능을 살린다는 이유도 늘어가고 있지만, 임금이 얼마나 높은가에 따라 직장을 선택하는 경우가 더 많다.

또한 최근과 같이 파트 타임의 초구인난이 계속되면서 어떻게 해서라도 채용하고 싶기 때문에 굉장히 높은 시급을 제시하는 기업도 나타나고 있다. 그러나 시급이 높다는 이유만으로 직장을 바꾸는 파트 타임은 직장의 분위기, 기타 처우 조건의 불만을 이유로 그만두는 경우가 많으므로 초임 시급 만을 높게 하는 것은 문제가 있다. 시급은 보통 수준이지만 일하기 편한 직장, 일하는 보람이 있는 처우 시스템이 갖추어져 있는 것이 중요하다.

파트 타임의 시급은 퇴직할 때까지 채용 당시의 시급 그대로 하는 예도 많은데, 앞으로는 개별 지도와 승급 사정을 목적으로 한 정기적인 직능 평가를 실시하여 능력주의 관리를 실시할 필요가 있다.

파트 타임 인건비의 부담 한도가 일정하다면 신규 채용시의 임금을 높게 정하면 근속 기간 중의 승급은 소폭일 수밖에 없으며, 채용시의 임금에 얽매이게 되면 근속 기간 중의 승급 자금이 늘어나는 관계가 된다.

초임 시급의 설정 목적은 지역, 업종의 파트 타임 수급 상황을 고려하여 모집 채용시의 임금은 동업 수준인지, 예를 들면 35% 낮아도 일정 기간마다 평가 사정을 실시하고 평가 순위에 따라 직무 등급표에 적용시키든가 직능 가급 단가를 올려가는 방법을 취하면, 할 마음이 있는 사람이 모여들기 쉽다.

이 경우 모집 광고에서는 예를 들면 '시급 4,500원, 단 3개월마다 사정 승급이 있어 3개월 후 4,500~4,700원, 6개월 후 4,500~4,800원, 1년 후 4,500~5,000원' 또는 '초임 시급 4,500원, 1년 근속 4,900원, 2년 근속 5,300원'으로써 실재자의 최고 시급 예를 표시한다.

파트 타임의 임금 체계도 정규 사원과 마찬가지로 일하는 보람을 자극하는 것이어야 한다.

임금 체계의 사고방식은 동일 직무, 동일 임금으로 일률적이고 공평하게 취급하는 직무급 중심형과 능력 평가에 따라 임금 차이를 두어 자극하는 직능 중심형이 있다.

어느 것이나 장·단점이 있다. 일률적이고 공평하면 적극적인 사람, 능력있는 사람의 정착률이 나빠지게 되며, 능력급만으로는 직장의 분위기가 경직될 우려가 있다. 그러므로 쌍방의 좋은 점을 가미하여 자사에 맞는 체계를 연구할 필요가 있다.

타입별로 합리적이고 적극적인 마음을 끌어내는 임금 체계는 다음의 두 가지 방식을 기본으로 구성된다.

3. 임금 테이블 방식(직무·직능이 심플한 경우)

직종 또는 직무의 난이도로 등급을 적용시켜 경험 연수와 능력 평가에 따라 시급을 결정한다(직종이 특수하고 여러 갈래일 경우에는 직무에 의한 등급을 적용하고 직무의 난이도와 직능의 개인 차가 클 때는 직무·직능으로 등급을 적용한다).

다음 표의 시급 테이블은 신규 채용시의 시급 결정 및 기존 파트의 평정 고과에 의한 승급 결정의 양면에 이용할 수 있도록 연구해야 한다.

이 예에서는 3년을 초과하면 직능의 향상이나 근속에 의한 승급은 없어지게 되며, 베이스 입에 의힌 시급 테이블 단가의 상승분밖에 승급이 없는 것으로 하고 있다.

또 정착을 중시하기 때문에 반년마다 최저 40원은 시급이 오르도록 하고 있다.

1) 단순한 조작의 작업직의 경우(경험에 의해 직능이 향상하는 경우)

조립공, 포장직, 창고직은 1~2급, 경리 업무는 2~3급과 같은 식으로 직무에 따라 등급을 적용, 경험 연수, 숙련도를 평가하여 레이트에 적용시킨다. 미경험자의 입사 초임 시급의 레이트는 근속 1~

파트 타임의 임금 제도의 과제(복수회답)

(단위 : %)

산 업	계	기본급 수율 증액	기본급 결정법 변경	정기승급 도입	베이스 업의 실시	지급자 수당의 유실	수당 지급	퇴직금 제도의 도입 유실
산 업 계	100.0	38.9	10.6	13.2	12.7	17.8	20.5	14.1
제 조 업	100.0	40.2	11.0	13.9	13.0	15.8	20.7	15.1
도 · 소 매 업 음 식 업	100.0	41.3	14.0	12.7	11.5	21.9	18.6	15.5
서 비 스 업	100.0	35.3	8.5	12.6	13.7	17.8	22.0	11.9

자료 : 노동부 '노동백서(1989년)'

직무 · 직능 · 사정형 시급 테이블의 예

직 종·직 무·직 능·등 급			1급	2급	3급	4급	5급	6급	7급	8급
근속·경험	평 가 사 정	점수	10	15	20	25	30	35	40	45
1~6개월	A(우수)	1	630	665	710	765	830	905	990	1085
	B(양호)	2	620	650	690	740	800	870	950	1040
	C(비사정 보통)	3	610	635	670	715	770	835	910	995
7~12개월	A(우수)	4	635	672	720	777	845	922	1010	1107
	B(양호)	5	625	657	700	752	815	887	970	1062
	C(비사정 보통)	6	615	642	680	727	785	852	930	1017
13~18개월	A(우수)	7	640	680	730	790	860	940	1030	1130
	B(양호)	8	630	665	710	765	830	905	990	1085
	C(비사정 보통)	9	620	650	690	740	800	870	950	1040
19~24개월	A(우수)	10	645	687	740	802	875	957	1050	1153
	B(양호)	11	635	672	720	777	845	922	1010	1108
	C(비사정 보통)	12	625	657	700	752	815	887	970	1063
25~30개월	A(우수)	13	650	695	750	815	890	975	1070	1175
	B(양호)	14	640	680	730	790	860	940	1030	1130
	C(비사정 보통)	15	630	665	710	765	830	905	990	1085
31~35개월	A(우수)	16	655	702	760	827	905	993	1090	1198
	B(양호)	17	645	687	740	802	875	958	1050	1153
	C(비사정 보통)	18	635	672	720	777	845	923	1010	1108

6개월, 평가 사정 C(비사정 보통)로 한다.

예1 경리 사무 경험자로 시산표까지 할 수 있는 사람의 입사시 초임 시
급은 3급 9 (13~18개월 C) 5,000원

예2 입사시 시급 4,300원(1급 3)의 판매 담당자가 6개월 경과하여 평가를
실시한 결과 B평가가 나왔다. 7개월째 부터는 시급 4,400원 (1급 5)

2) 전문성이 있고 직종으로써의 임금 시세가 있을 경우

직종마다 컴퓨터 오퍼레이터는 6~7급, 영양사, 간호사는 7~8급
으로 정해 두고 경험과 능력에 따라 레이트의 격을 매긴다.

3) 시급 테이블의 변경

물가 상승, 임금 시세의 상승에 맞추어 해마다 베이스 업을 실시한
다. 파트 시급의 베이스 업은 지역, 직종에 따라 시세, 변동 폭의 격차
가 있으므로 일률적인 시급 개정 방법에서는 불합리한 면이 발생한다.

파트 인원의 충족 상황, 지역, 직종의 시급 시세의 실정에 맞추어
다음 표와 같은 사고방식으로 시급 테이블을 변경한다.

베이스 업이란 물가 상승, 생활 수준의 향상에 슬라이딩하기 위
하여 모든 사원의 기본급 등을 인상시키는 것이나. 이 시급 테이블
의 사례에서는 각 단계에 일률적 또는 일정액의 임금을 상승시킨
다.

지역직종상장 파트 인원 충족도	오르고 있다	보통	안정되어 있다
부 족	상장에 맞춘다	상장에 준한다	상장을 고려한 베어
충 족	상장을 고려한 베어	사원과 같은 베어	사원 베어에 준한 베어

위 표에서 사원 베이스 업에 준한 베이스 업(사원의 베이스 업을 기준으

로 사원과 파트 타임의 노동 시간 격차를 고려한 베이스 업)의 계산 예를 명시하면 다음과 같다.

▶ 파트 베어율 = 사원 베어 × $\dfrac{\text{파트 타임의 평균 1일 노동 시간}}{\text{사원 평균 1일 노동 시간}}$

▶ 파트 베어액 = $\dfrac{\text{사원 베어액}}{\text{사원 1개월 노동 일수} \div \text{사원 1일 노동 시간}}$ × $\dfrac{\text{파트 타임의 평균 1일 노동 시간}}{\text{사원 평균 1일 노동 시간}}$

일률적으로 낮은 인상이 있을 경우에는 가령 5% 베이스 업이라고 한다면 1급 1일의 4,400원에다 2급 1일의 4,650원에 각 1.05를 곱하면 4,600원과 4,900원이 된다.

4. 평가 단가 가산 방식(많은 요소를 시급에 반영시키고 싶은 경우)

직종이 많고 구인이 어려운 시간대의 근무, 멀리서라도 출근해 주기를 원하거나 특정한 업무를 일정 기간 동안 담당해 주기를 바라는 등, 위의 임금 테이블 방식으로는 개별 적용이 불가능한 일이 많은 경우에는 결정 요소와 사정 레인지, 작업 능률을 결정해 두고, 개개인의 사정에 맞추어 평가 항목마다 단가를 산정하여 다음과 같은 방식에 의해 적산한다.

▶ 시급 = 기본급 + 가산급 + 수당

기본급	가산급	수당
지역상장	시간제급	잔 업
직 무 합	자격직능급	통 근
조 정 급	근 속 급	업 책
		특별업무

▶ 직장의 인원이 많은 경우에는 직능 사정, 업적 사정의 개인별 득점표를 공표하여 경쟁심을 자극하는 것도 효과적이다.

요소별 레인지와 작업 능률의 한 예를 들어 보면 다음과 같다.

1) 직무 기본급 단가 (지역의 직무, 직종의 시급 시세에서 가산급, 수당급 등을 뺀 시급의 가정 예)

운반, 포장, 조립	4,200원	판매, 접수	4,300원
경리 사무, 레지 계	4,500원	간단한 기계 조작	4,900원
운전	6,650원	단말 입력	5,600원

2) 직능 평가 6개월마다 평가 사정에 따른 직능 가급 단가 평가

A	B	C	D	E
140원	100원	70원	30원	(고용 갱신 없음)

3) 시간대급(사람이 가장 모이지 않는 시간대를 중심으로 가급하는 예)

오전 7~9시	1,400원	오후 5~7시	1,050원
오전 10~12시	1,750원	오전 0시~7시	2,100원
축제일	700원	연말연시	2,500원

4) 근속급(근속에 따라 직능의 향상이 예상되는 경우, 정착률이 별로 좋지 않을 경우에 설정하는 예)

근속 1년 경과 때마다 70원, 35년 이후 한계점 도달

5) 통근 수당급(그 지방에서의 채용이 충족되지 않는 경우, 원거리 통근자를 확보하고 싶을 경우에 설정하는 예)

• 1일 근무 시간이 6시간을 초과하여 주 4일 이상 근무자 ─ 정규 사원 보조급의 50% 이내의 실비 지급

• 통근 소요 시간 90분 이상 100원, 70~90분 70원, 50~70분 35원 부가

6) 업적 수당급(월차 매상고, 생산고 등의 예산 달성률에 따라 사후 결정 보

수로써 부가한다. 상여금 제도를 채택하지 않을 경우에는 월차의 대대적인 사고 방식하에서 부가한다)

달성률 120% 140원, 115% 100원, 110% 70원, 105% 35원

5. 승격 사정과 승급

파트 타임의 승급은 정규 사원의 정기 승급시에 일반적인 시세를 감안해서 베이스 업하는 기업이 많다.

파트 타임의 담당 직무가 숙련과 능력의 차이에 따라 일의 성취도 가 크게 차이가 나지 않는 정형, 단순형 근무만이라면 일률적인 기준 만으로도 좋으나, 본인의 능력과 노력에 따라 성과에 큰 차이가 생기 는 일인 경우에는 정기 승급시에 적정한 평가를 실시하여 개인별 능 력 발전도에 합당한 승급을 시켜야 한다.

1년 단위로 고용 계약 갱신을 거듭하는 파트 타임의 경우, 평가는 직무 등급별로 수행해야 할 레벨을 분명히 한 고과표를 작성해서, 2기 분에 비추어 우선 자기 채점을 시키고, 다음에는 직접 감독자(1차 고 과), 관리자(2차 고과)가 평가 사정을 실시하고 기입표를 기준으로 해서 승급·승호시킬 것인가, 체류시킬 것인가를 판정하여 본인 면접을 한 후 앞으로의 육성 지도를 한다. 승급은 최저라도 베이스 업분으로 전 급여에 누적 가산해 간다. 최저 평가로 면접 지도를 해도 육성 가능성 이 없는 자는 계약 기간 만료로써 고용 관계를 해제한다.

정형, 단순형 파트는 1년에 한 번씩 평가 사정으로 매년 초임 때 급 여보다 조금 진전된 선에서 양자의 협의에 따라 새로운 고용 계약을 체결한다.

6. 연수입 700만원을 초과하는 파트 타임

주부 파트 타임인 경우에 연수입이 700만원을 넘으면 부양 공제 대

파트 타임의 직무 평가표 예

고과면접표 판매 : 1등급   고과면접일   년   월   일

소속_____성명_____1등급_____점(년   월 ~   년   월)

구분	1등급 직무 수행기준		본인의 자기 평가		1차 고과		2차 고과	
	직무내용	수행레벨	정확성	신속성	정확성	신속성	정확성	신속성
판매업무	상품 보충 진열 업무	○						
	본부 지시사항 실시	△						
	판매·판촉 업무	△						
	오픈 케이스 온도 관리	○						
	위생 관리	○						
	접객 응대 업무	△						
	포장 작업	○						
	점포광고 부착 작업	◎						
	점장에게 보고 업무	△						
	앤드 연출	△						
	전출시 작업	◎						
	일부 체크	△						
	기구 비품의 청소 유지 보전	△						
	상품의 청소	◎						
	점포 청소	◎						
후방업무	백야드의 정리 정돈	○						
	상점간 이동 처리 업무	△						
	검수 작업	△						
	값매기기 업무	○						
	자동판매기 상품 보유 업무	◎						

※ 고과점수 1항목 당 5점 만점

	합 계	/100	/100	/100	/100	/100	/100

90~100점 S
80~ 89점 A
70~ 79점 B
50~ 69점 C
50점 이상 D

종합평가	
(본인기입)앞으로의 목표	고과자 고과자
	승격 사정 체류 새등급 등급 호
	비고

※ 수행레벨
　◎ 완전히 처리할 수 있고 예기치 못한 사태에 대처할 수 있으며 타인을 지도할 수 있다.
　○ 일반적으로 스스로 처리할 수 있지만, 예기치 못한 사태에는 상사의 지원이 필요하다.
　△ 숙련되어 있지 못하고 일의 일부에 대해서는 상사의 지원이 필요하다.

상에서 제외된다는 문제가 있다. 주부 파트 타임의 연수입과 세금과의 관계를 살펴보면 아내의 수입액에 대응하는 배우자 특별 공제액 700만원 미만이라면 배우자 공제와 배우자 특별 공제의 합계 최고 490만원의 공제를 인정받을 수 있지만, 700만원인 경우에는 배우자 공제 250만원을, 700만원을 초과하여 950만원 미만은 수입 랭크에 따라 다음 표에서와 같이 특별 공제만이 인정되는(남편 연수입 7,000만원 이하에 한함) 것으로 규정되고 있다.

이 때문에 700만원을 약간 초과함으로써 배우자 공제를 받지 못하게 되지 않을까 하고 파트 타임들은 신경을 쓰고 있다. 가령 연말의 가장 바쁜 때에 금년에 12월까지 일하면 700만원이 넘으므로 12월은 쉬었으면 좋겠다고 신청해 오는 사례가 많다. 이것을 피하기 위해서는 연수입 700만원 이내가 되도록 연간 노동 시간 배분을 계획한다. 취업 시간을 늘리는 사람에 대해서는 공제액이 없어져도 실질 연수가 대폭 늘어나도록 한다.

파트 타임의 근무가 오래 지속되지 않는데 대한 대책으로서 1~3년의 단기 근속자를 대상으로 한 파트 타임 전용 근속 공로금과 퇴직금 제도를 제정하여 1년 근속자 280만원, 2년 근속자 560만원의 퇴직금을 지불하고 있는 경우가 있다. '1년 계약 파트 타임, 월 154시간 근무, 급여 580,000원, 계약 만료시 퇴직금 280만원 지급' 한다는 형식으로 고용하여 1년간은 꾸준히 일하게 만든다.

퇴직금의 퇴직 소득 공제액은 1년 근속에 대해 280만원이므로 이 경우처럼 시급이 비교적 낮아(580,000÷154시간 = 3,800원)도 1년 만료 퇴직금이 280만원 지급되면 연간 환산액으로는 580,000×12개월 = 6,960,000원과의 합산으로 976만원이 되지만 전액이 소득에 비과세 테두리 안에 들게 된다.

파트 타임의 연수입과 세금

파트 연수입	파트 본인에게 세금 부과 여부		남편의 소득에서 공제받을 수 있는 것	
	소득세	주민세	소득세	주민세
700만원 이하	무	무	배우자 공제, 배우자 특별 공제 모두 받는다	
700만원 이하 750만원 미만	무	유	배우자 공제, 배우자 특별 공제 모두 받는다	
750만원	무	유	배우자 공제만 받는다	
750만원 이상	유	유	배우자 공제는 받지 못하지만 소득에 따라 산출한 배우자 특별 공제만은 받을 수 있다	
1,000만원 이상	유	유	배우자 공제, 배우자 특별 공제 모두 받을 수 없다	

자료 : 노동부 부인국 '파트 타임 노동 소사전(1990년)'

1) 500만원은 급여 소득 공제액

2) 700만원은 500만원에 지방세 부칙 제3조에 규정한 소득 비율 비과세 범위 230만원을 가산한 액

3) 750만원은 500만원에 기초 공제액 250만원을 가산한 액

4) 1,000만원은 750만원에 배우자 특별 공제액을 가산한 액

5) 주민세에는 소득 비율과 균등 비율이 있는데 균등 비율을 받는 남편과 생계를 같이 하고 남편과 동일한 도시나 마을에 주거를 가지고 있는 아내인 경우에는 연수입 700만원을 넘어도 해당되지 않는다.

배우자 특별 공제액

아내의 파트 등 수입액	배우자(남편)가 받는 배우자 특별 공제액
750만원 미만	2,500,000원
770만원 미만	2,100,000원
805만원 미만	1,750,000원
840만원 미만	1,400,000원
875만원 미만	1,050,000원
910만원 미만	700,000원
1,000만원 미만	350,000원

▶ 수입이 750만원을 초과하는 경우

7. 파트 타임의 시간외 할증 임금

파트 타임이 시간외 노동을 했을 경우, 할증 임금을 지불하는 것은 어느 시점에서부터 적용할 것인가를 고용 통지서로 사전에 정해 두지 않으면 분쟁이 생길 위험이 있다. 그 방법으로는 다음 세 가지가 있다.

1) 법정 노동 시간(1일 실노동 시간 8시간)을 넘었을 때
2) 정규 사원 소정 노동 시간을 넘었을 때
3) 파트 타임 소정 노동 시간(계약한 시간)을 넘었을 때

이 가운데서 정규 사원에 대한 할증 임금이 법정 노동 시간을 초과한 시점에서 지불되고 있는 경우에는 1)이면 되지만 정규 사원의 소정 노동 시간이 하루 실제 노동 시간인 8시간보다 짧고 또 정규 사원에 대한 소정 노동 시간을 초과한 시간에 대한 할증 임금을 지불하고 있는 경우에는 정규 사원과의 공평한 취급이란 관점에서 2)로 해야 한다.

또 정규 사원보다 소정 노동 시간이 짧은 파트 타임과 계약 시간을 초과한 노동 시간에 대해서 곧 할증 임금을 지불할 필요는 없고 통상 시급을 지불하도록 해도 좋다. 3)의 방법을 채용하느냐의 여부는 임의로 택하면 된다. 아무튼 시간외 노동에 대해서 어느 시점부터 할증 임금을 지불하느냐 하는 것을 사전에 명확히 정해 둘 필요가 있다.

8. 상여 · 퇴직금의 지급

한 직장에서 같은 일을 하고 있으면서 경우에 따라서는 근속 연수가 같은데도 불구하고 정규 사원에게는 상여 · 퇴직금이 지급되고 파트 타임에게는 지급되지 않는 데 대한 불만은 많다.

상여·퇴직금은 정규 사원과 같은 지급은 어렵다 하더라도 가장 심플한 방법으로는 근무 기간에 따라 몇 개월 이상 근무자는 일률적으로 얼마, 몇 개월 근무자는 일률적으로 얼마 하고 금일봉 지급 형식으로 하고, 될 수 있다면 대상 기간의 평균 임금액과 근무 기간에 따른 지급 방법을 설정해 둔다.

근무 기간에 따라 정규 사원에 준한 지급을 하는 실례를 들면 다음과 같다.

1) 상여금 ── 산정 기간에 지급된 월 평균 지급액에 대상률(기간내 근무 월수÷산정 기간)과 지급률을 곱한 액을 지급하는 방향으로 검토한다. 근속을 자극하고 싶은 경우에는 6개월을 경과할 때마다 근속 보상금 명목으로 시간급의 5~15%(상당액×기간의 총노동 시간수)로 산출되는 액을 지급하는 방법도 생각할 수 있다.

2) 퇴직금 ── 3년 이상 근속자가 퇴직할 때는 퇴직 전 3개월 평균 임금 지급액에 근속 연수에 따른 지급률(보통 정규 사원)을 곱하고, 그 산출액에 파트 지급률(예를 들면 0.1~0.2)을 곱한 액을 퇴직전별금으로 지급하는 제도를 검토한다.

4. 교육 · 배치

파트 타임의 교육과 배치에 대해서 유의할 사항을 체크해 보면 다음과 같다.

1) 직무, 직장마다 도입 지도 내용을 명확히 하고 3개월 후, 6개월 후, 1년 후의 숙련도에 따라 구체적인 도달 목표를 명시한다.

도입시 = 메뉴얼 레벨　　　제2스태프 = 처리량의 향상
제3스태프 = 일의 성질 향상　　제4스태프 = 지도력 체득
제5스태프 = 관리력 체득

2) 파트 타임에 대한 지도 책임자를 결정하여 지도 기법을 향상시
킨다.
3) 파트 타임의 입사일은 월 2, 3회로 정하고 파트 타임을 종합해
서 훈련시킨다.
4) 오리엔테이션은 규정, 복무 자세, 전체 일의 흐름과 본인의 일과
의 관계를 체계적으로 설명한다. 일의 요령, 포인트 설명은 OJT를
중심으로 실시한다. 업무가 몸에 익숙해질 때까지 현장에는 내보내
지 않는다.
5) OJT, Off JT 모두 단편적으로 실시하는 것이 아니라 등급별 체
계에 따라 개인에 맞추어 끈기있게 계속한다. 개인별 문제점을 조
기 발견하여 즉시 대책을 강구하고 방식의 정착을 배제한다.

▶ 타입별 도입 지도
① 주체성이 없는 소위 신인류형 메뉴얼 인간에게는 솔직한 비판과 합리
적 · 이론적 설명으로 이해시킨다.
② 학습 능력이 낮은 자에게는 인간성을 존중하면서 다소의 폭이 있는
메뉴얼 워크를 몸에 익히게 한다. 진정한 학습이란 이해, 비판, 표현의
과정이라는 것을 알게 한다.

▶ 지 도 법
　같은 일을 가르치는 경우라도 연대층이 섞여 있을 때는 연령 계층으
　로 나누어서 각 그 연대에 알맞은 방식으로 가르친다.

6) 신입 사원의 직장 배치는 첫날부터 손을 놓고 있지 않도록 일의

순서를 익히게 하고 엄격한 근무 자세를 몸에 익히도록 한다.

7) 신입 사원과 함께 기존 사원의 레벨 업 교육에 주력한다.

8) OJT에서는 엘더(선배 사원)제로 기존 경력 사원에게 신입 사원 1~2명을 붙여 맨투맨 지도를 시킨다.

9) 정기 훈련과 정기 테스트로 직능 평가를 실시하여 개인 지도 목표를 명확히 하고 본인 면접을 통해 목표를 갖게 한다.

10) 일상적인 업무의 관리는 상사 체크가 아닌 셀프 체크로 보고를 시키므로써 매일을 자기 연수의 장으로 한다.

11) 평가는 가점(加點)주의로 향상된 부분을 칭찬하고 인원수가 많은 직장에서는 사정을 공표함으로써 경쟁심을 갖게 한다.

12) 유사 업무가 많은 직장, 그룹 워크로 성과가 변동되는 직장에서는 목표 달성 경쟁, 자기 능력 향상 경쟁 등 일의 게임화에 따라 직장 활성화를 꾀한다.

13) 비디오 소프트(시판, 자사제)를 유효하게 사용해서 연수 효과를 올린다.

14) 작업의 단순화와 표준화를 추진하여 메뉴얼의 작성, 활용을 진전시킨다. 메뉴얼을 만들 수 없는 경우라도 일마다 누가 해도 같은 결과기 니오는 작업 방법을 결정해 둔다.

• 메뉴얼 작성의 기본 ─ 작업명, 작업 장소, 필요 용구, 필요 인원, 준비 작업, 작업 순서, 예외 사항에 대한 대응책, 방법, 결과의 차이, 허용 범위 등을 작업의 흐름에 따라 간단하게 기술한다.

• 메뉴얼의 작성 ─ 작업 분석, 시간 측정을 실시하고 가장 효율적인 작업 방법을 결정한다. 5W 1H(목표, 주체, 시기, 장소, 목적, 방법)를 빼놓지 말고 평이하면서도 구체적으로 표현한다. 적합하지 않는 사정이 생겼을 때는 새로운 작업 방법을 연구해서 개정한다. 일러스

트와 색인을 첨부해서 알기쉽고 편리한 것으로 한다.

• 메뉴얼의 활용 —— 숙련에 의해 매너리즘에 빠지지 않도록 항상 업무량에 따라 과부족이 없는 인원 배치 (맨아워 생산성 기준)를 한다. 지시, 보고, 평가를 적절히 실시하고 면밀한 커뮤니케이션을 갖는다.

5. 환경 정비

여자 파트 타임의 직장 선택에서는 직장 환경의 좋고 나쁜 조건이 취업 결정에 큰 요인이 되는 수가 많다.

직장 환경을 정비하기 위한 체크 포인트는 다음과 같다.

1) 직장은 언제나 안전을 우선으로 하고 밝고 청결하도록 배려하여 정비한다.
2) 화장실, 탈의실, 휴게실은 보통 가정 이상으로 쾌적하게 한다.
3) 작업량의 경감, 생산성 향상의 관점에서 정기적으로 특정 작업당 총 인건비와 새로운 기계의 설비 투자에 수반하는 총 비용을 비교해서 투자에 수반하는 비용쪽이 적을 때는 적극적으로 성력화 투

성력화 관점에 따른 투자 판단 기준

A : 연간 인건비 총액   B : 설비 투자에 따른 연간 총비용

A ≥ B의 경우에는 투자를 중단한다.(A 〈 B의 경우에는 사람을 계속 고용)

A : 급여월액 × 12 + 연간 상여 + 법정 복리비 연액 + 기타 복리 후생비 연액 + 퇴직금 연비율액 + 모집 · 채용비 연액 + 교육훈련비 연액

B : 연평균 감가 상가액 + 지불이자 연액 + 고정자산세 연액 + 화재보험료

▶ 연액 감가 상가액은 정액법으로 계산한다.

자를 행한다.

4) 단위 산출고당 현행 설비의 상각 부담(또는 장기간의 임대차 부담)과 새로운 설비의 상각 부담(또는 리스 부담) + 현행 설비의 제각손(또는 리스 잔액 상환 부담)을 비교하여 새로운 설비로 갱신하여 코스트다운이 되는 시점을 조기 발견하도록 힘쓰고 적극적으로 설비 갱신에 노력한다.

5) QC, IE 등의 수법을 사용하여 항상 작업 합리화나 '바르게, 빨리, 쉽게, 싸게'의 추구를 행하여 생산성 향상, 노동 환경 쾌적화를 추진시킨다.

6. 정착 · 전력화를 위한 인사 · 노무 관리

그 밖의 전반적인 인사 · 노무 관리상의 주요 유의점은 다음과 같다.

1) 파트, 아르바이트를 위한 제규칙을 제정하여 안심하고 하고자 하는 일에 전념할 수 있는 수용 체제를 정비한다. 또 파트 타임에 있어서도 몇 번 계약을 갱신해서 실제로 1년 이상 계속 근무하고 있고 주 소정 노동 시간이 35시간 이상이며, 총 노동일의 80% 이상 출근했을 경우에는 통상 노동자와 마찬가지로 최저 연 10일의 유급 휴가를 준다.

• 노동 조건, 취업 규정 ── 명확히 하고 고용 통지서를 교부하며 노동 계약서를 교부한다. 또 파트 타임을 포함한 상용 노동자 10명 미만의 사업장이어서 취업 규칙을 제정하지 않을 때는 최소한 복무 자세, 출 · 퇴근 절차(시업, 종업, 휴식 시간, 노동 시간 계산)은 서면화 해

둔다.

• 훗날을 위한 계약서, 신원 보증서를 꼭 제출하도록 한다.

• 연차 유급 휴가 — 소정 노동 일수가 주 4일 이하인 자 및 주 이외의 기간에 따라 소정 노동 일수가 정해져 있는 경우에는 연간 소정 노동 일수가 216일 이하의 노동자가 1년간 연속 근무하여 80% 이상 출근했을 경우, 주 소정 노동 일수와 근속 연수에 따라 비례 일수를 부여한다(1984년 3월 31일까지 300명 이하 사업체에 대해서는 경과 조치가 있다).

2) 최초로 정한 근무 일수의 변경과 일상적인 잔업을 되도록이면 피한다.

3) 입사시에 취업 규칙 등 모든 규정을 충분히 설명해 주고(규정은 언제나 볼 수 있게 해둔다) 고용 정지와 해고의 경우에는 분쟁이 일어나지 않게 한다.

4) 파트 등록제 등으로 예비 요원을 확보하고 항상 보충 시스템을 마련해 둔다.

5) 사원에게 적용되고 있는 특전, 복리 후생의 수익권은 사원과 동일하거나 또는 일정한 조건부로 받아들이도록 하고 회사 행사에 대한 자유 참가 유니폼 공동 착용 등은 정규 사원과 차별감이 없도록 한다.

6) 직장 회의에 참가시킨다. 파트만의 미팅을 개최하는 등 커뮤니케이션의 기회를 많이 주어 집단 의식과 참여 의욕을 향상시킨다.

7) 사회 보험(보건 보험, 후생 연금), 노동 보험(고용 보험, 노재 보험)의 가입 적격자는 가입할 수 있도록 체제를 정비해 간다.

8) 능력주의가 반영되어 의욕을 일으키는 기능 자격 체계, 임금 체계를 정비하고 정기적인 평가, 자격 시험 등에 의한 처우의 적정화

를 꾀한다. 평가 기준은 누구나 납득할 수 있는 것이어야 하고 또 개인별 도달 목표가 명시되어 있어야 한다.

9) 자기 신고 제도, 경력 기록 등을 정규 사원과 같이 활용하여 스태프별로 계속적인 훈련을 하고 능력 향상에 알맞은 처우 개선을 한다.

10) 일정한 평가와 근속에 달한 자가 희망하는 경우에는 다른 입사 희망자에 우선하여 정규 사원으로 등용할 수 있게 한다.

11) 노동 단위당 생산성 관리를 하여 생산성 향상을 도모한다. 기간의 총 산출량(생산고, 매상고)을 총 소요 노동 시간으로 나눈 맨아워(1인 1시간당) 산출고를 직장마다 기간별로 산출하여 생산성 향상 관리를 실시한다.

12) 산출 계획 예산을 맨아워 산출고로 나누어 소요 맨아워의 계산을 실시하여 개인별 수행 능력 차이를 가미한 노동 시간 계획, 시프트한 계획을 세워 무리와 낭비를 배제한다.

파트 타임 채용난의 레벨에 따른 응모 대책

1) 적극적으로 사원 채용에 노력을 하지 않는 기업

모집 시기와 방법에 대해서는 여기에서 서술하였지만 동일 업종에서 실시하고 있는 모집 방법과 채용 상황을 보면 참고가 되는 경우가 많으므로 어떤 직종을 모집할 때의 매체에 어떤 타이밍으로 매스컴에 광고를 내고, 어떤 효과가 있었는지 상세한 정보를 수집한다. 이 정보를 바탕으로 해서 필요에 따라 종래에 실시한 일이 없는 모집 방법을 실시하면서 모집 기술을 몸에 익혀 간다.

2) 모집 광고는 실시하고 있으나 응모자가 적고, 또 채용할 수 없는 기업

① 업종 업계가 전체적으로 구인난이고 동일 업종 구인이 많아 채용 경쟁 양상을 보이고 있으며, 같은 직종, 유사 조건, 특징이 없는 비슷한 광고가 같은 지면에 실려 있어서 반응이 없는 경우

모집대책

- 응모 자격(나이, 경험 등) 조건을 완화한다.
- 응모 동기를 지원하는 장점을 강조한다(시간대, 직장 환경, 복리 후생, 제품, 급여 등).
- 명칭을 연구한다(플렉스 파트너, 프리 스태프, 프리 타임 사원 등).
- 근무 일시 선택형 시프트제를 짠다(시간대 선택형, 페어 시스템형, 주간 총 노동 시간 계약, 프리 타임 파트 등).
- 채용하고 싶은 대상층에 맞는 광고 내용을 연구한다(연대, 성명, 라이프 스타일에 맞는 광고 표현).
- 장래성, 사회성, 밝은 분위기의 회사 등을 강조한다(기업의 비전을 꼭 삽입한다).
- 평상시부터 기업 이미지, 지명도를 높이도록 한다(평상시의 광고 활동, 어피니언 리더, 사원 대책, 커뮤니티 활동에 대한 적극적 협찬).
- 소규모 광고로 비용을 분산시키지 말고 대형 광고로 회수를 줄인다.

• 광고 이외의 채용 경로에 중점을 둔다(회사 내외의 어피니언 리더에 의한 커뮤니케이션 루트, 퇴직자의 재고용 등).

② 광고에 대한 문의는 오지만 면접하러 오는 사람이 없거나 또는 면접을 와도 상대가 거절하는 경우

면접 대책
• 문의 응대를 메뉴얼화 한다(기업의 자기 PR 포인트를 명확히 해둔다. 전임 응대자, 직장, 면접 장소의 이미지 업, 전화 전형).
• 면접자, 경영자의 매력이 풍기게 하고 면접 기법의 향상(구직자 앞에서 면접자가 반대로 면접에 임한다는 자세로 면접 세일즈, 면접 체크 시트를 한다).
• 처우 조건을 명확히 제시한다(우대, 자세한 면담, 사회 보장 완비 등 애매한 표현을 쓰지 않는다).
• 동일 업종 기업과의 결정적인 차이점을 밝힌다(근무 일시 선택, 좋은 점, 복리 후생 특전).

3) 파트 타임은 채용할 수 있지만 단기간에 그만두는 자가 많은 기업
처우 대책
• 노동 계약을 맺어 책임감을 갖게 한다(취업 규칙, 임금 규정, 고용 통지서, 신원 보증서를 작성).
• 승격, 승급, 배치 선환에 따라 사기 향상을 도모한다(평가 규정, 보장금 규정, 파트 타임 관리직제로 계기를 만들어 준다).
• 정규 사원과 같은 복리 후생 특전 준용(주노동 시간에 따라 각종 보험 부담 유급 휴가, 복리 후생의 특전 부여)
• 파트 타임 근무에 대한 인식 개선(취업 동기 다양화에 대한 대응, 기간 노동자로서의 인식)
• 기업 이미지의 향상, 중 · 장기 비전의 PR

4) 파트 타임의 정착이 좋아서 고참 파트 타임의 규율이 너무 엄격하여 능률이 오르지 않은 기업

관리 대책

- 직무, 능력, 업적에 따른 적산형 임금, 능력주의 임금 체계 등(시간대, 개근, 자격, 직능 사정, 업적의 가급 시스템)
- 계약 갱신 면접, 인사 고과 면접에 따른 동기 부여(잡 로테이션 등 향상 목표의 제시, 직능 향상, 승격 없이는 승급 없음)
- 개선 가능성 없는 자는 갱신 면접으로 고용 정지

파트 타임 노동 지침

1988년 6월 23일

제1 취지

이 지침은 파트 타임 노동자의 처우 및 노동 조건 등의 개선을 도모하기 위해 노사를 비롯한 관계자가 고려해야 할 사항을 규정한 것이다.

제2 의의

이 지침에서 파트 타임 노동자란 1일, 1주일 또는 1개월의 소정 노동 시간이 해당 사업체에서 동종 업무에 종사하는 통상 노동자(이하 '통상 노동자'라 한다)의 소정 노동 시간에 비해 상당히 짧은 노동자를 말한다.

제3 파트 타임 노동자의 처우 및 노동 조건 등에 대하여 고려해야 할 사항

파트 타임 노동자에 있어서는 노동 기준법, 최저 임금법, 노동 안정 위생법, 노동자 재해 보상 보험법 등의 노동자 보호법령의 준수를 도모함과 더불어 노동 조건은 파트 타임 노동자의 취업 실태, 통상 노동자와의 균형 등을 고려하여 정해야 하는데 특히 다음과 같은 점에 대해서 적절한 조치가 강구되어야 한다.

1. 파트 타임 노동자의 노동 조건의 명확화

• 고용 통지서 교부

고용자는 파트 타임 노동자를 고용했을 때는 당해 파트 타임 노동자에 대해서 임금, 노동 시간 등 중요한 노동 조건을 명시한 서면(이하 '고용 통지서'라 한다)을 교부하도록 노력해야 한다. 단, 당해 노동 조건이 노동 계약의 체결을 서면으로 행함으로써, 또는 취업 규칙을 교부함으로써 명확히 되어 있는 경우에는 고용 통지서의 교부를 요하지 않는다.

• 취업 규칙의 정비

① 파트 타임 노동자를 포함하여 항상 10명 이상의 노동자를 고용하

는 고용자는 노동 기준법에 정한 바에 따라 파트 타임 노동자에게 적용할 취업 규칙을 작성하기로 한다.

② 파트 타임 노동자에게 적용할 취업 규칙의 작성 또는 변경에 있어서는 적당한 방법으로 파트 타임 노동자의 의견을 듣는 것이 바람직하다.

2. 파트 타임 노동자의 노동 조건의 적정화

• 노동 시간

① 고용자는 파트 타임 노동자의 노동 시간 및 노동자를 정하거나 또는 변경함에 있어서 당해 파트 타임 노동자의 사정을 충분히 고려하도록 힘써야 한다.

② 고용자는 파트 타임 노동자에 대해서 가능한 한 소정 노동 시간을 초과하거나 또는 소정 근무 이외의 날에 근무시키지 않도록 해야 한다.

③ 고용자는 파트 타임 노동자를 소정 노동 시간을 초과하거나 또는 소정 근무일 이외의 날에 근무하게 하는 경우에는 고용할 때 파트 타임 노동자에 대해서 소정 노동 시간을 초과해서, 또는 소정 노동 일수 이외의 날에 근무하는 일이 있다는 취지와 정도를 명시하도록 해야 한다.

• 연차 유급 휴가

고용자는 파트 타임 노동자에 대해서 노동 기준에 정하는 바에 따라 소정 일수의 연차 유급 휴가를 주도록 한다.

• 기간이 정해진 노동 계약

① 고용자는 기간이 정해진 노동 계약의 갱신에 따라 1년을 초과하여 계속 고용하기에 이른 파트 타임 노동자에 대해서 노동 계약의 기간을 정하는 경우에는 당해 기간을 1년을 초과하지 않는 범위 내에서 가능한 한 길게 하도록 노력한다.

② 고용자는 기간이 정해진 노동 계약의 갱신에 따라 1년을 초과하여 계속 파트 타임 노동자를 고용할 경우에 있어서 노동 계약을 갱신하지 않을 때는 적어도 30일 전에 갱신하지 않는다는 뜻을 예고하도록 신경 쓴다.

- 임금, 상여금 및 퇴직금

파트 타임 노동자의 임금, 상여금 및 퇴직금에 대해서는 노사에 있어서 취업의 실태, 통상 노동자와의 균형 등을 고려하여 정하도록 노력한다.

- 복리 후생 시설

고용자는 급식, 교양, 문화, 체육, 레크리에이션 등의 시설 이용에 대해서 파트 타임 노동자에 대하여 통상 노동자와 같이 취급하도록 노력한다.

- 건강진단

고용자는 장기간 근무하는 파트 타임 노동자에 대해서는 노동 안전 위생법이 정하는 바에 따라 건강진단을 실시하도록 한다.

3. 파트 타임 노동자의 고용 관리의 적정화

- 고용 관리의 적정화

파트 타임 노동자에 대한 취업 실태를 고려하여 적정한 고용 관리를 실시한다.

- 고용 보험의 적용

고용 보험의 피보험자에 해당하는 파트 타임 노동자에 대해서 고용 보험법이 정하는 바에 따라 필요한 적용 수속을 취하도록 한다.

- 교육 훈련의 실시

파트 타임 노동자의 직업 능력 개발과 향상 등을 도모하기 위한 교육 훈련에 대해서는 취업의 실태에 따라 실시하도록 노력한다.

- 고령자의 단시간 노동의 촉진

단시간 근무를 희망하는 고령자에게 적당한 고용의 장을 제공하도록 힘쓴다.

- 통상 노동자에 대한 응모 기회의 부여

통상 노동자를 모집하려고 할 때는 현재 고용하고 있는 동종 업무에 종사하는 파트 타임 노동자가 통상 노동자로서 고용되기를 희망하는 데 대해 이에 응모할 기회를 우선적으로 부여하도록 힘쓴다.

4. 파트 타임 고용 노무 관리자의 선임

고용자는 파트 타임 사원을 10명 이상 고용할 때는 이 지침에 정하는 사항 등을 관리하기 위한 파트 타임 고용 노무 관리자를 선임하도록 한다.

제4 소정 노동 시간이 통상자와 거의 같은 노동자의 취급

이 지침은 당분간 소정 노동 시간이 통상 노동자와 거의 같은 노동자에 대해서도 적용되며 고용자는 통상 노동자와 같은 취업 실태에 있는데도 불구하고 처우 또는 노동 조건 등에 대해서 통상 노동자와 구별하여 취급하고 있는 자에 대해서는 통상 노동자에 적합한 처우를 하도록 힘쓴다.

2 파견 사원의 활용

1. 인재 파견 시스템의 성장 발전

기업의 정규 사원을 늘리지 않고 파견 사원을 이용해서 노동력을 효율적으로 활용하려고 하는 합리화 의식과 사원측 스페셜 리스트로서 일하고 싶다, 자기 시간이 비었을 때 자신의 기능과 경험을 살려서 일하고 싶다는 근로 의식의 변화가 일치된 결과로 나타난 것이 인재 파견 시스템이다.

인재 파견업 중에서 정보 처리 서비스업과 빌딩 종합 관리업은 대개 파견 회사가 매번 고용하는 사원을 필요에 따라 유저(수요인)인 기업에 파견하는 상용 고용형 파견(특정 사원 파견 사업)이다.

이와 반대로 사무 처리 서비스업은 오직 파견 회사에서 파견 사원을 등록해 두고 필요에 따리 등록 사원을 기업에 파견하는 등록형 파견(일단 사원 파견 사업)이 중심이다.

인재 파견 시스템의 활용이 급속히 신장하게 된 배경과 요인은 다음과 같다.

1) 저성장 시대의 감량 경영 수단 —— 외부 인재로 보충할 수 있는 부분은 가능한 한 외주화하여 고정적인 필요 인건비를 최소한으로 줄인다는 저성장 시대의 인재면에서의 감량 경영이다. 인재 파견의 활용은 경영면에서 보면 고정적인 인건비를 변동적인 외주비로 대

취업 형태, 직무 능력의 종류별 사업체의 기대도

(크게 중시하는 사업체 비율) (각 취업 형태를 갖춘 사업소 = 100) (복수회답, %)

취업형태	조직 관리력	기획력	통상업무 처리능력	전문지식 기능	업무 경험	판단력	접객 절충 능력
정 규 사 원	56.8	53.3	64.9	64.4	45.0	61.3	60.8
출 장 사 원	53.1	52.3	56.3	62.1	50.5	57.2	50.5
파견노동자	7.6	8.6	55.4	46.7	41.2	30.4	30.8
파 트 타 임	4.5	4.7	39.9	17.7	17.9	17.1	23.6
임시 · 일용	4.4	4.4	38.7	17.7	16.8	18.3	19.4
계약 · 등록 사 원	10.9	10.9	43.6	54.6	40.5	31.5	33.4

자료 : 노동부 '취업 형태의 다양화에 관한 실태 조사(1986년)'
(주) 파견 노동자에 대한 파견처에서의 상황

치하는 것이다.

2) 기술 혁신에 따른 즉전력 인재의 필요 —— 인건비 상승, 경영 의사 결정의 신속화의 요청 등에 의해 OA기기를 도입하면, 즉 전문성이 높은 시스템 엔지니어, 프로그래머, 키펀처, 오퍼레이터 등의 인재가 필요하게 된다. 또 엘렉트로닉스의 눈부신 진보와 대량의 OA기기 도입에 기업내 인재 육성이 따르지 못하기 때문에 당연한 결과로 외부 즉전력의 손을 빌리는 형태가 된다.

3) 일하는 여성의 급증과 근로 의식의 변화 —— 우선 고학력으로 결혼 전에 몇 년간 회사 근무를 하였거나 컴퓨터 오퍼레이터, 비서, 경리 사무 등 여러 가지 기능을 습득하여 가정에 들어간 여자들이 기능을 살려 다시 직장에 나오고 싶어하는 사람이 많아진 것을 들 수 있다. 또 특정 기능에 대한 향상 의욕이 왕성하고 스페셜 리스트 지향이 강하여 인간관계의 번거로움을 싫어하고 비교적 자유로운 환경을 좋아하는 경향이 강하여 2~3년 이상은 회사에 취직한 경험이 있는 여자의 파견 사원 지망자가 증가하고 있는 것이다(파견 사원 수는 1983년의 31만 명에서 1988년 43만 명으로 증가).

4) 빈자리 메우기적 인재 확보의 필요성 증대 —— 업무량의 일시적 증대, 중도 퇴직자의 발생, 중도 채용난, 장기 휴가 실시 등으로 일시적인 '잇기' 요원, '구멍 메우기' 요원을 필요로 하는 기회가 많아지고 있는데 그때마다 파트 타임을 모집, 채용, 교육시키는 것으로는 때를 맞추기 어려운 일이어서 즉전력이 되는 파견 사원을 이용하는 경우가 늘고 있다.

경제기획부가 1989년 '2000년에는 3명 가운데 1명이 외부 사원'이라는 장래 예측을 발표하고 있다. 그에 의하면 현재 회사에 근무하고 있는 6명 가운데 1명이 파트 타임과 파견 사원 등의 외부 사원으로 채워져 있다. 그것이 앞으로 10년 후에는 3명에 1명으로 늘어난다는 예측이다.

급속히 진전하는 OA기기의 고도화, 마케팅 기법의 고도화에 대응해서 중소기업이 고도한 전문적 담당자를 갑자기 육성해 가기에는 어려운 점이 많다. 또 모처럼 사업 기회가 주어져도 일시적인 인재 부족 때문에 수주할 수 없는 경우도 있다. 이들을 해소하기 위해 사내 인재 구성에 따라 일정 기간에 일정 업무는 파견 사원으로 처리하도록 사전에 계획, 기준화 해두면 파견 사원를 유효하게 활용할 수 있다.

2. 인재 파견 시스템의 도입 목적과 이용 실태

도쿄의 한 노정 사무소의 '파견 사원의 파견, 수용에 관한 실태 조사(1980년)'에 의하면 파견 사원를 이용한 일이 있는 사업체의 비율이 가장 높은 것은 제조업(36.8%), 도 · 소매업(35.1%), 서비스업(33.2%)

순으로 되어 있다.

이용 기간은 전 기업에서는 13년 미만이 가장 많고(85.6%) 다음이 3년 이상(15.1%), 6~12개월(13.5%), 3~6개월(9.4%) 순으로 되어 있으며 장기적인 이용이 압도적으로 많다. 직종별 수용 상태는 빌딩 종합 관리, 조리사, 마케팅, OA 오퍼레이터, 판매 사원이 많다.

파견 사원의 수용 이유는 '요원 확보가 비교적 용이하다(56.8%)'가 가장 많고 '일시적 요원 보충(52%)', '특별한 지식, 기능의 필요(50. 5%)'가 중점적이다. 또 파견 사원에게 기대하는 직무 능력은 업무 처리 능력(55.4%), 전문 지식 기능(46.7%)으로 되어 있다.

• 구체적인 고용 사례

파견 사원는 정보 처리, OA기기 조작 등의 사무 처리 업무에 활용되는 경우가 가장 많지만 다음과 같은 활용 사례도 있다.

1) 건설 현장, 엔지니어링 회사 등 단기간의 채용이 곤란하고 프로젝트 기간 중만의 요인으로서 활용한 예(단기 고용 정리 요원)

2) 사원이 적은 중소기업에서 퇴직한 여사원의 연결로써 파견 사원을 이용, 또는 신규 사원을 채용해서 처음부터 가르치기 힘들어 파견 사원을 대체한 예(교육 생략형 요원)

3) 월중, 연중의 바쁜 시기에 집중적으로 일이 많은 회사가 바쁜 시기에만 정기적으로 파견 사원를 활용한 예(업무 집중시 요원)

4) 업무가 매너리즘에 빠지는 것을 막기 위해 일정 기간마다 파견 사원을 교체하고 있다. 취업 시간 중에 상담, 잔무가 많은 사원의 직장 활성화를 도모하기 위해 활기있게 일할 수 있는 파견 사원을 혼재시킨다(직장 활성화 요원).

5) 워터 프론트의 창고 거리나 공업 지대 같은 곳의 환경과 이미지

를 가진 회사는 젊은 여성에게 인기가 없어서 사무직이나 전문직을 구할 수 없다. 그래서 정규 사원 채용 대신에 파견 사원을 이용한 예(채용난 극복 요원)

6) 개인적으로 뜻이 맞지 않아 능률이 오르지 않는 비서 업무를 교체하기 쉬운 파견 사원을 이용한 예(고도 전문 요원)

7) 여름 휴가 기간 중의 대행 요원으로 이용한 예(휴가 대체 요원)

8) 기술자 중심의 벤처 기업이 큰 상사에서 정년 퇴직한 영업 부장을 파견 사원으로 보강한 예(급성장에 대비한 전문 요원)

3. 인재 파견 시스템과 파견 계약

1. 적용 대상 업무와 파견 시스템

사원 파견 사무를 실시할 수 있는 업무로써 다음 대상 업무가 정해져 있으므로 이것 외의 업무를 파견 회사에 의뢰할 수는 없다.

노동자 파견 시스템

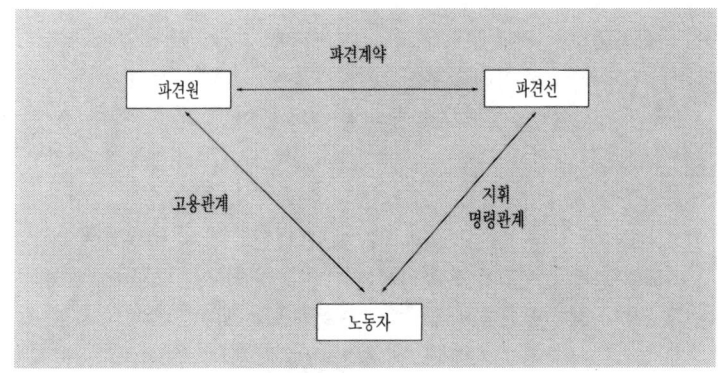

노동자 파견법의 적용 대상 업무의 개요

1) 정보 처리 시스템 개발 관계 — 전자계산기를 사용함으로써 기능을 발휘하게 되는 시스템의 설계 또는 보수, 프로그램 설계, 작성, 보수 업무

2) 기계 설계 관계 — 기계장, 기구 또는 기계 등에 의해 구성된 설비의 설계, 제도 업무

3) 방송 기기 조작 관계 — 영상·음성 기기 등의 기기로써 방송 프로그램 등의 제작을 위해 사용되는 조작 업무

4) 방송 프로그램 등 연출 관계 — 방송 프로그램 등의 제작에 있어서의 연출 업무

5) 사무용 기기 조작 관계 — 전자계산기, 타이프 라이터, 텔렉스 또는 이에 준하는 사무용 기기의 조작 업무

6) 통역, 번역, 속기 관계 — 통역, 번역 또는 속기 업무

7) 비서 관계 — 법인 대표자 그 밖에 사업 운영상 중요한 결정을 실시하고 또는 그 결정에 참여하는 관리직 지위에 있는 자의 비서 업무

8) 파일링 관계 — 문서, 자기 테이프 등의 파일링에 관한 분류 작성 또는 파일링(고도의 전문 지식 등을 필요로 하는 것에 한함) 업무

9) 조사 관계 — 신상품 개발, 판매 계획의 작성 등에 필요한 기초 자료를 얻기 위한 시장 조사 또는 당해 조사 결과의 정리, 분석 업무

10) 재무 관계 — 대차대조표, 손익계산서 등 재무에 관한 서류 작성, 기타 재무 처리 업무

11) 무역 관계 — 외국 무역 기타 대외 거래에 관한 문서 또는 상품의 매매 그 외에 국내 거래에 관한 계약서, 화물 인환증, 선하 증권 또는 이것에 준하는 국내 거래에 관한 문서 작성 업무

12) 데몬스트레이션 관계 — 전자계산기, 자동차 기타 용도에 따라 적확한 조작을 하기 위해 고도의 전문적인 지식, 기술 또는 경험을 필요로 하는 기계의 성능, 조작 방법 등에 관한 소개 및 설명 업무

13) 여행 관계 — 여행업 법에 규정된 여정 관리 업무, 당해 여정 관리 업무에 부수하여 실시하는 여행자의 편의가 되는 서비스 제공 업무 또는 차량 정류장, 항공기 발착장에 설치된 승강 또는 대기용으로 제공

되는 건축물 내에서 실시하는 여행자에 대한 송영 서비스 제공 업무
14) 건축물 청소 관계 – 건축물에 있어서의 청소 업무
15) 건축 설비의 운전 등 관계 – 건축 설비의 운전, 점검 또는 정비 업무
16) 접수, 안내, 주차장 관리 등 관계 – 건축물 또는 박람회장 등에 있어서의 내방자 접수 또는 안내 업무, 건축물에 설치되거나 또는 이에 부속되는 주차장의 관리 업무, 그 외에 건축물에 출입, 근무 혹은 주거하는 자의 편의를 도모하기 위해 건축물에 설치된 설비로써 건축물을 유지 · 관리하는 업무

즉, 파견 사원의 업무 범위는 전문화 · 고도화 된 업무 분야라고 할 수 있으므로 전문성이 요구되지 않는 정형 업무나 잡무는 의뢰할 수 없다.

'사원 파견 사업의 적정한 운영 확보와 파견 사원 취업 조건의 정비 등에 관한 법률(이하 '사원 파견법'이라 한다)'은 사원 파견 사업의 운영면의 적정화와 파견 사원의 취업 조건 정비 등에 따른 고용 안정, 복지 증진을 목표로 하고 파견업주뿐 아니라 파견처의 사업주에 대해서도 각종 법적 의무를 과하고 있다. 따라서 인재 파견 시스템을 이용하는 기업은 이 법률의 내용을 충분히 이해함과 동시에 사내 수용 체제의 정비 등을 도모하는 것이 긴요하다.

또 파견 회사에서 보낸 파견 사원은 고용 관계를 파견업주와 맺고 있고 파견처에서는 파견처 기업의 지휘 명령하에서 일하게 된다.

2. 파견처 사업주의 사원 파견 계약에 있어서 유의 사항

파견처는 사원 파견 계약의 체결 신청을 할 때 파견 사원의 취업 조건을 파견 계약에서 명확하게 정해 둘 필요가 있다. 그러기 위해서는 사전에 취업 중 파견 노동자를 직접 지휘, 명령할 수 있는 자로부터 파견 사원이 담당할 업무 내용, 필요한 지식 기술, 경험 수준 등을 충

분히 확인해 두는 것이 중요하다.

계약 체결을 할 때는 사원의 적정한 취업을 확보하는 관점에서 다음까지의 법정 계약 내용을 서면으로 기재해 두어야 한다. 또 파견업주가 허가를 얻거나 신고하는 취지를 명시한 내용(구체적으로는 허가 번호 또는 신고 수리 번호)을 서면에 기재해 두어야 한다.

1) 파견 사원이 종사하는 업무 내용 —— 파견 노동자가 수용 기업의 기대대로 일을 하지 못했을 때는 대체 요원을 요구할 수 있다.
2) 파견처의 사업체 명칭, 소재지와 취업 장소, 구체적으로는 취업할 부서명과 전화번호 등 파견업자가 파견 노동자와 연락을 할 수 있는 내용을 명시해야 한다.
3) 파견처에서 파견 노동자를 구체적으로 명령할 자의 부서, 직책 및 이름을 명시한다.
4) 노동자 파견 기간과 파견 취업을 하는 날을 명시한다.

▶ 노동부 장관이 파견 기간을 정한 업무에 있어서는 파견 계약에서 그 기간을 초과하여 정하지 못한다. 이것은 파견업자가 안이하게 파견 노동을 이용하면 파견처 상용 고용 노동자의 사기 저하나 고용 불안감을 초래하게 되는 사태를 방지하기 위해서이다. 이 기간을 초과하여 파견 노동자가 필요한 경우에는 계약 당사자의 합의에 의해 파견 계약을 갱신하여 정하는 것은 상관없다. 노동부 장관이 정하는 기간으로써는 전기 적용 대상 업무 중 1~13까지와 1~6중에서 건축물 또는 박람회장에 있어서의 내방자 접수, 안내 업무는 1년간, 그 외의 업무는 기간을 정하지 않고 있다.

5) 파견 취업의 개시, 종료 및 휴식 시간 —— 노동 기준법의 노동 시간, 휴식 시간에 관한 규정을 위반하지 말아야 하며, 파견 노동

자와 파견처와의 노동 계약 범위 내에 있어야 한다.

6) 안전과 위생에 관한 사항을 명시한다.

7) 파견업 회사 책임자와 파견처 책임자의 직위 성명과 연락 방법을 명시한다.

8) 사원 파견의 파견 취업일 이외의 날에 취업시킬 수 있는 취지를 정했을 경우에는 취업시킬 수 있는 날, 또는 파견 취업 개시 시각에서 종료 시각까지의 시간을 연장할 수 있는 취지를 정한 경우에는 연장할 수 있는 시간수를 명시한다.

9) 파견 노동자의 인원수 정하는 것을 명시한다.

3. 법정외 계약 내용

이상의 법정 계약 내용 외에 노동자 파견 계약에 있어서는 파견자와 파견 노동자간에 고용 계약이 체결되어 있는가를 확인함과 동시에 다음과 같은 사항에 대해서 계약 내용을 구체적으로 정할 필요가 있다.

1) 파견 요금

2) 출·퇴근 관리 능 파견처에서의 취업 관리(지각, 조퇴, 결근 등)

3) 대체 요원을 파견하는 경우의 약정

4) 파견처에서 파견 노동자가 준수해야 할 질서, 규율, 비밀 엄수 의무

5) 취업 질서 위반자의 취급

6) 파견처에 대해서 손해를 발생시켰을 경우 등의 손해 배상에 관한 사항

7) 작업의 표준, 능률에 관한 사항

8) 파견처에서의 복리 후생에 관한 사항

9) 계약 해제에 관한 사항 등

4. 파견 의뢰의 포인트

1. 파견 회사의 선정

노동부의 조사(1991년)에 의하면 사원 파견 회사 중 등록형 파견을 주로 하는 일반 사원 파견 사업을 실시한 회사가 86.8%, 상용형 파견을 주로 하는 특정 사원 파견 사업을 실시한 회사가 64.2%로 되어 있다.

일반 사원 파견 사업을 실시하는 회사는 1987년에 759개 회사였으나, 1989년에는 1,399개 회사로 급성장하여 경쟁이 격화되고 있기 때문에 각 회사 모두가 업무 등 특화 영역을 명확히 하고 있다.

파견 회사에는 경력이 많고 비교적 규모가 큰 다각적인 업무를 제공하는 종합형 파견 회사와 OA, 번역, 설계 등 전문 분야로 좁혀서 서비스를 제공하는 전문형 파견 회사가 있다. 그 밖에 대기업의 자회사 등에서 관련 기업에 서비스를 제공하는 회사가 있어 세 가지 타입으로 나뉘게 되는데, 일반 중소기업이 의뢰할 수 있는 것은 앞의 두 가지이다.

그러므로 파견 회사를 선택할 때는 이 특징에 입각해서 광고 등에서 처리 업무에 맞는 후보 회사를 선택하게 된다. 다음에 전화 문의로 파견 사원에게 담당시키려는 업무 내용을 상세히 설명해서 충분한 이해를 얻을 수 있는 회사인가, 기간, 인원의 요망에 안정적으로 대응할 수 있는 회사인가, 또 파견 노동자 교육 훈련을 충분히 하고 있는 회사인가 따위를 체크한다.

회사 간의 요금 차이는 일반적으로 별로 크지 않으므로 업무 처리 능력이 높은 인재가 있는가 하는 점을 중심으로 해서 회사를 선택하는 것이 중요하다.

파견 요금이 너무 싼 경우에는 시간당 업무 처리량 등을 확인할 필요가 있다. 또 파견 사원의 결정과 분쟁에 대해서 신속·정확히 대응을 할 수 있는가 하는 서비스면의 충실도도 체크할 필요가 있다. 이들을 비교하기 위해서 신규로 파견 회사에 사원 파견을 의뢰할 때는 2~3개 회사와 접촉해 볼 필요가 있다.

2. 파견 의뢰시의 주의

구체적인 파견 의뢰를 할 때는 파견자가 적절한 인선을 할 수 있도록 다음과 같은 것을 명확히 하여 전달할 필요가 있다.

- 업무의 구체적 내용과 전체의 작업량(기간, 시간, 인원, 예산)
- 필요한 업무 처리 능력(경험, 스피드, 레벨, 자격)
- 업무에 대해서 의뢰측이 지도할 수 있는 범위

스태프의 파견은 기업과 파견 회사와의 사원 파견 계약에 의거하여 실시되므로 일단 징해진 계약 내용은 정당한 이유나 파견자, 파견처, 파견 사원의 합의가 없으면 변경할 수 없다.

5. 파견 노동자 활용 포인트

인재 파견의 활용은 기본적으로 전문 업무의 프로를 이용하는 것이므로 수용 기업측의 의뢰 업무가 전문적으로 분화되어 있고 수용 체제가 정비되어 있지 않으면 능률이 오르지 않는다.

중소기업에서는 한 사원이 잔무를 포함해서 많은 업무를 처리하는 경우에 파견 사원을 의뢰할 때는 사원과 같은 일을 시키기 쉽다. 그러나 파견 노동자에게 전문 분야 이외의 익숙하지 못한 일을 맡기면 일의 성과가 오르지 않을 뿐 아니라 본업의 능률도 오르지 않게 된다.

파견 사원은 파견처 기업의 업무를 청부받고 있는 것이 아니므로 능률이 오르고 안 오르는 것은 파견처 기업의 취업 관리 여하에 달려 있다.

파견 노동자를 활용하여 업무 능력을 향상시키려면 다음 네 가지 포인트에 유의할 필요가 있다.

1. 전문 동일 업무 일괄 처리

매주 하루씩 2개월간이라는 식의 의뢰라면 동일 사원 파견을 받기가 어려운 경우가 많다. 파견 스태프는 일의 프로라 해도 각 회사마다 각자 일하는 요령이 있기 때문에 하루만으로 일에 익숙해지는 것은 무리이므로 업무 능률이 오르지 않는다.

그러므로 월차 업무를 주 1회씩 처리하는 업무라도 가능한 한 월말 3~4일에 정리해서 처리하는 방법을 쓰게 되는 것이다. 기기 조작인 경우에는 한 가지 기기는 동일 사원에게 계속해서 사용시키는 식으로 숙련에 따른 능률 향상을 고려할 필요가 있다.

2. 대인 관계와 환경 정비

정규 사원과 파견 사원은 전혀 입장이 다르므로 같은 직장에서 동일 업무를 시키면 인간관계의 알력이나 관리상 어려움이 일어나기 쉽다. 이런 것을 피하려면 대화를 원활하게 하고 직장에 익숙해지도록 하는 것이 제일이지만, 가능한 한 파견 사원의 일과 직장을 정규 사원과 구별하는 것이 좋다. 그것이 불가능할 때는 일이나 직장만이라도 나누면 일과 사람 관리가 수월해진다.

3. 도입 지도

일에는 프로라 하더라도 전문 업무가 중심이기 때문에 자사에서는 당연한 것으로 여기고 있는 처리 방법이라도 외부인이 보면 특수한 처리인 경우가 많다. 업무에 착수시키기 전에 일의 전모를 설명하고 불명확한 점이 없는지, 자기 스타일로 해석하고 있는 점은 없는지 체크하고 일을 시작하도록 한다.

4. 코스트 퍼포먼스 관리

인재 파견 요금은 노동부의 1989년도 조사에 의하면 다음의 도표와 같다. 이 요금은 교통비, 소득세를 포함한 노무 제공의 대가이며 파견을 의뢰하는 회사의 비용 과목은 업무 위탁료 또는 외주가공비이다. 잔업에 대해서는 이 요금을 기본으로 해서 법정 할증 요금을 부담하게 된다.

이처럼 파견 노동자의 시간당 파견 요금은 중소기업의 임금 수준에 비하면 일반직으로 싸지 않기 때문에 파견을 의뢰할 때 의뢰 업무 내용을 상세히 알려 가장 능률적인 스태프를 인선하도록 해야 한다.

예를 들면 키펀치라 해도 컴퓨터 단말기, 워드프로세서, 그밖에 키보드 등 여러 가지가 있다. 입력하는 내용도 텐키(키보드상에서 숫자 키만을 종합해서 배치한 부분), 숫자와 글자, 영문, 한자 등 여러 가지로 워드프로세서 등은 메이커 기종에 따라 조작이 전혀 다르다.

파견 회사는 파견 노동자 하나하나에 대해서 특기 또는 담당 가능한 자세한 업무를 파악하고 있으므로 파견 의뢰하는 쪽은 어느 메이커의 어느 기종을 써서 어떤 데이터를 입력해야 할 것인지, 하루에

노동자 파견 사업의 파견요금(1987년) (단위 : 원)

대　　상　　업　　무	일반노동자 파견사업	특정노동자 파견사업
소 프 트 웨 어 개 발	21,703	23,975
기　　계　　설　　계	18,769	21,953
방 송 기 기 등 조 작	18,708	18,206
방 송 프 로 등 연 출	18,302	17,398
사 무 용 기 기 조 작	13,580	15,167
통 역 , 번 역 , 속 기	28,499	26,743
비　　　　　　　서	17,059	14,414
파　　　일　　　링	12,055	12,812
조　　　　　　　사	13,550	17,780
재　무　처　리	12,674	12,818
거 래 문 서 작 성	15,012	17,684
데 몬 스 트 레 이 션	17,892	22,168
여 행 안 내 직 원	15,053	11,460
건 축 물 청 소	8,757	8,358
건축설비운전 , 점검등	12,822	13,327
안 내 , 주 차 장 관 리 등	12,258	10,249

자료 : 노동부 '노동자 파견 사업 보고의 집계 결과'

어느 정도의 작업량을 해내야 하는 것인가를 상세히 알리고 가장 적당한 파견 노동자를 인선시킬 필요가 있다.

파견 노동자를 취업시키면 가능한 한 빠른 시기에 능력, 근무 태도, 협조성 등을 체크하고 단위 시간당 업무 처리량을 파악하며 기능이나 근무 태도에 문제가 있을 때는 2주 이내에 사정을 설명하고 파견 노동자의 교체를 의뢰하는 것도 중요하다.

또 코스트 퍼포먼스를 올리기 위해서는 파견 노동자의 업무 처리 절차를 미리 정해 두는 것도 중요하다. 업무 처리에 필요한 전표류, 용구, 기기, 장소 등을 사전에 준비하고 시간, 일정 단위로 작업 계획을 세워 시간을 낭비하지 않도록 하는 것도 중요하다.

6. 파견 노동자의 취업 관리

1. 지휘 · 명령 관계

노동자 파견은 파견 회사가 고용한 파견 노동자를 피파견처의 지휘 명령하에 두고 업무에 종사시키는 것이다. 그러므로 파견처 기업은 파견 노동자를 수용하면 직접적인 지휘 · 명령 관계에 입각하여 취업시키게 된다.

여기서 파견 노동자로서 파견 회사와 고용 계약을 맺고 있기는 해도 실제로 취업하는 파견처와의 고용 관계없이 지휘 · 명령 관계에 그치기 때문에 파견 계약을 할 때는 취업 중인 파견 노동자를 직접 지휘 · 명령하는 자의 부서, 담당 업무 및 이름을 명확히 하여 파견 노동자의 불만이 있으면 이를 받아들여 파견 취업이 원활하게 실시될 수 있게 할 의무가 있다. 또 취업 중에는 파견 노동자를 직접 지휘 · 명령하는 자 이외의 파견처 사원이 계약 업무 이외의 사항을 임의로 지휘 · 명령할 수 없다.

2. 노동자 파견 계약의 준수

파견처는 파견 노동사의 취업 관계에 있어서 노동자 파견 계약의 규정에 반하는 일이 없도록 다음과 같은 파견처 사업체의 실태에 맞는 적절한 조치를 강구할 필요가 있다.

1) 노동자 파견 계약으로 정해진 취업 조건을 파견 노동자의 업무 수행을 지휘 · 명령하는 직무상의 지위에 있는 자, 기타 관계자에게 취업 조건을 기재한 서면 또는 취업 장소에 게시함으로써 주지의 철저를 기한다.

2) 정기적으로 파견 노동자의 취업 장소를 순회하여 파견 노동자의

취업 상황이 파견 계약을 위반하고 있지 않는가를 확인한다.

3) 파견 노동자에게 직접 지휘 · 명령하는 자에게서 정기적으로 파견 노동자의 취업 상황에 대한 보고를 요구한다.

3. 파견처 책임자의 적절한 선임 및 직무 내용

상기 지휘 · 명령이 적절히 실시됨과 동시에 파견 노동자의 적정한 취업을 확보하기 위해 파견처에서는 파견 노동자에 관한 취업 관리의 중심이 되어 책임있게 일을 수행할 전속 파견처 책임자를 선임하기로 되어 있다.

파견처는 다음 조건을 갖춘 파견처 책임자를 선임하도록 노력할 필요가 있다.

1) 노동 관계 법규에 관한 지식이 있는 자
2) 인사 · 노무 관리 등의 전문적인 지식 또는 상당 기간의 경험이 있는 자
3) 파견 노동자의 취업에 있어서 일정한 결정과 변경을 실시할 수 있는 권한이 있는 자

또 파견처 책임자는 주식회사 및 유한회사의 감사역은 선임될 수 없다. 그리고 파견처 책임자는 사업체 이외의 기타 파견 취업 장소에 있어서의 파견 노동자 수를 1명 이상 100명 이내를 1단위로 하여 1단위당 1명 이상의 파견처 책임자를 선임해야 한다. 단, 파견 노동자 수와 파견처가 고용하는 노동자 수를 더한 수가 5명 이하일 때 또는 노동자 파견 시간이 하루를 초과하지 않는 경우에는 선임할 필요가 없다.

파견처 책임자의 직무 내용은 다음과 같다.

1) 다음 사항의 내용을 파견 노동자의 업무 수행을 지휘 · 명령하는 직무상의 지위에 있는 기타 관계자에게 주지시킨다(노동자 파견법 및 동법에 의거하여 적용되는 노동 기준법, 노동 안전 위생법 등의 규정).

2) 파견처 관리 대장의 작성, 기록, 보존과 통지에 관한 일 —— 파견처는 관리 대장에 파견 노동자 개개인에게 정해진 사항을 서면으로 기재하고 파견업주에게 1개월마다 1회 이상 통지할 의무가 있다.

3) 파견 노동자가 제기한 불만에 대한 처리에 임할 것 —— 파견처 (수용 기업)는 파견 노동자가 파견 취업에 관하여 불만을 제기했을 때는 불만 내용을 파견업주에게 통지함과 동시에 파견업주와의 밀접한 제휴하에서 성의를 다하여 지체없이 불만 제기에 대해 적절하고도 신속히 처리하도록 되어 있다.

4. 대상 업무 외의 업무

앞에서 서술한 바와 같이 노동자 파견법에서는 파견 노동자에게 종사시킬 수 있는 적용 대상 업무가 정해져 있고 적용 대상 업무 이외의 업무에 대해서는 파견 근무를 시킬 수 없다. 또 노동자 파견법에서는 앞에서 서술한 바와 같이 파견처에 대해서 파견 계약의 규정에 반하는 일이 없도록 적절한 조치를 강구하도록 의무 지우고 있다. 그러므로 파견처 기업은 계약으로 정해진 파견 적용 대상 업무 이외의 일을 하도록 파견 노동자에게 명할 수 없다.

흔히 볼 수 있는 경우로는 인원 부족 때문에 파견 노동자에게 계약 내용 이외의 다른 업무를 조금씩 맡겨 처리시키고 있는 예가 있다.

이런 사태는 파견 노동자로부터의 불만을 살 뿐만 아니라, 파견업자와의 관계를 해치게 될 우려가 있어 취업에 즈음해서는 신중한 배려가 필요하다.

그러나 예를 들어 파일링 등의 대상 업무를 파견 계약에 의해 파견 노동자에게 취업시키고 있는데, 그 업무가 한가할 때 가끔 카피 같은 것을 시켰다하더라도 임시적, 일시적인 것으로 대상외 업무를 반복하는 것이 아니라면 위법은 되지 않는다.

5. 기간 중의 중단

파견 계약에 있어서 일의 형편상 중도 해약하고 싶다고 하는 경우에는 가능한 한 속히 파견 회사에 연락해서 해약 패널티(벌칙) 문제로 발전하지 않도록 노력한다.

파견업자와 파견 노동자간의 고용 기간이 만료되기 전에는 양자간의 고용 계약이 존속되고 있으므로 파견업자는 새로운 파견처에 파견 노동자를 파견시키든가 파견처 모르게 휴업시키고 있는 경우에는, 원칙적으로는 근로 기준법상의 휴업 수당을 지급할 의무가 생기기 때문이다. 파견처는 업무상 사정을 이유로 파견 계약을 중단할 경우에는 상당한 유예 기간을 두고 취지를 파견업자에게 예고하도록 노력해야 한다.

6. 파견 노동자의 교대 신청 등

파견 노동자가 파견처에서 취업하는데 있어 무단 결근이나 지각 등을 거듭하거나 파견처의 지휘·명령에 따른 정상적인 취업을 하지 않거나 파견처 기업의 질서를 문란케 하는 행동이 있을 경우에는, 수용 기업으로써는 파견 기업의 파견 책임자에게 연락하여 적정한 조치를 요구할 수 있다. 또 파견 노동자의 교대를 신청하든가 파견 계약을 해제할 수도 있다.

단, 파견처는 파견 노동자에 대해 지휘·명령권은 있어도 직접 파견 노동자에게 징계권을 행사할 수는 없다.

7. 적정한 파견 취업의 확보

파견처는 파견 노동자의 취업 관리에 있어 적정한 파견 취업이 확보될 수 있도록 다음과 같은 조치를 취할 필요가 있다. 이것은 파견처에 있어서 파견 노동자의 불만 제기를 방지하기 위해서도 중요하다.

1) 불만 처리 체제의 정비
2) 관계 법령을 관계자에게 주지
3) 파견업 사업주와의 연락 체제 확립
4) 파견 노동자에 대한 설명회 등의 실시

파견처는 파견 노동자를 수용할 때 파견 노동자의 불만 제기에 대한 처리 방법, 이용할 수 있는 복리 후생 조치 내용, 파견처의 다른 노동자와의 업무상 관계에 대해서 필요한 내용 등의 설명과 직장 생활상의 조언, 설명회 등을 실시하는 것이 바람직하다.

8. 파견 노동자에 대한 노동 기준법 등의 적용

노동자 파견에 있어서 파견 노동사의 고용 계약을 체결하고 있는 것은 파견업 사업주이기 때문에 파견 노동자에 대한 노동 기준법 등의 규정을 적용하는데 있어서는 파견업 사업주가 사용자 책임을 지게 된다.

그러나 지금까지 살펴본 것처럼 노동자 파견은 파견업자와 고용 관계에 있어도 실제로는 파견처가 파견 노동자에 대해서 취업 중에 지시 명령을 실시하고 또 실제 노동을 제공하는 자리에 있어서 작업 환경으로써의 설비 등의 설치, 관리를 파견처가 실시하고 있다. 그러므로 파견처 사업주에 대해 사용자로서의 책임을 물을 수 없다면 파견 노동자의 보호에 결함이 생길 우려가 있다.

그래서 노동자 파견법에서는 파견처에서 구체적인 취업에 수반하는 사항에 대해서는 파견처 사업주에게 사용자 책임을 지우게 하여 노동 기준법 등에 관해서 특례 규정이 마련되어 있다.

노동 기준법에 관해서는 근무 시간, 휴식, 휴일 등 노동자의 구체적인 취업에 관한 사항의 설정은 파견업 사업주가, 또 구체적인 운용에 대해서는 파견처 사업주가 책임을 지게 되어 있고 파견 중인 노동자의 파견 취업에 관하여 다음 규정에 대해서는 파견처 사업주만이 사용자로서의 책임을 지게 되어 있다.

▶ 공민권 행사의 보장, 근무 시간, 휴가, 휴일, 시간외 및 휴일의 근무, 근무 시간 및 휴식의 특례, 근무 시간, 휴식, 휴일에 관한 규정 적용의 제외, 연소자의 근무 시간 및 휴일, 연소자의 심야 취업, 연소자의 위험 유해 업무의 취업 제한, 연소자의 갱내 노동 금지, 여자의 근무 시간 및 휴일, 여자의 심야 취업, 여자의 갱내 노동 금지, 임산부 등에게 관계되는 위험 유해 업무의 취업 제한, 임산부의 시간외 근무, 휴일 근무 및 심야 취업, 육아 시간, 생리일의 취업이 현저하게 곤란한 여자에 대한 조치

또 균등 대우, 강제 노동 금지 및 도제의 폐해 배제 규정에 대해서는 파견업자, 파견처 쌍방이 사용자 책임을 지도록 되어 있다.

또한 변형 근무 시간의 규정과 병행하여 시간외, 휴일 근무의 협정 및 신고는 파견업측 사용자가 실시하게 되어 있고, 파견처측 사용자는 파견업측 사용자가 정한 변형 노동 시간과 체결한 시간외, 휴일 노동의 협정 범위 내에서 시간외, 휴일 노동을 시킬 수 있다.

그밖에 노동 안전 위생법, 진폐법, 작업 환경 측정법에 관해서도 특례 규정이 마련되어 있고, 파견 사업주만이 아니라 파견처 사업주

의 조치 의무 등이 규정되어 있다.

7. 경영 관리상의 파견 노동자 활용 포인트

1. 정규 사원과의 조정

정규 사원 속에서 파견 노동자가 일하고 있는 경우 여러 가지 문제가 발생한다. 노동부의 '일반 노동자 파견 사업 실태(1988년)'를 보면 '파견 스태프에 대한 인간관계 관리가 능숙하지 못하다'고 하는 것이 등록형 파견 기업으로써 43.7%라는 가장 높은 비율을 차지하고 있다.

파견처 수용 기업에게 있어서 파견 노동자는 '국외자'인지도 모른다. 그러나 수용한 이상 직장의 일원으로서 맞아들이고 정규 사원과의 커뮤니케이션을 꾀하는 연구 등 특히 수용 당초의 인간관계 면에

파견처에서 파견 스태프 관리에 관한 문제점 (복수회답)

질 문 항 목	응답비율(%)
① 계약 내용을 도중에 바꾸는 일이 있다.	17.5
② 파견 계약 내용과 실제 업무 내용이 다른 경우가 있다.	42.7
③ 파견 스태프에 대한 인간관계 관리가 능숙하지 못하다.	43.7
④ 파견처의 파견 스태프의 고용법이 거칠다.	22.3
⑤ 파견 스태프를 파견처의 정규 사원으로 스카우트 하려고 한다.	33.0
⑥ 파견처 기업의 관련 파견 회사의 파견 스태프로서 스카우트 하는 일이 있다.	10.7
⑦ 잔업과 근무 시간 관리가 허술하다.	10.7
⑧ 정규 사원과의 조심성없는 차별 대우가 있다.	11.7
⑨ 파견 스태프에 대한 지휘·명령과 업무 지시가 애매해 혼란을 초래한다.	32.0
⑩ 기타	4.9
⑪ 회답이 없다.	8.7

자료 : 노동부 '일반 노동자 파견 사업 실태 조사(1988년)'
(주) 등록형 파견을 주로 하는 103개 기업을 대상

서의 배려를 신중히 하고, 직장 분위기에 빨리 익숙해질 수 있도록 하는 것이 중요하다. 처음 관계에서 원활하지 못하고 정규 사원과의 사이가 어색해지면 결국 마지막까지 인간관계가 원만해지지 못하는 경우가 많다. 파견 노동자에는 여자 노동자가 많을 수도 있고 파견처 취업 장소에서 정규 사원이 많은 경우 등 특히 인간관계 면에서 배려가 필요하다.

수용 기업은 인원 배치 면에서도 파견 노동을 활용하는 기업의 목적을 명확히 함과 동시에 파견 활용 대상 업무의 개선, 정규 사원과의 인원 균형 등을 다각적으로 고려한 뒤에 파견 근무를 활용해야 한다.

또 파견 시스템으로 일하는 노동자는 전문직으로 프로 의식과 능력을 가진 유능한 인재가 많다. 실력으로 겨루는 프리워커로서는 당연한 일일지도 모르나 때로는 조직 속에서 적당히 일하는 정규 사원과의 사이에 알력이 생겨 정규 사원의 사기 저하를 초래하는 일이 없도록 하는 것이 중요하다.

2. 파견업자와의 조정

한편 파견업자와의 조정에서 가장 문제가 되는 것은 우선 파견 노동자로부터의 불만 제기이다. 그런 불만 제기로써 많은 것은 파견처에 가보면 계약 내용과 실제 업무 내용이 다른 경우가 있기 때문이다. 위의 노동부 조사에서도 파견처와 관계되는 문제로써 이 차이점이 등록형 파견 기업에서 42.7%라는 결과가 나와 있다. 그밖에 전기한 인간관계 면을 비롯해서 지휘·명령과 업무 지시가 애매한 점 또는 파견처에서 파견 스태프의 고용 방법이 거칠다는 것도 문제가 되어 있고, 파견처에 기인하는 불만과 분쟁을 상대적으로 많이 볼 수 있는 실정에 있다.

파견 노동자가 실제로 불만을 제기했을 경우에는 우선 파견처 책임자가 중심이 되어 파견처에서 해결할 수 있는 것은 처리하고, 불만의 원인이 파견업자에도 있는 경우에는 파견처 책임자와 파견업자측 책임자가 연락 조정을 하여 해결하도록 한다.

3. 계획적인 인재 활용

정규 사원과 파견 노동자의 차이는 자산의 구입과 임대차로 바꿔놓고 생각해보면 알기 쉽다.

정규 사원은 교육 훈련, 업무 경험의 축적(자산세 유지비 지불)으로 인재 능력의 사내 축적(상각에 따른 내부 유보 축적)이 가능한가, 파견 노동자는 비용 대 성과의 문제이다.

따라서 파견 노동자의 활용은 정규 사원의 처리량 대 인건비보다도 파견 노동자의 처리량 대 파견 요금 쪽이 얼마나 유리한가를 기준으로 해서 관리하게 된다. 그렇다고 해서 중소기업이 자사의 기간 업무의 대부분을 파견 노동자에게 맡겨 버리면 장래 기업 발전의 원동력이 되는 유능한 인재의 육성, 축적을 할 수 없게 된다(자산 내용의 악화).

어떤 업무를 어느 정도끼지, 어떤 형태(외주, 사내 처리, 파트, 파견 등)로 처리해 갈 것인가를 연차 경영 계획, 인재 육성 계획에 맞추어 책정하여 계획적인 인재 활용을 도모할 필요가 있다.

3 계약 사원 · 등록 사원의 활용

1. 계약 사원 · 등록 사원 제도의 배경

1. 계약 사원

일본에서 고용 형태는 종신 고용이 중심이어서 현재처럼 다양한 고용 형태가 도입되는 시대라도 아직 주류를 차지하고 있다. 구미에서는 계약 사원 제도가 일반적인데, 최근 우리나라에서도 전문직과 파트 타임 등에 적용되는 경우가 늘어나고 있다.

개성적인 라이프 스타일을 실현하려고 하는 노동자는 가치관과 근무 의식도 다양화되어 있어 일생 동안 한 회사에서 일하는 종신 고용이나 좋아하지도 않는 일에 배치 전환되는 인사 이동, 본의 아닌 전근 등, 종래의 정규 사원들에게 따라다니는 회사의 형편 중심인 고용 형태를 피하려는 사람이 많다. 또 이런 종류의 노동자는 취로면에 있어서도 플렉스 타임과 재택 근무 등 자기 형편에 맞춘 취업 형태를 원하게 되었다.

한편 고용하는 기업측은 공전의 인력 부족 상태 속에서 정규 사원의 채용난도 문제지만 유능한 전문직 인재 확보는 더욱 곤란하게 되었다.

이런 고용 환경 가운데서 직무와 직능 조건에 따른 대우를 고용 계약시에 정해서 유기 고용 계약으로 채용하는 계약 사원 제도가 보급되고 있다.

2. 등록 사원

계절에 따라 업무량의 차이가 심한 업종이나 매상과 수주의 변동에 따라 시기마다 업무량의 차이가 큰 직무에서는 고정적인 인건비를 어떻게 변동적으로 컨트롤 하느냐가 큰 과제이다.

업무량의 절정에 맞추어 정규 사원을 늘려서는 채산이 맞지 않으므로 필요한 때만 취업시키는 시스템을 생각하게 되는 것이다.

이런 기업측의 요구와 일하는 측의 '형편에 맞는 날, 원하는 시간에만 일하고 싶다'는 요구를 결부시키는 것이 등록 사원제이다.

2. 계약 사원제에 의한 고용

1. 계약 사원의 모든 형태

계약 사원은 '직무와 직능 조건에 따른 대우를 고용 계약시에 정해서 1년 이내의 유기 고용 계약으로 채용하는 사원'이다.

현재 계약 사원제를 채택하고 있는 대부분의 기업은 그 대상을 전문성이 높은 직종, 숙련도가 높은 기능자를 중심으로 하고 있다(예컨대 디자이너, 카피라이터, 프로그래미, 번역, 통역, 학원 강사, 판매 경력자 등).

직무, 직능에서는 정규 사원과 동등하거나 혹은 그 이상의 스페셜리스트를 대상으로 하고 있는 경우가 많다.

취업면으로는 정규 사원에 가까운 것부터 파트 타임과 같은 것, 또 청부업자에 가까운 것까지 여러 가지 직종이 있다.

2. 계약 사원제의 도입 메리트

계약 사원제의 도입 메리트는 주로 다음과 같다.

1) 일정 수준의 즉전력 요원을 활용할 수 있다.

2) 1년 이내의 단기 유기 계약이므로 요원수의 과부족 조정이 용이하다.

3) 보수액은 쌍방 합의 계약에 따른 것이므로 임금이나 승급에 대한 불만이 없다.

4) 일하는 사람의 프로 의식이 왕성하고 계약 갱신은 업적 여하에 달려 있으므로 능력 발휘도가 높다.

5) 일반적으로 복리 후생면이 경감되므로 상당히 높은 임금을 지불할 수 있다. 임금이 높은 만큼 우수한 인재를 채용할 수 있는 가능성이 높다.

3. 계약 사원 고용의 유의점

계약 사원에게는 처우면에 한하는 것이 아니라, 정규 사원에 가까운 준사원형과 파트, 아르바이트에 가까운 파트형과 청부형이 있다.

정규 사원과 같거나 또는 그 이상의 능력을 기대하고 고용하는 전문직 계약 사원으로서 인원이 많지 않은 경우(준사원형)에는 개별적으로 조건을 정한 고용 계약을 하면 된다. 이 경우 '전문 사원', '촉탁 사원', '준사원', '고문' 등으로 부르는 경우가 많다.

계약 사원 형태로 계약하는 사원의 수가 비교적 많고 계약 내용이 어느 정도 유형화 할 수 있는 경우(파트형)와 계약 사원 취업 규칙을 정하고 그에 의거해서 정형적인 고용 계약을 맺는다. 이 경우 '프리 스태프', '크리에이티브 스태프', '베테랑 사원' 등의 명칭으로 고용하는 경우가 많다.

청부형인 경우에는 업무 처리 방법, 거래 조건 등도 개별적으로 정해서 청부 형식으로 계약을 체결한다.

어떤 경우든 계약 사원을 고용하는 목적, 직무상의 위치 지정을 명확히 해야 하고 능력을 충분히 발휘할 수 있는 고용 계약을 하는 것이 중요하다.

계약 사원의 고용 계약에 있어 계약서에 명시할 사항 및 계약 사원 취업 규칙에 포함시켜야 할 주요 사항은 다음과 같다.

1) 계약 사원의 정의, 고용 목적 ── 특정한 전문 업무를 담당하기 위해서 사원과는 다른 대우로 1년 이내의 유기 고용 계약을 하는 사원이어야 한다.

2) 계약 기간 ── 1년 또는 6개월을 원칙으로 한다. 1년 이상 2년이나 3년으로 하는 경우에는 '계약의 시기보다 몇 년은 1년 경과할 때마다 갱신한다'고 정한다. 1년 이내로 정하고 그 동안의 형편상 해약하는 일이 있을 수 있는 경우에는 '회사가 기간 내에 해약할 때는 30일 전에 고지한다'고 명시한다.

3) 임금, 승급 ── 가장 많은 것은 연봉제인데 이것을 실시하려면 사내에서 결정 기준을 명확히 해 둘 필요가 있다. 결정 기준은 직종에 따라 다르지만 스카우트하지 않고서는 인재를 확보할 수 없는 고도의 전문직인 경우에는 일반 시세형으로 하지 않으면 유능한 인재를 얻을 수 없다. 그래서 스카우트한 경우의 연봉 시세, 일반 공모되어 있는 급여의 시세를 기준으로 해서 결정한다. 한편 비교적 인재 확보가 용이한 전문직의 경우에는 동직, 동격 사원의 연봉에다 정규 사원이라면 지불해야 할 복리 후생비, 퇴직금 등의 금액을 감안해서 가산한 연봉액으로 한다. 계약 사원이라고 해도 타인이 상여금을 받고 있을 때 상여금이 없다는 것은 뒤로 처진 기분이 들기 때문에 연봉의 지급은 예를 들면 총액을 16개월로 나누어 매월 급여로 1/16을 지급하고 4개월분을 상여월에 지급하도록 한다. 파트형인 경우에는 파트 타임 직능 임금 체계(시급)의 상급 랭크를 적

용해도 좋으나 별도로 일급, 월급을 정해도 좋다. 잔업이 있는 경우에는 그것이 어느 정도 일정한 것이라면 예상되는 시간외 노동의 할증 임금분을 포함한 일급 또는 월급을 정해 둔다. 그렇게 하지 않는 경우에는 통상적인 시간외 노동의 계산으로 한다. 청부 형식 경우에는 일반 시세를 기준으로 단가를 정하고 생산고에 따라 계산액을 지불하는 계약을 한다. 또 승급은 계약 사원 주지에서 매 계약 갱신 때마다 초임금에서 재평가하는 형식으로 전기의 업적, 공헌도를 사원과 같이 평가하여 새 급여를 정한다. 장기에 걸쳐 계약 갱신을 계속해 온 사람, 같은 수준의 인재를 달리 구하기 곤란한 경우에는 전 급여액에 평가 승급액을 가산하는 누적 승급제로 한다.

4) 복리 후생 —— 청부형 계약 사원에게는 복리 후생을 적용할 의무는 없으나 급료형으로 보수를 지불하는 계약 사원인 경우에는 사회 보험에 가입할 필요가 있다. 또 계약 사원에게 사내에서 융화해서 일하게 하려면 반제 기간이 장기에 걸치는 대부 제도 이외의 모든 제도는 정규 사원과 같거나 또는 조건부 적용을 고려하는 것이 좋다.

3. 등록 사원제에 의한 고용

1. 등록 사원의 모든 형태, 메리트

등록 사원은 등록자가 일할 수 있는 일시를 고용측에 사전 등록해 놓고 회사가 출근 요청을 했을 때 형편이 되면 출근하는 등록 아르바이트형과 항시 일하는 것은 아니지만 언제라도 일할 수 있게 대기해 주는 등록 사원형이 있다.

등록 사원제의 메리트는 사원이나 파트의 퇴직시에 재취업 의지가 있는 사람과 모집 때의 정원외 응모자, 연고 소개 등으로 등록 사원이 되는 방법을 쓰고 있어 원칙적으로는 채용 경비가 들지 않는다는 장점이 있다.

또 필요할 때에 일단 일에 정통한 사람이 일을 하게 하는 것이므로 업무 능률도 좋고 인건비 경감도 된다.

2. 등록제 사원 고용의 유의점

등록제 사원 고용의 유의점은 바쁜 때만 출근하게 하여 기업의 인건비를 절감하려는 대책으로, 일하는 사람의 수입 안정과 등록을 어떻게 계속 유지해 가느냐 하는 것이 포인트가 된다.

수입의 안정을 위해서는 등록 아르바이트형인 경우에는 시급을 일반 파트 · 아르바이트보다도 30%쯤 올려준다.

한편 등록제 사원형인 경우에는 시급을 20%쯤 높여 두고 출근하지 않는 날에도 일정한 보증 임금을 지불하도록 하며, 예를 들면 2년 이상 근속자에게는 근속 공로금 같은 명목으로 퇴직금을 지불하는 것도 검토하는 것이 좋다.

등록제 사원의 등록 유지를 위해서는 정기적인 유급 연수나 회사 행사의 참가 의무를 지우고 회사에 대한 귀속감을 유지해 갈 필요가 있다.

4 파견(출장) 사원의 활용

1. 파견(출장) 사원의 형상

1. 파견 사원의 형상과 동향

여기서 파견(출장) 사원이란 기업간의 인사 이동에 따라 자기 본래의 직장을 떠나 취업하는 사람이다. 다른 기업에서 취업하는 기간, 고용 계약의 내용, 취업 형태 등에 따라 파견(출장) 또는 응원 파견(출장)이란 형태도 있다.

> ▶ 이하, 이적을 수반하지 않는 파견도 포함해서 파견(출장)이라고 하고, 파견자를 수용하는 중소기업의 입장을 중심으로 설명한다.

노동부의 '취업 형태의 다양화에 관한 실태 조사(1987년)'에 의하면 파견(출장) 사원이 있는 사업체는 전 산업 중에서 14.1%이며, 부동산업 36.0%, 금융 보험업 7.6%를 제외하면 전 산업 예외없이 14% 내외가 된다.

사업체 내의 전 사원 중에서 차지하는 파견(출장) 사원의 구성비는 전 산업에서 1.2%로 소수이고, 배속 부분에서 많은 것이 연구 개발 부문 2.0%, 사무 관리 부문 1.6%이다.

파견(출장) 사원은 그 동안 쌓아온 업무 경험으로 정규 사원보다 기대도가 높고 그것이 모 기업의 수용 요청에 따른 것이든 수용 기업의

연령 계층, 파견(출장) 목적별 기업수 비율 (복수회답)

파견목적 \ 연령층	젊은층 (29세 이하)	중견층 (30~40세)	고령층 (50세 이상)
파견시킨 기업계	100.0%	100.0%	100.0%
파견처 기업의 인력 부족 보충	46.1	39.0	28.7
본인의 능력 향상	39.9	19.2	6.2
파견처 기업에서 경영 지도, 기술 도입	18.3	37.2	36.5
파견처 기업과의 결속 강화	25.7	32.3	28.2
경영 다각화에 따른 새회사 설립	19.7	27.6	27.1
정년 이후의 고용기회를 본인에게 제공	0.1	4.6	14.1
잉여 인원 대책	–	–	12.6
기 타	–	3.5	9.1
	7.3	5.4	12.1

자료 : 노동부 '고용 관리 조사 결과 속보(1989년)'

업무량 증대에 따른 것이든 간에 수용 기업의 업무량 증대에 대해서
즉전력으로서 중요한 역할을 다하고 있다.

또 파견(출장) 사원은 일반적으로 파견(출장) 조건의 조정과 직장에
대한 원활한 편입에는 시간이 걸리지만 다른 사원같이 모집 채용 활
동을 할 필요가 없고 교육에 대해서도 대폭적으로 생략할 수 있다는
메리트가 있다.

요즘처럼 호황이 세속되면 많은 파견자를 계열 회사로 출장시키고
있던 기업이 자사의 인력 부족 때문에 파견자의 철수 요청을 하고 수
용 기업측도 인력 부족으로 응할 수 없다는 사태도 많이 볼 수 있다.

그러나 장기적으로 보면 각 기업에서 두드러지게 팽대한 세대의
(1948년을 전후해서 많이 태어난 세대) 사원을 대량 채용하고 있기 때문에
포스트 부족, 경영 환경 변화에 대한 대응책으로서 형태는 달라졌다
하더라도 파견(출장) 제도는 활용될 것으로 생각된다.

2. 파견(출장)의 형태

파견은 목적에 따라 다음 3가지 타입으로 분류된다.

1) 경영 지도형 파견(출장) —— 기존 기업이 신규 사업으로 진출하기 위해 자회사 등에게 경영층이나 중견 간부를 파견시켜 기술, 경영의 노하우를 제공하고 사업의 궤도화를 추진하려는 '새분야 진출형 파견(출장)'과 부품 공급 등에 있어 거래 관계에 있는 기업(신기업, 하청 기업)이 기술, 경영 노하우를 제공하고 거래의 고도화 · 원활화를 도모하기 위한 '거래처 지도형 파견(출장)'이 있다. 어떻든 이러한 경영 지도형 파견이 많아짐으로써 종래부터 있던 파견 제도에 대한 마이너스 고정 관념이 불식되어 가고 있다.

2) 인원 조정 파견(출장) —— 경기 변동이나 산업 구조의 변화에 수반하는 생산 조정 등에 의한 파견 기업의 인원 조정을 위한 관련 기업으로의 파견과 반대로 생산 계획의 확대 변경에 따라 수용 기업 측의 인재 요청에 의거 실시하는 파견이 있다.

3) 재취직 알선형 파견(출장) —— 정년 도달 후의 고용 형태로써 고령자를 위한 '고령자 회사'를 설립하여 본사의 주변 업무를 위탁하거나 고령화 대책의 일환으로써 자회사나 관련 회사로 파견시키는 형이다.

2. 파견(출장) 사원 수용상의 과제

1. 파견(출장) 사원의 적극적 활용

중소기업이 간부 양성 목적으로 상위 기업에 사원을 파견시키는 경우도 있다. 그러나 중소기업은 대개 모회사 또는 거래상 상위에 있는 기업에서 기업력 강화 지원, 잉여 인원의 고용 조정, 정년 퇴직자의 재취직 등의 형으로 파견(출장) 사원을 수용하는 경우가 많다.

　파견을 받아들여서 관련 기업과의 원활한 관계를 유지해가기 위해서는 만일 상위 기업의 잉여 인원을 인수하게 된다고 하더라도, 어떻든 파견을 받아들이는 것이라면 적극적으로 받아들여 파견(출장) 사원을 유효하게 활용할 것을 생각해야 할 것이다.

　중소기업에 파견(출장)되는 사원은 일반적으로 업무 경험, 기술, 지식, 관리 능력면에서 자회사의 사원보다는 어딘가 뛰어난 능력을 가지고 있으므로 그 능력을 적극적으로 발휘시키도록 연구해야 할 것이다. 그러기 위해서는 파견 타진이 있었을 때 파견 예정자의 경력, 업적, 특기 분야, 인품 등에 관한 상세한 정보를 제공받고 자사에서의 구체적인 담당 직무를 검토하여 상대방 인사 담당자에게 기대하는 역할 등을 명확히 전달해야 한다. 수용자가 파견자와 면담할 때 파견자는 이미 자기 임무를 알고 있으므로 적극적으로 일할 수 있도록 의욕을 심어줄 수 있는 사전의 적극적 작용이 중요하다.

파견(출장) 사원의 수용과 대책

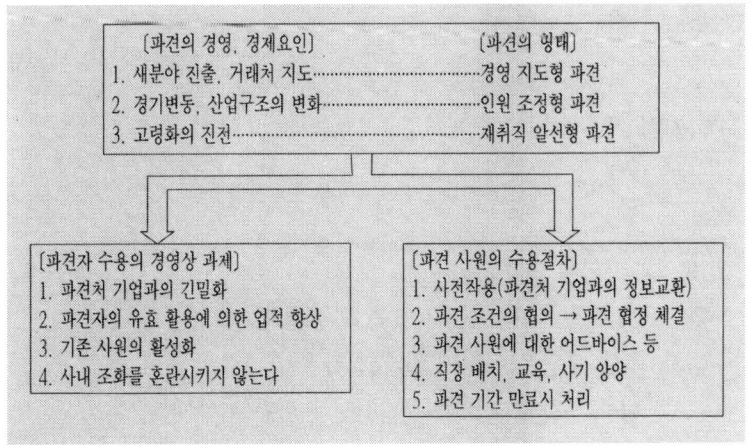

2. 파견(출장) 사원 당사자의 문제

파견 명령을 받은 사원은 현재의 직장에서 미지의 세계로 전출하는 것이므로 불안과 저항감에 두려움을 느끼게 된다.

파견하는 기업에서는 본인의 파견에 따르는 여러 가지 걱정을 덜 수 있게 충분한 설득을 하는 것이 보통인데, 파견처의 직장에 융화될 때까지는 불안정한 심리 상태가 해소되지 않는 경우가 많다.

그러므로 수용 기업에서는 파견자가 다음과 같은 불안한 문제를 안고 있다는 것을 본인 입장에 서서 이해하고 충고해서 본인의 정신적 부담의 경감과 해결을 도모하기 위해 도와주는 노력이 필요하다.

1) 파견하는 기업과의 관계에서의 불안 요인
- 상사나 회사는 자기를 낮게 평가하여 좌천시킨 것은 아닐까.
- 자기의 장래 처우(진로, 승진)는 어떻게 될 것인가.
- 파견 기간의 약속은 지켜질 것인가.
- 파견 기간 중 본사에서 확실히 돌보아 줄 것인가.

2) 파견처 기업에 관한 불안 요인
- 지금까지의 처우는 보증될 것인가.
- 새로운 직무를 해낼 수 있을까.
- 파견처 기업의 직장에 융화될 수 있을까.
- 근무 시간, 교대 잔업 등의 취업 조건을 견뎌낼 수 있을까.

3) 본인의 개인적 불안 요인
- 단신 부임으로 집에 있는 가족은 괜찮을까?
- 주거, 통근 수단은 어떻게 될 것인가.
- 이사, 이중 생활에 따르는 금전적인 부담은 어떻게 할까.

3. 수용 기업의 경영상 과제

중소기업이 수용하는 파견(출장) 사원은 일반적으로 자본적·거래적으로 긴밀한 관계에 있는 상대방 기업의 사원이므로 기간 중의 사원 취급 방법 여하에 따라 자사가 평가된다는 것을 이해해 두는 것이 필요하다.

그러나 파견하는 기업에 잘 보이려고 파견(출장) 사원을 특별한 손님 취급하는 일이 있어서는 안된다. 파견(출장) 사원을 수용하는 기업의 경영상 과제로서 다음과 같은 점에 유의할 필요가 있다.

1) 파견하는 기업과의 관계 긴밀화를 도모한다.
• 파견(출장) 사원에게 자사의 특별한 장점이나 기업 노력의 실정을 이해시킨다.
• 파견하는 기업에 관한 정보를 제공받는다.
• 파견(출장) 사원이 업적을 올리기 쉬운 위치에 배치시켜 파견(출장) 사원 자신이 파견하는 기업에서 높이 평가 받도록 연구한다.

2) 파견(출장) 사원의 유효 활용에 의해 업적을 올린다.
파견(출장) 사원의 능력과 경험, 입장을 최대한으로 살리고 또 전사적으로 업적 향상과 이어지는 직무를 담당시킨다.

3) 외부의 우수한 인재(파견자)를 직장에 투입함으로써 기존 사원에게 자극을 주고 또 계몽을 받음으로써 직장 활성화를 도모한다.

4) 파견(출장) 사원만의 특별한 임금 처우 조건을 정하는 문제로 사내 조화를 어지럽히지 않게 파견 협정을 교환한다.

3. 파견(출장) 사원의 수용

1. 파견 기업과의 파견 조건 협의와 파견 협정

파견(출장)이란 한 기업에서 사원으로서의 지위를 가진 채 다른 기업에서 그 지휘·명령에 따라 일하는 것으로, 사원으로서의 지위 관계상의 사용자(고용주)와 현 직장에서의 사용자(지휘 명령자)와의 사이에 이중 관계가 성립되는 것을 말한다.

따라서 파견(출장) 사원을 수용할 때는 노동 기준법의 취급, 파견하는 기업의 제규정과 노동 협약, 수용 기업의 제규정을 기초로 해서 파견 조건을 협의해야 한다. 이런 경우 수용 기업의 원활한 처리와 사내 조화면에서 근무 시간, 휴식, 휴일, 연차 유급 휴가 등 취로면의 사항은 수용 기업의 규정을 적용하는 것을 원칙으로 하고 파견(출장) 사원의 신분 보증면으로는 휴직, 징계, 해고, 정년, 복리 후생, 파견하는 기업의 규정 등을 적용하는 것을 기본으로 하여 협의한다.

임금, 상여금 및 퇴직금에 대해서는 파견 목적, 기업간의 관계 양태, 임금 격차 등에 의해 부담하는 기업, 부담할 금액 등을 개별적으로 협의하게 된다. 사회 보험과 노동 재해 보험에 대해서는 임금의 부담 조건에 준해서 정하게 된다.

파견 협정서는 후일 파견자를 직장에 배치했을 때 수용 기업의 인사 담당자나 현장 감독자가 어떤 근무 조건으로 파견해 와 있는가를 정확히 알기 위한 중요한 자료가 된다.

2. 수용 체제 조성

파견(출장) 사원을 하루라도 빨리 파견처 기업에 융화시켜 업무를 익히고 능력을 발휘시키기 위해서는 파견자의 심리적인 불안을 제거해 주는 배려와 교육, OJT, 사기 앙양책 등 일련의 수용 체제가 필요하다.

1) 수용 준비 —— 본인 프로필의 파악, 파견 협정 내용의 이해, 직장 편입 계획, 담당 직무의 명확화, 영입 절차 계획

2) 도입 지도 —— 직무 기술서, 작업 메뉴얼, 교육 계획, 교육 평가, 지도자 선임, 플로 업 계획

3) 직장 배치, OJT —— 지도 책임자의 선임, 적성 파악, 업무 교류, 정기 고과와 개인 면접 지도

4) 카운슬링 —— 불안, 불평, 불만의 청취, 원조, 해결, 직장 회의 미팅의 참가

5) 사기 앙양 대책 —— 자기 계발, 동기 부여, 목표 설정

6) 파견 기간 만료시 처리 —— 업적 등에 대하여 파견 기업에 보내는 보고, 파견 협정에 기초하여 종료 수속, 파견 기업과의 연락 조정

3. 직장 배치와 융합화

파견(출장) 사원이 하루라도 빨리 능력을 발휘하여 일할 수 있게 하려면 수용하는 직장 사원이 본인의 불안을 이해하고 신중한 배려를 게을리 하지 말아야 한다.

1) 파견하는 기업에서 들리는 소문이나 파견에 대한 마이너스 고정 관념 등 특별한 선입관을 가지고 파견자를 보지 말아야 한다.

2) 가능한 한 회의나 잡담 속에 파견자를 끌어들여 직장 분위기를 파악할 기회를 만든다.

3) 파견(출장) 사원의 나이나 지위에 따라서 경의를 표하는 등 자존심을 상하지 않도록 한다.

4) 과실은 가능한 한 스스로 깨닫게 만들고, 알아차리지 못할 때는 직장 내에서 지적하여 조언한다.

5) 항상 친절하게 돕는 자세로 접촉한다.

5 재택 근무자의 활용

1. 재택 근무자란

'재택 근무'는 문자 그대로 '자택에서 일하는 것'으로 재택 근무자란 자택 근무를 하는 자이다.

'자택에서 일하는 것'에 대해서는 종래부터 '가내 노동자'가 있었다. 이것은 봉투 붙이기나 재봉 등 이른바 내직으로 노동부의 가내 노동 조사(1989년)에 의하면 옛날부터 내려온 내직적 가내 노동자는 1989년 10월 현재 89만 명으로 피크를 이루었던 1973년의 약 반수로 감소하고 있고, 1시간당 공임은 남자 860원, 여자 370원으로 일반 고용 노동자에 비해 50~70% 수준에 머무르고 있다.

또 요즘 OA 기기를 사용하여 문서 입력을 하는 워드프로세서 내직이 한창이며 종사자는 현재 3만 명으로 추정되고 있다.

▶ '가내 노동자'란 가내 노동법 제2조 제2항에서 '물품의 제조, 가공 혹은 판매나 이들 청부를 업으로 하는 자, 기타 이런 행위와 유사한 행위를 업으로 하는 자로서 노동령령으로 정하는 바, 주로 노동의 대가를 얻기 위해 업무의 목적물인 물품(물품의 반제품, 부품, 부속품 또는 원자재 포함)에 대해서 위탁을 받고 물품 제도 또는 가공 등에 종사하는 자로서 그 업무에 대해 동거하는 친족 이외의 자를 고용치 않는 것을 정상적 상태로 하는 것'이라고 되어 있다.

컴퓨터, 워드프로세서 등의 OA 기기나 팩시밀리, 데이터 통신 등의 통신 기기의 진보 발달에 의해 업무에 따라서는 반드시 사업체에 출근하지 않고도 수행할 수 있는 근무 조건이 갖추어졌다. 더구나 대도시 주변의 통근 환경의 악화, 기능자의 구인난에서 퇴직자의 유효한 활용, '속박당하지 않고 자신의 페이스에서 일하고 싶다'는 일하는 사람 쪽에서의 사고방식, 땅값 폭등에 따르는 본사 공간 이용의 고도화에 수반되는 본사 기능 분산화 등에서 문서 입력뿐 아니라, 연구 개발, 영업 서비스 등의 분야에서 새로운 재택 근무 형태가 나타나고 있다.

▶ 새틀라이트 오피스는 최근 대기업이 중심이 되어 연구 개발 부문이나 영업 서비스 부문에 활용을 시작하고 있는 근무처와 주거가 가까운 형태의 근무 제도로, 본사를 벗어난 태양 주위를 도는 위성처럼 꾸며진 소형, 분산형 오피스를 말하는 것이다. 이에 따라 본사에 집중하기 쉬운 요원을 지방으로 분산시켜 도심의 공간, 비용의 경감, 직장과 주거지가 가까워지므로써 교통 지옥으로부터의 해방, 공기 좋은 지방에서의 건강한 생활을 기대하고 있다(또 최근에는 풍족한 자연 환경 속에서 일을 하는 '리조트 오피스'라고 불리는 것도 등장하고 있다).

새틀라이트 오피스에 근무하는 자는 소위 재택 근무자와는 다르지만 본사가 아닌 주거지와 가까운 직장에서 근무한다는 점에서 고용 관리면에서는 재택 근무와 여러 가지 면에서 공통성이 있다. 그러므로 여기에서는 편의상 새틀라이트 오피스에 근무하는 자를 재택 근무자에 포함시켜 설명한다.

2. 재택 근무자의 분류

재택 근무자는 계약 형태와 취업 형태에 따라 다음 4가지로 분류된다.

1) 상용 고용형 —— 정규 사원으로서 고용자 밑에서 근무해야 할 자가 OA 기기와 통신 기기 등을 갖추어 자택 또는 새틀라이트 오피스에서 업무를 수행하는 타입

2) 임시 촉탁형 —— 정규 사원 대신에 파트, 아르바이트 등 임시 또는 단기적으로 고용되는 자가 맡겨진 일을 자택 또는 새틀라이트 오피스에서 업무를 수행하는 타입

3) 파견 노동형 —— 사원 파견 회사에서 파견된 기능자가 자택 또는 새틀라이트 오피스에서 업무를 수행하는 타입

▶ 상용 노동형과 임시 촉탁형의 재택 근무자는 다 고용자와의 고용 관계가 있으나 파견 노동자는 고용자(파견처)와 노동자와의 관계는 파견 계약에 기초를 둔 사용 관계로 되어 있다.

4) 청부 촉탁형 —— 워드프로세서 입력, 도면의 트레이스, 판목 그림 제작 등에 종사하고 있는 자가 많고, 실태는 종래의 '가내 노동자'에 가까운 취업 형태이다. 보통 일 한 건당 얼마하는 식의 약속이고 그 일의 완성에 대해서 보수를 받고 있다. 이런 형의 재택 근무는 고용자와의 고용 관계가 아니라 민법상의 '하청' 또는 '준위임' 관계가 된다.

▶ '하청'이란 당사자 한쪽이 어떤 일을 완성시키고 다른 한쪽이 그 일의 결과에 대하여 보수를 지불할 것을 약속하는 계약이다. 또 '준위임'

이란 법률 행위가 아닌 사무 촉탁을 말하는 법률 용어이다.

3. 재택 근무 제도의 메리트와 디메리트

1. 메리트

재택 근무자에게는 시장 조사, 퍼스널 컴퓨터, 워드프로세서 등에 의한 문서, 도표, 데이터 등의 입력, 소프트웨어의 개발 업무, 전산 사식, 도면, 판화 제작 등에 종사하고 있는 자가 많다. 그러므로 인쇄업과 정보 서비스업 등에서 재택 근무제의 이용도가 높은데, 다음의 도표에서 보는 바와 같이 재택 근무 제도는 도매업, 제조업 등에서도 채택하고 있다.

인쇄업이나 정보 서비스업에서는 이들 기기를 활용하는 업무가 본래 많아서 OA 기기와 통신기기의 기술 혁신 보급과 함께 인쇄업과 정보 서비스업에서 재택 근무제를 대폭적으로 활용하게 되었다.

업무를 자택에서 할 수 있고 지시와 연락을 전화, 팩시밀리 혹은

재택 근무 제도 실시 기업의 예

업 종	도입 연도	재택근무의 직 종	출 사 회 수	본사와의 연결방법	설 치 기 종	장래의 방침
도매업	1985	기획편집 워드프로세서		전화 팩시밀리	퍼스널 컴퓨터	확대한다
도매업	1987	시장조사	1일 1회	전화	?	미정
정공업	1989	시장조사	1일 2~3회	전화	전화	미정
정공업	1986	영업활동 메인테넌스	전화연결은 필요에 따라서	전화	전화 팩시밀리	현상유지
화학공업	1963	영업활동	1일 2회	전화	전화 팩시밀리	현상유지

자료 : (재)일본 직업 협회(1988년 변형 근무에 관한 조사)

퍼스널 컴퓨터 통신으로 할 수 있게 된다면, 군이 매일 사무실로 출근할 필요가 없게 된다. OA 기기와 통신기기는 하드, 소프트 양면 모두 앞으로 계속 발전될 전망이므로 그에 따라 재택 근무 제도를 이용하는 업종과 업무 분야는 더욱 확대되어 갈 것이라고 생각된다.

재택 근무제에 의해 근무하는 자는 통근 시간과 근무 장소에 구속되지 않는다. 또 자택에서 자기 시간 관리하에 일을 할 수 있게 된다면 고령자, 신체 장애자, 아이를 기르는 주부 등도 잠재 능력을 발휘할 수 있고 취업 장소와 기회를 얻어 이들의 노동력화를 도모할 수 있을 것이다.

고용자측에 있어서 재택 근무제는 이처럼 사원 모집을 용이하게 하고 재택 근무층의 능력을 이용할 수 있을 뿐 아니라, 결혼, 출산, 육아 혹은 고령 등의 이유로 전에 사외로 유실한 경험 풍부한 인재의 재활용을 도모할 수 있게 된다. 또 경비면으로는 통근에 따르는 재비용 지출이 절감된다. 또한 업무의 재택 근무화와 파트 타임화에 따라 업무 폭주에 대한 대응책이 용이해지므로 인건비 변동비화를 도모할 수 있다.

이상과 같은 메리트와 함께 '재택 근무 사원에게는 자주성이 길러지고 업무에 대한 의욕이 향상되었다'는 평가를 하는 재택 근무 제도 실시 기업도 있다.

또 재택 근무제에 따라 업무 분산화가 이루어져 땅값이 비싼 본사 내에 사원 전체분의 기기, 책상, 의자, 책장 등을 놓지 않아도 되고 본사 사무실 공간 이용의 효율화를 기할 수 있다는 부차적 효과도 생각할 수 있다.

2. 디메리트

앞에서 서술한 바와 같이 많은 메리트가 기대되는 재택 근무 제도에도 다음과 같은 디메리트가 있다는 것을 부정할 수 없다. 고용자 입장에서의 디메리트는 각 자의 근무 상황을 파악하는 업무나 능력 판정, 회사와의 연락을 하기가 어렵다 또는 다른 사원과 협력을 제휴해서 일을 진행시키기가 어렵게 된다는 점이다.

상용 고용형 및 임시 촉탁형의 재택 근무자는 고용자와의 사이에 고용 관계가 있다. 그러므로 당연히 노동 기준법을 비롯한 제법령에 따라 임금, 노동 시간 등의 노동 조건과 노동 안전 위생이 보장되어 있다. 파견 노동형 재택 근무자의 경우에는 파견 기업과의 고용 관계와 파견처와의 사이에 지휘·명령 관계가 있기 때문에 쌍방으로 보장된다. 그러나 재택 근무자에 있어서는 사업체를 떠나 대개는 혼자 일을 하고 있으므로 이런 보장이 미치지 못하고 바른 인사 고과와 근무 평가를 받지 못한다는 불합리가 발생한다. 또 인간관계와 커뮤니케이션이 희박해 질 수밖에 없다. 그리고 노동 안전 위생법상의 문제와 건강 관리 불철저, 일과 가정의 구분이 안되는 번거로움도 발생하기 쉽다.

하청 위탁형 재택 근무자는 계약 조건이 명확하지 않는 경우가 많고 대개 능력별 지불이어서 불안정하게 되기 쉽다. 1988년 10월에 노동부가 전국 15개 도시군의 인쇄, 정보 서비스 관계의 108개 사업체와 OA 관계 일을 하고 있는 207명의 내직자를 대상으로 재택 취업 방문 조사를 실시했는데, 그 결과에 의하면 업무 조건으로 계약서를 교환하고 있었던 것은 1/4에 지나지 않고, 남은 3/4은 구두 약속뿐이었다고 한다.

재택 근무자를 어떤 형태로든 활용, 또는 이용하려는 고용자는 이와 같은 재택 근무자 현상에 입각하여 필요한 시정을 하고 노동 조건의 명확화, 취업 환경의 정비, 노동 복지의 향상 등을 충분히 배려할 필요가 있다.

4. 재택 근무자에 관한 법률상 규제와 대응

재택 근무자의 유형에 따라 법률상 규제가 다르기 때문에 그 유형을 명확히 하여 대응해야 한다.

1. 사용 고용형과 임시 촉탁형

이 유형의 재택 근무의 경우에는 노동 기준법, 최저 임금법, 노동 안전 위생법 등이 적용되고 노동자 입장, 노동 조건과 환경은 이 법령에 따라 규정하고 있다. 사용 고용형의 재택 근무자에게는 취업 규칙과 임금, 노동 시간, 기타 재택 근무의 취업 조건을 명시한 문서를 교부하고 임시 촉탁형 재택 근무자에게는 고용 통지서에 노동 조건을 기재하여 교부해 둘 필요가 있다.

또 고용주가 사회 보장과 노동 보험의 적용 사업체라면 건강 보험, 후생 연금 보험, 고용 보험의 피보험자가 될 수 있고, 또한 업무상의 질병, 상해, 장해 등에 대해서 노재 보험에 의한 보상도 받을 수 있다. 그러므로 만약 노동 조건이 법령의 규제에 미치지 않는 경우에는 조속히 그것을 시정해야 한다. 또 사회 보험, 노동 보험의 미적용 사업체라면 빨리 적용 수속을 해야 한다.

2. 하청 위탁형

1) 가내 노동법의 적용

하청 위탁형에서는 앞에서 서술한 바와 같이 그 계약 내용에 따라 민법의 하청 또는 준위임에 관한 규정의 적용을 받는다. 또 노동 기준법상의 노동자에 해당되지 않고 가내 노동법의 적용을 받는다. 단, 그 적용 조건인 '물품의 제공을 받아 제조 가공하는 경우'에 해당되지 않는 경우에는 가내 노동법의 대상이 되지 않는다. 또 워드프로세서 입력은 플로피디스크를 가공한다는 것으로 가내 노동법의 적용을 받게 되어 있다.

동법에 의해 가내 노동자에게 일을 위탁하는 자는 다음과 같은 의무가 있다.

1) 가내 노동 수첩 교부 —— 가내 노동자에게 일을 의뢰할 때는 원재료 등의 물품을 지급할 때마다 가내 노동자의 이름, 위탁자의 이름, 소재지, 공임 지불 방법, 기타 위탁 조건 등을 기입한 가내 노동 수첩을 교부하고 위탁할 때마다 위탁 업무의 내용, 공임 단가, 공임 지불 기일, 납품 기일 등을, 물품을 수령할 때마다 수령 날짜, 수령 물품 수량, 또 공임 지불시마다 지불 날짜, 지불 공임액을 기입해야 한다.

2) 취업 시간, 위탁의 중단 —— 가내 노동자가 장시간 취업을 해야 하는 위탁은 하지 않도록 노력해야 한다. 또 같은 가내 노동자에게 계속해서 6개월 이상 위탁하고 있는 경우에서 업무 형편상 위탁을 중단하려고 할 때에는 가내 노동자에게 지체없이 예고하도록 노력해야 한다.

3) 공임의 지불 —— 공임은 원칙적으로 통화로 하고 그 전액을 지불해야 하며, 또 납품한 날로부터 1개월 이내에 지불해야 한다. 노동 부장관이나 도·시·군 노동 기준 국장이 정한 최저 임금이 정해져 있는 경우에는 최저 공임 이상의 공임을 지불해야 한다.

▶ 1989년 2월말 현재 결정된 것은 200건으로 이 최저 공임의 적용을 받는 위탁자는 약 3만 명, 동 가내 노동자는 약 37만 명이다.

4) 기타 —— 위탁자에 의한 안전 위생을 위한 조치, 노동 기준 감독

관이 서로 보내는 위탁 상황계, 장부의 비치 등이 규정되어 있다.

2) 노재 보험의 특별 가입 제도

노재 보험은 원칙적으로 고용되어 임금을 받고 있는 노동자의 업무 상 질병, 상해 사망, 장해 등에 급부하는 것을 목적으로 한 것이지만 특별 가입 제도가 도입되어 중소기업주와 그 기업에 종사하는 자, 1인 경영자, 기타 자영업자, 특정 작업 종사자 등이 가입할 수 있게 되었다. 단, 중소기업의 사업주 등은 노동 보험 사무 조합에 가입해 야 하며, 1인 경영자나 특정 작업 종사자 등은 같은 직종, 업종의 단 체에 소속하는 것이 특별 가입의 전제 조건이 되어 있다.

또 가내 노동자 모두가 특별 가입을 인정받고 있는 것은 아니다. 현 상태는 프레스와 선반 등의 금속, 플라스틱, 피혁, 고무 등의 가 공, 양식기나 날붙이 등의 제조로 그라인더를 사용하는 작업, 도자기 제조로 분진 작업과 유약, 그림 그려 넣는 작업 등 노재 보험 시행 규 칙에 규정된 작업에 종사하는 자에 한하고 워드프로세서 등 사무 관 련 가내 노동자가 특별 가입할 수 있는 길은 아직 열려 있지 않다.

그밖에 보험료와 보험 급부액 등의 제도에 대한 상세한 상담 창구 는 도·시·군 노동 기준국이다. 또 하청 위탁형이라도 업무에 따라 전속제도 있고 승락의 자유가 적고 또 위탁자의 지휘 감독이 따르는 등 사실상 지배 종속 관계가 인정되거나 혹은 임금 지불이 1건당 얼 마가 아니라, 시간급, 일급 등으로 된다면 노동자에 준하여 노동 기 준법 등의 규제가 적용되는 경우가 있다.

5. 재택 노동자의 일상 취업 관리

1. 취업 관리

재택 근무제 실시에 있어서는 1주간의 작업 시간, 1일 작업 시간, 휴식 시간, 휴일, 연차 유급 휴가 등의 자기 관리를 상용 고용형과 임시 촉탁형 재택 근무자에게 하도록 할 필요가 있다. 이와 동시에 사용자측은 재택 근무자의 취업 상황을 정확히 파악하여 작업 시간 관리, 건강 관리 등에 적절한 지시를 해야 한다.

특히 VDT(Video Display Terminal) 작업에 대해서는 'VDT 작업을 위한 노동 위생상의 지침'에 의거한 노동 위생 관리를 해야 한다.

▶ 사업체에서 디스플레이, 키보드 등에 의해 구성된 VDT 기기를 사용해서 데이터 입력, 검색, 조회 등 문서 제작, 편집, 교정, 프로그래밍 등을 실시하는 작업(VDT 작업)에 관한 노동 위생 관리에 대해서 노동성 노동 기준국이 정한 지침이며 주된 항목은 다음과 같다.

- 작업 환경 관리 ── 조명 및 채광, 소음 전파 방지, 환기, 정전기 제거 등
- 작업 관리 ── 작업 시간, VDT 기기, 의자 높이, 키보드 위치 등의 종합적 조정
- VDT 기기와 작업 환경의 유지 관리 ── 일상 점검과 조정, 정기 점검, 청소
- 건강 관리 ── 배치 전 정기 건강 진단, 결과에 의한 사후 조치, 건강 상담, 직장 체조
- 노동 위생 교육 ── VDT 작업 종사자와 관리 감독자에 대한 상기 내용의 교육

또 하청 위탁형의 재택 근무자에 대해서도 필요한 범위 내에서 취업 상황을 파악하여 작업 시간 관리, VDT 작업에 대한 노동 위생 관리를 포함한 건강 관리 등에 적절한 조언을 하는 것이 바람직하다. 또한 하청 위탁형 중에서 가내 노동법이 적용되는 경우에는 위탁자는 가내 노동 수첩을 재택 근무자에게 교부하고 위탁할 때마다 날짜, 위탁한 업무 내용, 공임 단가, 공임 지불 기일, 제조 또는 가공 등에 관계되는 물품 수령이나 공임 지불 때마다 날짜 등을 기입하게 되어 있다.

2. 인간관계와 커뮤니케이션의 유지

재택 근무 제도에 대한 또 한 가지 문제는 재택 근무자와의 인간관계와 커뮤니케이션을 어떻게 유지해 가느냐 하는 것이다.

재택 근무자의 고독감 해소, 납기 관리, 질병이나 사고 등 예측할 수 없는 사태에 대한 백업 체제를 위해서는 정기적으로 전원을 집합시켜 연락의 장을 갖도록 해야 할 것이다. 하청 위탁 재택 노무자에 대해서도 정기적인 연락을 하고 직장에 나오게 하는 것은 무관하다.

또 기술 혁신이 급속히 진전되어 경영 관리의 변혁이 요구되는 현재 최신 기술, 기능에 적응하기 위한 교육 훈련과 각종 정보 전달이 필요하다. 그 때문에도 정기적으로 재택 근무자에게 회사로 나오게 하고 교육 훈련이나 미팅 기회를 확보케 하는 것이 바람직하다. 이 정기적 출근에 의해 인간관계와 커뮤니케이션을 스스로 유지할 수 있게 된다. 정기적 출근에 대해서는 매주 무슨 요일이라고 정해 두는 데가 많다.

그리고 커뮤니케이션의 유지를 위해 사보를 활용하여 비공식 정보를 제공함과 동시에 재택 근무에서는 특히 관계가 깊은 가족에 대한 적절한 배려도 필요할 것이다.

3. 공정한 인사 고과, 근무 평가

재택 근무자는 사업체 내에 근무하는 자에 비해서 인사 고과나 근무 평가에 대한 불안감이 강하다. 인사 고과와 근무 평가는 재택 근무자든 내근자이든 공정하게 해야 한다. 그러므로 재택 근무자에 대한 인사 고과와 근무 평가의 판정 기준을 정비해 둘 필요가 있다.

4. 작업 환경의 정비 등

재택 근무 제도에서는 가정이 사무실, 사업체가 된다. 조명, 소음, 공기 조절 등 작업 환경의 쾌적화에 유의함과 동시에 일과 가정의 구분에 대해서 정신 · 위생 면의 배려에 힘써야 할 것이다.

이 제도에서는 본인 대신으로 가족이 업무 연락을 하는 일도 일어날 수 있고 어떤 지원 시스템을 구축할 필요도 있을 것이다. 그런 점에서 새틀라이트 오피스에 근무하는 경우에는 공사의 구별이 용이하고 가정에서는 얻을 수 없는 사업용 공간도 확보할 수 있으며, 같은 회사 사람들간의 커뮤니케이션도 어느 정도 가능하고 주변 업무의 지원 체제도 마련되어 재택 근무 제도의 디메리트 해소를 도모할 수도 있을 것이다.

또 기업 기밀 누실이라고 할 것까지는 없더라도 업무 내용은 가족이 어느 정도 알게 된다. 일반적으로 업무상 내용이 외부로 알려질 가능성은 내근자에 비해 재택 근무자 쪽이 높을 것으로 예상된다. 그러므로 역시 기밀 유지에 관한 조치도 정해 둘 필요가 있다.

6. 재택 근무 제도의 장래

재택 근무 제도는 사원이 한 사람이고 자기 스스로 관리해 가며 업무를 수행함으로써 개개인의 실적인 실력을 평가받게 된다. 따라서 사원이 집단으로 업무를 수행하고 이를 평가하는 일이 많은 우리나라 실정으로는 고용 관리상의 문제가 있고 또 업종과 직종에 따라서는 분산형 취업 체제에 적합하지 않은 것도 있다. 이런 현시점에서는 실시 기업수도 적고 실시를 검토하고 있는 기업도 그리 많지 않다.

그러나 OA 기기의 진보 발전, 대도시 주변의 통근 환경 악화, 기능자의 구인난, 퇴직자의 기능 유효 활용, 일하는 사람 편에서의 사고 방식의 변화, 취업 형태의 다양화, 근무 시간의 자유화 등이 진전되는 가운데서 새틀라이트 오피스 근무를 포함한 재택 근무 제도는 기업의 장래 인재 확보와 활용 전략의 하나로써 검토해 나가야 할 요소이다.

국제화에 따른 노동력의 활용

1 해외 파견 사원

1. 해외 파견 사원의 중요성

지난 몇 해 동안에 중소기업을 둘러싼 시장 환경의 변화는 단순히 국내 시장의 테두리 안에서 진행되고 있는 것만이 아니라, 국제 경제 환경하에 내외 시장의 일체화를 수반해서 진행되고 있는 것이 한 가지 특징이다.

일본 기업의 해외 투자 건수 추이

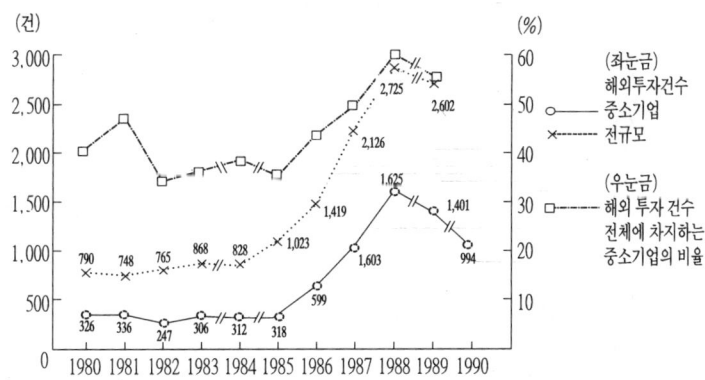

자료 : 전규모 …… 대장성 통계,　중소기업 … 통상 산업성 조사

(주) 1. 신규 증권 취득(현지 법인의 신설 또는 신규 자본 참여) 건수만을 대상으로 하고 있다.

　　2. 중소기업의 투자 건수 중에서 대기업과의 공동 투자와 개인 투자를 포함하고 있다.

　　3. 1984년 4월부터 대상 안건을 투자액 3천만원 초과에서 2억 1천만원 초과로 변경했으므로 연속되지 않는다.

　　4. 전규모는 연도, 중소기업은 역년의 건수를 비교한 것

해외 진출 수익 상황에 관한 평가

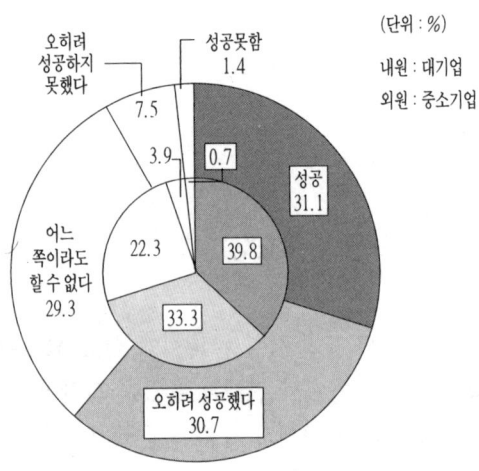

(단위 : %)
내원 : 대기업
외원 : 중소기업

성공못함
1.4

성공
31.1

0.7

39.8

오히려
성공하지
못했다
7.5

3.9

어느
쪽이라도
할 수 없다
29.3

22.3

33.3

오히려 성공했다
30.7

자료 : 중소기업청 '해외 진출 실태 조사(1989년 12월)'

중시한 사전 준비(성공하고 있는 기업), 불충분했던 사전 준비(성공하지 못한 중소기업)

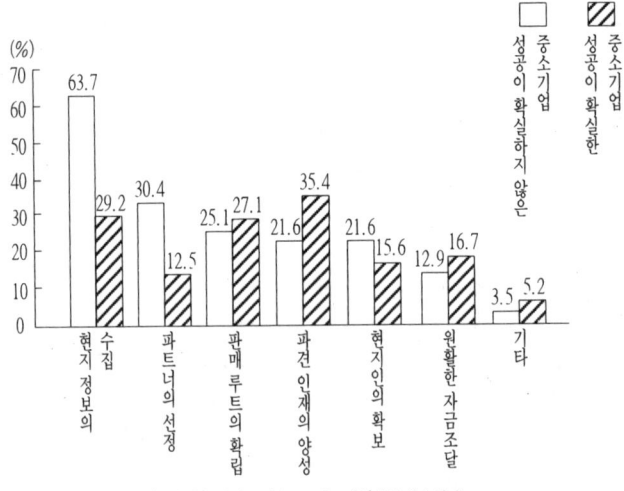

자료 : 중소기업청 '해외 진출 실태 조사(1989년 12월)' (주) 복수회답

이 내외 시장의 일체화는 특히 1985년 가을의 플라자 합의 이래 그것이 발단이 된 대폭적이고 급격한 엔고 현상과 그 후의 정착 등에 의해 일본 중소기업의 활동 거점인 해외 시프트를 급격히 추진하는 형태로 나타나고 있다.

이들 중소기업의 해외 진출처를 보면 대체로 '투자하는 시장의 성장성'을 목적으로 한 구미 쪽과 '저렴, 풍부한 노동력'을 구하는 아시아 지향이 많은데, 같은 아시아라도 ASEAN이나 중국 등에서는 '저렴한 노동력'을 구하고 있는데 대해 NICS에는 '투자하는 시장의 성장성'이라고 회답하는 기업이 증가하고 있다.

이와 같이 해외로 진출한 기업에 있어서도 그 수익 상황에 대한 평가는 전체적으로 보아 꼭 높다고는 할 수 없으나, 성공하지 못하고 있는 중소기업이 불충분했다고 지적하고 있는 사전 준비 가운데 가장 비중을 차지하고 있는 것으로 '파견 인재의 양성'이 랭크되어 있는 것은 주목할 만하다.

이처럼 해외 진출 기업으로써 해외 파견 사원을 어떻게 양성하느냐는 해외 진출의 성패를 좌우하는 중요한 요소로 지적되고 있고, 앞으로 해외 진출에 도전하려는 중소기업의 사전 준비로는 해외 파견 사원의 정확한 관리가 불가결한 요소인 것을 알 수 있다.

해외 파견 사원의 관리에 관해서 가장 중요한 것은 해외 업무 수행에 적합한 인재를 선발해서 충분한 설명을 하고 본인의 협조를 얻어 그가 가지고 있는 능력을 충분히 발휘할 수 있는 환경을 갖추는 것이다.

2. 해외 파견 후보자의 선정

1. 건강 상태의 체크

파견 후보자의 선정에 있어서 첫째로 고려해야 할 일은 '후보자와 가족의 건강 상태'이다. 해외에서의 생활은 식생활을 비롯한 생활 습관과 기상 조건 등이 우리나라와 많이 다르고, 그것은 업무를 수행해 가는 데도 마찬가지이다.

그래서 아무리 능력과 기력 면에서 뛰어난 인재라도 건강에 조금이라도 불안한 점이 있으면 신중히 고려해야 한다. 파견처 나라들 가운데는 우리나라에 비해 위생 관념이 엉망인 데도 있고 의료 설비가 갖추어지지 않은 나라도 있다. 따라서 후보자와 대동할 예정 가족의 일상적인 건강 상태가 첫번째 체크 포인트이다.

2. 유연성, 적극성 등

다음으로 중요한 것은 후보자의 해외 생활과 비즈니스에 적응해 갈 유연성과 적극성을 갖추고 있느냐 하는 것이다.

해외 생활과 업무를 수행해 나가자면 국내에서는 상상하기 어려운 돌발적인 사태를 경험할 기회도 적지 않다. 그런 때 후보자가 적극적인 사고방식으로 임기 응변하여 문제를 해결해 나갈 수 있는 유연성과 적극성을 가지고 있느냐 하는 것은 중요한 요소가 된다.

또 덧붙여 말하면 일반적으로 해외 업무 수행은 국내와는 달리 종합적인 업무 수행 능력과 코디네이트 능력이 요구되는 경우가 많으므로 가능한 한 해외에서 수행할 업무에 대해 국내에서 상당한 경험을 쌓고 있는 자가 파견 사원으로써 바람직하다고 할 수 있다.

3. 외국어 사용 능력

세 번째는 외국어 사용 능력과 숙달에 대한 도전 정신을 갖고 있느냐 하는 것으로, 이 요소는 해외에 오래 체재할수록 중요성이 높아진다. 즉 해외 체재가 장기화되면 그만큼 현지인과 문화에 접촉할 기회도 많아지고 현지에서의 커뮤니케이션에 대한 필요성이 요구된다. 그 수단으로써 현지 언어와 영어가 해야 할 역할은 무시할 수 없다.

이 조건을 충족시키려면 이제까지 외국어를 사용할 기회를 많이 가진 후보자를 선발하는 것이 바람직하다는 것은 말할 나위도 없으나 그런 사람은 어느 기업에도 흔히 있는 것이 아니다. 그래서 해외 사업 전개에 대비하여 될 수 있는 대로 빠른 시기에 외국어를 숙달하기 위한 훈련을 개시하여 사원에게 소양을 심어두는 것이 중요하다.

4. 기타

이 밖에도 해외 파견에는 배우자를 비롯한 가족의 이해와 협조를 얻을 수 있는가, 자녀의 성장 단계가 어떻게 되어 있는가, 후보자 인재 육성상의 위치 부여는 어떤가 등 고려해야 할 요소가 많다. 그래서 적격한 후보자를 선정하려면 이런 사항에 관한 체크리스트를 작성해서 활용하는 것도 유효한 수단이라고 할 수 있다.

3. 해외 파견 후보자와의 면담

적격한 후보자가 결정되었으면 다음은 본인의 협력을 얻기 위한 면담으로 들어간다. 회사로서는 가장 적합한 인재라 하더라도 본인에게 사정이 있을 수도 있으므로 그것을 무시해서는 안된다.

확실하게 정당한 사유가 없는 한 출장이나 전근을 거부하는 것은

해외 파견 후보자 선정의 체크리스트

후 보 자 이 름	
소 속 · 지 위	사업체 부 과 (지위 :)
생 년 월 일	년 월 일생 (세)
가 족 상 황	유 · 무 → (인원수 · 관계 등 :)
대 동 예 정	유 · 무 → (인원수 · 관계 등 :)
주 거 상 황	임대 · 자가 → (파견 기간중의 조사 :)

후보자와 가족의 건강 상태
· 현재 해외 근무를 감당할 수 있는 건강 상태인가.
· 과거에 큰 질병이나 지병은 없는가.
· 최근 건강진단 결과는 어떤가.

유연성과 적극성 구비
· 곤란 또는 복잡한 관계를 극복하는 실행력, 인내력 등이 있는가.
· 회사의 목적과 경영 이념을 이해한 적절한 행동이 가능한가.
· 외국인과 협조하여 코디네이트 능력을 발휘해 갈 수 있는가.

외국어 능력
· 외국어 습득에 대하여 적극성을 가지고 있는가.
· 외국어 능력은 현지에서 업무수행이 충분한 정도인가.

현재까지의 업무 능력
(1) 국내 :
(2) 국외 :

현재까지의 연수 내용 :

해외 근무에 관한 본인의 희망 :

사원의 입장으로서는 곤란한 일이지만, 이 경우에는 파견지가 해외
이므로 국내와 동일시하다는 것은 문제이다.

면담에는 보통 직속 상사가 나서는 경우가 많은데 그런 때 가장 주
의해야 할 점이다.

또 해외에서의 사업 전개에 대한 회사의 비전, 현지에서의 업무 수

행의 중요성,현지 국가의 상황, 파견 기간 중의 근무 조건, 귀국 후의 처우, 파견 기간 중의 자녀 교육과 부재 중의 집 관리 등 본인의 입장에서 충분히 대화할 수 있는 기회를 갖는 것이 파견 후 본인의 일하는 보람과 이어지는 중요한 요소가 된다.

4. 파견 전 교육

이상의 과정을 거쳐 다음에 착수할 일은 해외 파견을 위한 사전 교육이다. 파견 전 교육의 내용과 방법은 파견 후보자의 인원수와 기간, 대상국 등의 조건이 다른 여건에 따라 여러 가지로 생각할 수 있지만, 여기서는 일반적인 공통 사항에 한정해서 필요 항목을 열거해 두자.

1) 파견국에서의 업무 —— 직무 내용, 권한, 책임, 지시, 명령 계통, 본사와의 연락 및 보고 등
2) 파견국의 상황 —— 기후, 풍토, 식생활, 주택, 의료, 물가, 교통, 교육, 치안 등
3) 파견국에서의 생활 —— 주거, 식사, 이웃 교제 등
4) 본인 준비 —— 건강진단, 예방 접종, 상해 보험 가입, 패스포트와 비자 취득,항공권의 수배, 생활용품의 발송 등
5) 파견 기간 중의 노동 조건 —— 파견 기간, 임금 계산, 지급 방법, 근무 시간, 휴일, 휴가, 일시 귀국, 세금, 사회 보험 등
6) 어학 습득 —— 현지어, 영어(되도록이면 본인 이외의 가족도 포함) 등 어학을 습득해야 한다. 또 노동부의 '기업 활동의 국제화에 따른 인사 · 노무 관리 조사(1989년)'에 따라 해외 파견 사원과 후보자를 대상으로

한 교육 연수의 실시율을 보면 중소기업의 실시율은 대기업에 비해서 아주 낮은 수준으로 나타났다.

이러한 파견 기간 중의 노동 조건에 대해서는 그때그때에 임시 변통 식으로 정해버리면 파견자마다 처우에 차가 생겨 불만을 초래하거나 파견 후에 분쟁을 초래하기 쉬우므로, 사전에 충분히 검토해서 관련 사항을 포함하여 '해외 파견자 취급 규정' 등의 명칭으로 될 수 있는 한 문서화해 두는 것이 바람직하다.

그런 때에 규정에 포함시켜야 할 주된 항목과 내용은 앞의 표와 같다.

5. 파견 기간 중의 의사 소통

마지막으로 잊어서는 안 될 것은 해외 파견자를 파견한 뒤의 커뮤니케이션 대책이다.

현지에서의 업무 수행과 생활에서 일어나는 고독감과 컬처 갭을 될 수 있는 한 감소하고 활력있게 임무를 수행할 수 있게 하려면 회사와 해외 파견자와의 쌍방 커뮤니케이션을 소홀히 하면 안된다.

그러기 위해서는 정기적으로 현지 업무 수행 상황을 보고하게 하고 회사쪽에서도 내용을 간추려 연락하거나 때로는 현지에서 입수하기 어려운 식료품과 서적 등을 보내는 것도 해외 파견자와 회사를 결합시켜주는 유대로써 효과적이다.

또 파견 기간이 장기간에 걸치는 경우에는 사전 허가 범위에서 업무 보고를 겸해 일시 귀국시켜 직장 동료와 교류를 꾀하거나 반대로 직장 상사 등을 업무 수행 상황 파악이나 격려를 위해 현지에 단기간

해외 파견 사원의 교육, 연수

(복수회답, %)

합 계	사내에서의 일반적인 어학연수	사내에서의 목적별 어학연수	사외의 어학교육 기관으로 파견	해외 업무의 실무 연수	국정, 해외 생활에 관한 부임전 교육	다른 문화 이해의 강좌	기타
100.0 (100.0)	50.1 (28.6)	20.1 (8.6)	64.2 (48.6)	42.6 (45.7)	43.4 (20.0)	12.0 (−)	5.0 (11.4)

자료 : 노동부 '기업 활동의 국제화에 따른 인사 · 노무 관리 조사(1989년)'
(주) 중소기업은 사원 300명 미만의 기업

해외 파견자 취급 규정에 포함시킬 주요 내용

종별	항 목	내 용
총칙적 사항	해외 파견자의 정의	파견 기간 등을 기준으로 해서 해외 출장자와의 구별을 명확히 정한다.
	대동 가족을 불러 들이기	대동할 수 있는 가족 범위와 불러들일 시기 등을 정한다.
	다른 사내 규정과의 관계	취업 규칙, 해외 출장 여비 규정의 준용 범위 등을 정한다.
노동 시간 등	하루의 취업시간	취업시간의 파악과 보고 방법, 시간외 노동 취급 등을 정한다.
	휴 일	주 휴일, 축일의 특정, 휴일 노동의 취급 등을 정한다.
	휴 가	부임 전후의 특별 휴가와 연차 유급 휴가의 취급 등을 정한다.
급여 · 수당 등	본 급	통화의 단위, 송금처, 지불 방법 등을 정한다.
	해외 근무 특별 가급	파견 지역이나 직책 등을 기준으로 하여 정한다.
	대동 가족 수당	대동 가족의 종별 등을 기준으로 정한다.
	해외 주택 수당	집세, 중개 수수료, 권리금의 부담 방법 등을 정한다.
여비 교통비 · 이사비 등	교통비	이용할 교통 기관별로 이용 등급 등을 정한다.
	도항 준비금	대동자수와 직책 등을 기준으로 하여 부임시와 귀임시 별로 정한다.
	도항 제정비	여권 취득 비용과 공항 사용료의 부담 등을 정한다.
	임시 숙박에 따르는 체재비	임시 숙박에 따르는 체재비 지불 조건이나 한도일수 등을 정한다.
	포장 운송비	선편, 항공편별로 운송가재의 한도량을 정한다.
	운송 제경비	운임, 포장비, 운송 보험료, 관세 등의 비용 부담 범위를 정한다.
	국내 잔류가구	보관 방법과 관리 비용 부담 방법 등을 정한다.
	국내 부재주택	부재 주택의 관리와 대여 등을 정한다.
일시 도항	업무상의 귀국	귀국의 결정, 전달 방법이나 비용 부담의 범위 등을 정한다.
	업무외의 귀국	경조, 자녀 수험 등의 귀국 사유나 비용 부담의 범위를 정한다.
	잔류 자녀의 일시 도항	도항 조건과 비용 부담의 범위 등을 정한다.
교육	자녀교육비 보조	보조 대상이 되는 교육기관과 교육비의 종류 등을 정한다.
	어학 학습비 보조	본인과 배우자의 어학실습에 관한 비용 부담 범위 등을 정한다.
기타	파견 기간의 변경	변경의 결정, 전달 방법 등을 정한다.
	건강 진단	진단 대상자와 비용 부담 범위 등을 정한다.

출장시키는 방법도 검토할 만하다.

파견 기간(부임 기간)은 노동부의 상기 조사에 따르면 정해지지 않은 기업이 27.1%이고, 원칙을 정하고 있는 기업 가운데에서는 3~4년 이라는 기업이 30.2%로 가장 많았다.

그리고 현지에서의 주택 확보에 대한 원조는 많은 기업에서 실시하고 있는데, 만일 재해나 상해 등에 대해서 노재 보험의 특별 가입과 민간의 해외 상해 의료 보험 가입에 대한 원조도 해외 파견 사원이 보다 안심하고 업무를 수행하는데 있어서 포인트라 할 수 있다.

6. 귀국, 직장 복귀에 대한 대응

해외 파견자도 일정 기간의 자기의 임무를 마치면 귀국하여 직장에

해외 부임자에 대한 원조 조치의 내용   (복수회답, %)

기업 규모	원조 조치가 있음	가족을 일시에 불러 들이는 제도	일시 귀국 제도	위로 휴가 제도	노재 특별 가입	민간 해외 상해·의료 보험의 가입	국내 의료 재해 진단	현지에서 주택 확보 대책	국내 각종 정보의 제공	기타
계	100.0	17.4	76.7	21.8	33.7	66.1	2.8	82.4	55.9	12.4
30~99명	100.0	6.9	79.2	9.6	9.0	56.9	–	85.0	60.0	12.2
100~299명	100.0	13.3	64.4	21.2	28.7	67.5	0.3	80.8	38.1	5.0
300~399명	100.0	21.9	79.5	28.5	51.5	70.0	2.3	80.6	56.1	14.1
1,000~4,999명	100.0	23.5	81.8	25.6	47.6	71.1	3.9	84.1	67.4	15.4
5,000명 이상	100.0	42.4	91.0	36.9	40.0	66.6	24.1	80.3	76.9	20.7

자료 : 노동부 '고용 관리 조사(1990년)'

복귀하게 된다.

　이때 본인은 해외에서의 귀중한 경험을 살려 새로운 업무에 의욕적
으로 도전하는 자세로 귀국할 것이고 맞아들이는 쪽에서도 진취적인
발상으로 쾌히 받아들이는 배려가 필요하다.

　특히 장기간에 걸친 해외 근무 뒤에는 인사 이동 등에 따라 직장 동
료나 분위기가 일변해 있는 경우도 많다. 더욱이 정보화가 급진전하
고 있는 오늘날에는 세상의 변화로 눈부시고 OA화와 FA화의 진전으
로 일의 순서나 직장 상황이 파견 전과 크게 달라질 수도 있다. 그런
때에도 파견 기간 중에 서로 교류가 있었던 일은 효과를 발휘할 수
있게 된다.

 **해외 현지 고용자**

1. 해외 현지 고용자의 중요성

앞에서 살펴본 바와 같이 중소기업의 해외 진출이 활성화되고 있으나 그에 따라 해외 파견 사원의 육성과 함께 중요한 관리 분야로써 클로즈업 되어 있는 것이 해외 현지 고용자(이하 '현지 고용자'라 한다)의 적정한 관리이다.

이에 대해서는 앞에서 표기된 '해외에 진출한 중소기업이 중시한 사전 준비와 불충분했던 사전 준비'의 도표에 따라 파악할 수도 있고, 또 최근 중소기업의 해외 진출에 관하여 중소기업 사업단에 들어온 상담 내용의 내역을 보아도 '노동자의 고용, 관리, 해고'가 '합판 계약, 라이센스 실무'에 버금갈 정도로 많은 부분을 차지하고 있는 것을 알 수가 있다.

해외 진출 기업의 사원 구성은 제조업과 소매업처럼 생산 현장과 매장에서의 작업이 중심이 되는 현장 중심 형태의 업종에서는 현지 고용자의 비중이 높고 판단력이나 절충력 등 지식 집약적 노동을 비교적 많이 필요로 하는 형태의 업종에서는 일본에서 온 파견자의 비중이 높아지는 경향이 있다.

또 계층별로 보아도 경영층이나 책임자 등은 일본에서 온 파견자가 많이 차지하고 있고, 일반 사원 레벨에서는 현지 고용자가 압도적으로 다수를 차지하는 경향이 있다.

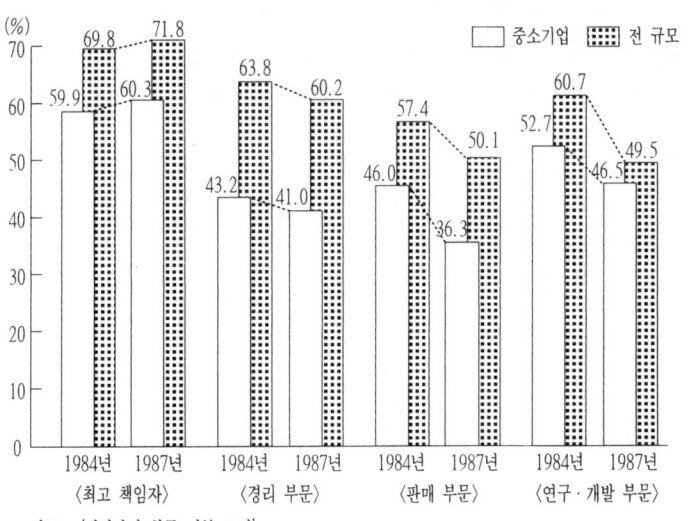

일본에서의 책임자 파견 비율(전 업체)

(%)

범례: □ 중소기업 ▦ 전 규모

〈최고 책임자〉
- 1984년: 59.9, 69.8
- 1987년: 60.3, 71.8

〈경리 부문〉
- 1984년: 43.2, 63.8
- 1987년: 41.0, 60.2

〈판매 부문〉
- 1984년: 46.0, 57.4
- 1987년: 36.3, 50.1

〈연구·개발 부문〉
- 1984년: 52.7, 60.7
- 1987년: 46.5, 49.5

자료 : '해외사업 활동 기본 조사'

그리고 해외에 진출한 중소기업의 일본인 책임자 파견 비율의 동향을 보면 '최고 책임자'를 제외하고 '경리 부문', '판매 부문', '연구·개발 부문' 등 각 매니지먼트 분야의 책임자 수는 몇 해 사이에 꾸준히 감소하고 있는데, 이것은 현지 지역 사회와 융화를 이루기 위해서도 종래 일본측 파견자 비율이 높았던 분야에 있어서도 현지 인재 등용이 꾸준히 진전되고 있는 증거라고 할 것이다.

본래 중소기업은 인적 자원에 제약이 있어 유능한 인재를 장기간 해외에 파견시키기가 어렵고 현지에서의 인재 양성을 적극적으로 실시할 필요성이 대기업에 비해 높다고 할 수 있다.

그러나 현지 고용자를 모집, 채용하여 전력화하기 위한 교육 훈련을 시키면서 동기 부여를 도모한다는 일련의 고용 관리를 정확하게 실시해 나가려면 현지 사정을 충분히 이해하고 그 실상에 맞는 인사·노무 관리 체제를 정비해 가는 것이 중요하다.

여기서는 그 중에서 현지 고용자 관리에 있어 이제부터 해외에 진출하려고 하는 중소기업이 공통 과제로 인식해야 할 중요한 항목으로서 사전 조사, 모집, 채용, 해고, 교육 훈련, 근무 조건 등에 대해 설명한다.

2. 사전 조사

해외에 진출하는 기업에 있어서 현지 파트너의 신용 상황과 법제도 등의 사전 조사를 실시하는 것은 빼놓을 수 없는 중요한 과정이고, 그것은 현지 고용자의 적확한 관리를 실시하기 위해서도 필요하다.

물론 고용 관행이나 노동에 관한 법적 규제 상황은 진출하는 나라마다 다르기 때문에 어느 항목을 중시하고 사전 조사를 실시하느냐 하는 것은 일률적으로 말하기 어려우나 일반적으로 직종별·직무별로 다음과 같은 사항이 인사·노무 관리 면에서 주요한 대상이 될 것이다.

1. 노동력의 수급 관계
그 나라에서는 취업 희망자가 많고 현지 노동자를 확보하기 쉬운가, 실업률은 낮고 인력이 부족한 상태에 있는가 등을 조사한다.

2. 주요 인재 모집 루트
그 나라에 어떤 인재 모집 루트가 있는가, 루트별로 비용이 어느 정도 드는가를 조사한다.

3. 정착 정도

그 나라에서는 기업에서 일하는 사원의 이직률이 높은가 낮은가를 조사한다.

4. 임금 수준

그 나라에서는 현재 임금 수준이 어느 정도인가, 근래의 임금 상승률은 어떤가를 조사한다.

5. 노동 법규

그 나라에서는 노동자의 모집, 채용, 해고, 노동 시간, 휴일, 휴가 등에 관한 법규제 상황은 어떻게 되어 있는가를 조사한다.

6. 교육 수준 · 근면성

그 나라 사람들의 교육 수준과 근로 의욕이 높은가 낮은가를 조사한다.

이런 정보를 사전 조사 단계에서 충분히 확보하기 위해서는 그에 소요되는 시간과 비용 등이 한정되어 있는 중소기업으로서는 용이한 일이 아니다.

그래서 국가 등이 중소기업 해외 직접 투자의 원활을 기하기 위해 실시하고 있는 다음과 같은 조성 조치를 적극적으로 활용해야 한다.

1) 중소기업 사업단에 의한 중소기업 해외 투자 어드바이저 사업, 해외 투자 중소기업 관리자 연수 사업, 중소기업 관리자 인재 카르테 정비 사업
2) 한국 무역 진흥회, 중소기업 사업단, 한국 상공회의소에 의한 투자 환경 등 정보 제공

3. 모집 · 채용 · 해고

외국인의 모집과 채용에 대해서 특히 유의할 사항은 다음의 외국인 노동자에서 구체적으로 설명하겠지만, 일반적으로 우리나라와 비교해 보면 외국인은 자기 주장을 강하게 하고 계약을 중시하는 사람이 많다는 것이다.

또 현지국에서 모집, 채용 활동을 실시하는 데 있어서는 현지국의 취업 규제 상황의 확인이나 성별, 연령, 출신국, 종교 등의 차별에 관한 법적 규제의 확인을 빼놓을 수가 없다.

외국에서는 모집이나 채용을 할 때 인종과 성별, 국적, 연령 등에 따라 고용 차별을 하는 것을 법률로 금지하고 있는 나라도 많으므로, 그런 나라들은 면접시 질문 항목에도 충분히 배려할 필요가 있다.

그리고 해외에 진출하는 중소기업이 현지국의 법적 규제와 고용 관행에 따른 적확한 채용 수속을 실시하려면 현지국 파트너의 원조를 얻는 것은 불가결한 일이다.

또 해외에 진출한 기업으로서는 사원을 모집할 때 등록제를 채택하는 기업이 많다. 이것은 응모해 온 사람들의 주소와 전화번호, 희망 직종, 채용 시험 결과 등의 리스트를 작성해 두고 후일 결원이 생겼을 때 입사 희망을 타진하는 제도인데, 인재 유동성이 심한 나라에서는 특히 유효한 방법이라고 할 수 있다.

한편, 해외에서의 사원 해고는 일반적으로 우리나라와 비교해서 드라이하게 실시되고 있는데, 그만큼 해고 문제를 둘러싸고 분쟁이 많다. 실제로 해외에 진출하고 있는 기업 중에는 부당 해고를 주장하는 사원에게서 많은 손해 배상을 청구당한 일이 적지 않다.

이런 문제를 방지하기 위해서는 해고 절차의 합리성과 해고 이유의 명확화의 두 요건을 충족시킬 필요가 있다.

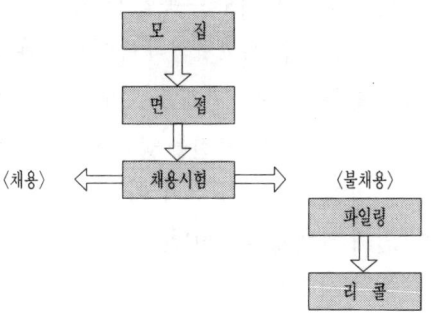

불채용자 등록제의 이미지도

모 집

면 접

〈채용〉 ⇐ 채용시험 ⇒ 〈불채용〉

파일링

리 콜

예를 들면 때때로 복무 규율을 무시한 현지 고용인을 해고하는 경우에도 갑작스럽게 해고 명령을 하지 않도록 한다. 처음에는 구두로 . 주의를 촉구하고 그래도 개선되지 않으면 문서에 의한 경고를 하고 최후 수단으로 해고 명령을 한다는 일련의 해고 절차를 밟음으로써 분쟁으로 발전할 가능성을 감소시킨다. 그런 때 실책이나 주의의 경과를 기록해 두면 자칫 분쟁으로 발전했을 경우에는 유력한 증거가 된다.

또 이와 병행해서 사원을 해고하는 경우에도 해고가 인종과 종교, 성별, 연령 등에 따른 것이 아니라, 어디까지나 복무 상황과 업무 수행 능력에 의한 것임을 확고히 해두는 것이 중요한 요건이다.

4. 교육 훈련

해외로 진출한 기업의 현지 고용자의 기술 지도 연수 방법은 '본사 사원을 파견하여 현지 공장에서 지도, 연수를 실시한다'든가 '현지 고용자의 일부를 본사로 불러들여 훈련하는 방식'이 일반적으로 실시되

고 있다. 그 반면에 '특별한 기술 지도, 연수는 실시하고 있지 않다'고
한 중소기업의 비율이 높은 것도 주목할 만하다.

고용 관행과 직무에 대한 사고방식이 우리나라와는 다른 현지국 인
재를 유효하게 활용하여 사업 전개를 도모해 가려면 현지 고용자에
대해서 자사의 사업과 관리의 특질을 충분히 이해시키기 위해서 현지
채용 고용자를 직장에 배치하기 전에 이 사항들에 관한 설명 기회를
마련하는 것이 인재 활용에 중요하다.

또 자사의 제품과 서비스를 효율적으로 생산 판매해 가려면 OJT와
OffJT에 의한 교육 훈련을 계획적으로 실시해 갈 필요도 있다.

또는 장래 간부 사원 육성을 위해 일정 기간 실무 경험을 쌓은 뒤
시기를 보아 현지 사원을 우리나라로 초청해서 교육과 실무 연수를
실시하는 것도 회사와의 일체감을 높이고, 기술 수준을 향상시키는

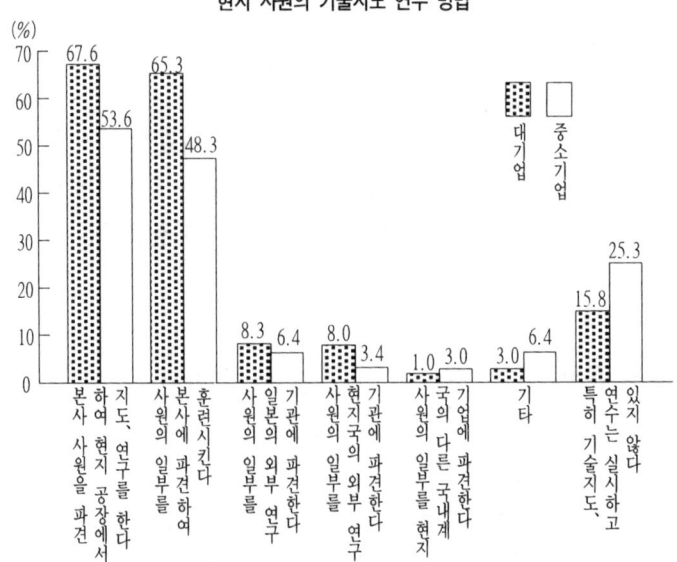

현지 사원의 기술지도 연수 방법

자료 : 중소기업청 '해외 진출 실태 조사(1989년 12월)'

대책으로써 효과적인 방법이다.

그러나 이런 교육 훈련을 실시할 때는 현지 고용자의 언어와 습관의 차이에 대한 배려를 빼놓을 수 없다. 가령 미숙련 노동자가 많은 직장에서는 영어를 사용하는 자가 많지 않고 현장에서 OJT에 임하는 사람은 서투른 말씨라도 좋으니 현지 언어를 습득해 두는 것이 바람직하다.

또 작업 메뉴얼을 작성하는 경우에도 할 수 있는 대로 사용 언어를 현지어로 통일하는 것도 속히 이해할 수 있는 방법이다.

언어와 마찬가지로 습관도 무시할 수 없다. 예를 들면 현장에서의 실무 연수 때 타인 특히 남자의 몸이 여자의 몸에 닿는 것을 싫어하는 불교국에서는 현지 여자 사원을 교육시키기 위해 일부러 본국에서 여자 사원을 파견한 경우도 있다.

아무튼 해외에 진출하려는 중소기업이 현지 사원의 교육 훈련을 시작하려면 교육을 맡은 쪽인 파견자의 시간적 제약 등도 있고, 현지국에 진출해 있는 우리나라 기업과 외부 연수 기관 등을 활용하는 방법을 검토할 필요가 있을 것이다.

5. 노동 조건

현지 고용자의 노동 조건을 결정하는 데는 현지국의 노동 법령에 정해진 임금, 노동 시간, 휴일, 휴가 등에 관한 규칙을 준수하는 것이 불가결한 요소이고 또 연소 노동자에 관한 노동 시간의 제한과 시간외 수당 지급 조건 등을 상세히 규정하고 있는 나라도 있으므로 이에 대한 배려가 있어야 한다.

▶ 요꼬하마 공업관 편 '해외 진출 실천 가이드(1988년)'에서 노동 관행의 차이에 관한 예로써 다음 사항이 지적되고 있다.

1. 미국

1) 미국에서는 차별 문제에 대한 의식이 극히 강하고 현지 채용하는 경우에는 인종, 성별, 연령 등에 따른 차별을 금하는 법령(고용 기회 균등법)이 있다. 또 입사 후에도 승진, 승급 등으로 동법의 시점에서 차별이 없는가 엄격히 체크한다.

2) 일반적으로 미국인은 같은 회사에 정년까지 일한다는 생각은 하지 않는다. 고용주측에서는 정당한 이유만 있으면 언제든 해고시킬 수 있지만, 그런 경우 이유를 명시하고 사전에 경고하는 것이 필요하다. 그렇지 않으면 반대로 소송을 당할 수도 있다.

2. 말레이지아

말레이계, 중국계, 인도계 등 다민족 국가인 말레이지아에서는 인종별 고용률이 행정 지도 되고 있고 우수한 사원도 인종 장벽 때문에 채용되지 못하는 경우도 있다.

3. 싱가포르

신규 대졸 사원은 영국식 관행에 따라 취직 후 몇 해 만에 매니저가 되는 대우를 조건으로 취직을 희망하는 것이 일반적인 경향이다.

4. 인도

인도에서는 도시로 돈 벌러 나온 사원이 많기 때문에 휴가 때에는 귀향 수당이 별도 지급된다.

한편 현지 사원 관리를 맡고 있는 파견자의 교체에 따라 사내 규칙이 변경되어 현지 고용자에게 혼란을 주는 경우도 가끔 볼 수 있는데, 책임자가 교체될 때마다 그 때까지 해오던 관행이 깨진다면 현지 고용원의 신뢰를 얻기 어렵게 된다.

그런 사태를 피하려면 사내의 규칙을 가급적 규정화해 둘 필요가 있다. 단, 그런 때 우리나라에서 이용하고 있는 규정을 그대로 하면 무리가 생기므로 현지국 실상을 충분히 고려하기 위해 관리 업무에 종사하는 현지 고용자 참여하에 작업을 진전시키는 것이 효과가 있을 것이다.

또 해외에서는 나라에 따라 휴일과 휴식 시간의 배치도 다르고 휴식 시간 이용 방법과 시간외 노동에 대한 할증률도 다르다. 그러므로 생산, 판매 계획을 세우는 데도 이런 점을 충분히 감안해 둘 필요가 있다.

아무튼 해외에 진출한 중소기업이 현지에 뿌리를 둔 기업으로 발전하여 그 지역 사회에 받아들여지려면 장기적인 시점에서 인사·노무 관리에 임하는 자세가 필요하며, 그런 것을 통해 현지 고용자의 지지를 얻을 필요가 있다.

그러기 위해서는 우리나라에서 출장 차 방문했을 경우에도 우리나라에서 파견된 사원만을 소개함으로써 현지 고용자에게 불쾌감을 주는 것 같은 일이 없도록 배려하고 시장 개척과 거래처 확보 등 현지 고용자 쪽이 적합한 업무에는 우수한 현지 고용자를 적극적으로 발탁하는 것도 필요하다. 또 지역 사회 자원 봉사 활동에 회사 전체가 참여한다든지 하는 것도 현지 고용자의 참여 의식과 소속감을 높이는 데 효과가 있을 것이다.

1. 외국인 노동자의 증가와 출입국 관리법의 개정

요즈음 우리나라에서 취업하는 외국인 노동자의 수가 증가하는 경향을 보이고 있는데, 그 요인으로 여러 가지가 거론되고 있다.

그 중에서 고용주 측의 주된 사정으로서는 기업 활동의 글로벌화에 따라 외국인 노동자가 소유하고 있는 국제성을 필요로 하는 업무가 증가하고 있는 것과 서비스 경제화 현상에 따라 노동 집약형 업무가 증가하고 있는 것 등이 지적되고 있다.

한편 일하는 쪽에서도 국제 시장에서 활약하는 일본 기업에 대한

외국인 노동자를 필요로 하는 이유

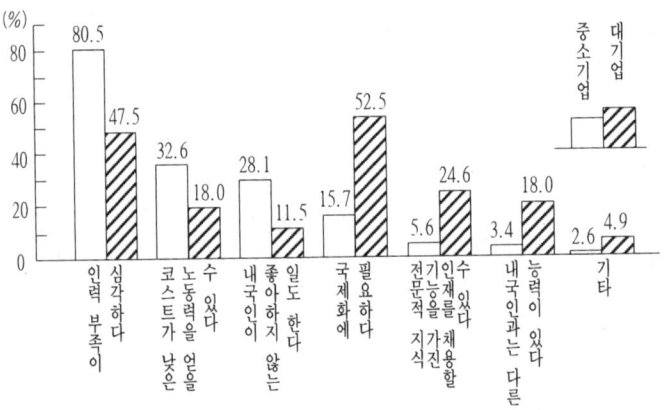

자료 : 중소기업청 '고용 문제 실태 조사' (주) 복수회답

매력이 높아지고 있는 것과 엔고가 정착해 가는 가운데 일본 임금 수준이 인접 제국에 비해 두드러진다는 이유가 있다.

그러나 앞으로 외국인 노동자 수가 급속히 증가하는 경우에는 고용면 뿐 아니라 자녀 교육과 치안면 등으로도 많은 사회적 영향이 예상되고 그 수용에 있어서도 신중하면서 정확한 대응이 요청되고 있다.

이런 상황 속에서 외국인 노동자 수용 적정화를 도모하기 위해 출입국 관리와 난민 인정법의 개정이 실시되어져 1989년 6월부터 시행되었는데 요점은 다음과 같다.

1) 전문 기술, 지식 등을 소유하고 있는 외국인에 대해서 입국, 체류 목적의 다양화에 대응하여 종래 18가지였던 체류 자격의 종류와 범위를 대폭적으로 수정하여 28가지 자격으로 확충했다.

2) '연수' 등 일정한 체류 자격에 대해서 입국 심사 기준의 투명성을 확보하기 위해 체류 자격에 해당하기 위한 요건 등이 법무부령으로 규정되었다.

3) 불법 취업 방지를 위해 일본에 체재하는 외국인은 신청에 따라 그가 얻을 수 있는 수입을 수반하는 사업을 운영하는 활동 또는 보수를 받는 행동에 관한 증명서(취업 자격 증명서)의 교부를 받을 수 있게 되었다.

4) 불법 취업에 대처하기 위해 외국인 본인에 대한 벌칙 규정을 첨가해서, 외국인에게 불법 취업활동을 시킨 고용주, 브로커에 대한 벌칙 규정이 신설되었다(3년 이하의 징역이나 금고 또는 1,500만원 이하의. 벌금, 양벌 규정).

이 개정 사항 가운데 (1)과 (2)는 사업 활동의 글로벌화에 대응한 조치로써 평가되고, 앞으로 더욱더 전문적 기술, 지식 등을 갖고 있는 외국인의 수용이 원활히 진전될 것으로 기대되고 있다.

1) 외국인 노동자 수용 문제는 1965년의 고도 성장기 이래 여러번 논의된 적이 있지만 정부는 지금까지 전문적인 기술자를 받아들이는 한편 소위 단순 노동자의 수용에 대해서 신중한 대응을 실시하고 있다.

2) 소위 단순 노동자의 수용은 사회 경제 등 여러 가지 면에 큰 영향을 끼치는 문제이고, 상기 출입국 관리법의 개정에 있어서도 단순 노동자의 수용은 하지 않는다는 종래의 정부 방침을 따르고 있다.

3) 또 임시 행정 개혁 추진 심의 회의 '세계 속의 일본부회'는 1991년 12월 4일, 외국인 노동자가 일하면서 기능을 습득할 수 있는 '기능 실습 제도'(가칭)의 창설 등을 내용으로 하는 부회 보고를 정리했다. 앞으로 동제도의 창설 등에 대해서 정부 관계 기관에 의해 다시 검토될 것으로 보인다.

이하 외국인 노동자를 적정하게 고용하여 중소기업 경영 속에서 전력화하는 데 즈음해서 특히 배려할 사항을 명시한다.

2. 외국인의 입국 요건과 수속

1. 입국 요건

외국인이 일본에 입국하는 데는 다음과 같은 모든 요건에 해당되어야 하고 또 그 체재 기간에 취업하는 데 활동 범위와 체류 기간이 체류 자격마다 한정되어 있다.

1) 유효한 여권(패스포트) 또는 도항 증명서를 가지고 있어야 한다.

2) 사증 면제의 계약을 맺고 있는 나라 이외의 나라 국민은 원칙적으로 여권에 입국 사증(비자)을 받아야 한다.

3) 입국 목적이 출입국 관리법에서 정하는 체류 자격에 저촉되지 않아야 한다.

4) 출입국 관리법 제5조에 정하고 있는 상륙 거부 사유(예를 들어 마약 관계 등)에 저촉되지 않아야 한다.

2. 입국 사증 등의 수속

위와 같이 일본에서 취직해서 돈을 벌려는 외국인은 외국에 있는 일본대사관이나 영사관(재외 공관)등에서 일본 입국 사증을 신청하여 발급을 받아야 한다.

그러나 입국 심사에 관한 수속을 간소화하기 위해 외국인의 재일 관계자(당해 외국인을 고용하려는 자 등)가 관할 지방 출입국 관리국에, 이 하에 기술하는 각종 체류 자격 요건을 갖추고 있는 것을 증명하는 서류(체류 자격 인정 증명서)를 교부받을 수도 있다. 이때 교부된 체류 자격 증명서를 재일 관계자가 외국인에게 송부하고 그것을 받은 외국인이 재외 공관에서 이것을 사증 신칭시에 첨부하여 사증 발급을 받는다.

▶ '체류 자격 인정 증명서'는 일본에 입국하려고 하는 외국인 또는 그 대리인에게서 사전 신청이 있었을 때, 그 외국인이 일본에서 실시하려고 하는 활동 또는 체류하기 위한 신분이나 지위가 출입국 관리법(체류 자격)에서 인정하고 있는 입국 조건에 적합한가 아닌가를 사전에 심사하여 적당하다고 인정되는 경우에 발행되는 증명서이다.

3. 체류 자격의 내용

외국인이 일본에 체류하여 할 수 있는 활동은 다음과 같이 체류 자격마다 정해져 있다.

1. 취업할 수 있는 체류 자격
다음 체류 자격은 인정되어 있는 범위 내에서 취업할 수 있다.

투자, 경영, 법률, 회계 업무, 의료, 연구, 교육, 기술, 인문 지식, 국제 업무, 기업내 전근, 흥행, 기능 등이다.

이 체류 자격들 가운데 중소기업의 사업 활동에 특히 관계가 깊은 것은 다음과 같다.

1) 기술
국내 기업 등의 계약에 따라 이학, 공학 기타 자연 과학 분야에 속하는 기술이나 지식을 요하는 업무에 종사할 것을 전제하고, 기술 레벨로서는 업무에 필요한 기술과 관계되는 과목을 전공하여 대학을 졸업한 정도의 수준이 필요하다.

① 입국 허가 기준으로는 다음 두 가지가 있다. 종사하려는 업무에 필요한 기술, 지식에 대해서 대학에서 전공하여 졸업했거나 그와 동등 이상의 교육을 받은 자. 또는 10년 이상의 실무 경험을 갖고 있어야 한다.
② 일본인과 동등 이상의 보수를 받을 수 있어야 한다.

2) 기능
다음에 열거하는 기능 중에 10년 이상 실무 경험을 갖고 있으면 일본인과 동등 이상의 보수를 받을 것이 필요하다.

① 요리와 조리 또는 식품 제조와 관계되는 기능을 외국에서 고안하여 자국에서 특수화한 것
② 외국의 특유한 건축이나 토목에 관련된 기능
③ 외국의 특유한 제품의 제조나 수리에 관련된 기능
④ 보석, 귀금속 또는 모피의 가공에 관련된 기능
⑤ 동물 훈련에 관련된 기능
⑥ 석유 탐사를 위한 해저 발굴이나 해저 광물 탐사에 관련된 기능

3) 기업내 전근
다음 모든 요건을 충족시킬 필요가 있다.

① 파견 직전에 외국에 있는 본점, 지점, 기타 사업체에서 1년 이상 계속해서 '기술' 또는 '인문 지식, 국제 업무'의 체류 자격에 해당하는 근무에 종사하고 있고 일본에서도 그런 업무에 종사했을 것 (대졸 정도 이상의 기술, 지식을 가지고 있을 필요가 있다는 취지이다).
② 일본 근무가 5년을 초과하지 말 것
③ 번역, 통역, 어학 지도, 해외 거래 업무, 디자인, 상품 개발 등, 외국인이 아니면 갖추지 못한 특성을 살린 업무에 종사하려고 하는 경우에는 월 약 170만원 이상의 보수를 받을 것
④ 이외의 업무에 종사하려고 할 경우에는 일본인과 동등 이상의 보수를 받을 것

▶ 합판 기업으로써 다음의 각 항에 해당되면 인정을 받는다.
　① 모회사나 자회사(합판 기업이 자국에 있는 기업의 의결권의 과반수를 실질적으로 소유하고 있으면 모회사이고, 반대면 자회사가 된다).

② 관련 회사(합판 기업의 의결권 20/100 이상 50/100 이하를 실질적으로 소유하고 또 인사, 자료, 기술, 거래 등의 관계를 통해 합판 기업의 재무와 영업 방침에 대해 중요한 영향을 줄 수 있는 경우에는 관련 회사가 된다).

▶ '인문 지식, 국제 업무'의 체류 자격은 국내 기업 등과의 계약에 의거하여 법률학, 경제학 그밖에 인문 과학 분야에 대한 지식을 필요로 하는 업무에 종사하든가 또는 외국인이 아니면 갖출 수 없는 특성을 살린 업무에 종사하는 것을 전제로 하여 다음 두 가지 요건을 충족시켜야 한다.
① 인문학 지식을 필요로 하는 업무에 종사하는 경우에는 그 지식에 대학에서 전공하여 졸업했다든가 또는 이와 동등 이상의 교육을 받았거나 또는 10년 이상의 실무 경험에 따라 지식을 습득하고 있으며 또 한국인과 동등 이상의 보수를 받을 수 있어야 한다.
② 번역, 통역, 어학의 지도, 홍보, 선전, 스포츠의 지도 또는 해외 거래업무, 액세서리, 실내 장식에 관련된 디자인 등에 종사하는 경우에는 3년 이상의 실무 경험을 가지고(대졸자가 번역, 통역 등에 종사하는 경우는 제외) 월액 170만원 이상의 보수를 받을 수 있어야 한다.

2. 원칙적으로 취업이 되지 않는 체재 자격

1) 유학생 및 취학생

유학생이란 일본의 대학 또는 이에 준하는 기관, 전수학교의 전문 과정, 외국에서 1~2년의 학교 교육을 이수한 자에 대하여 우리나라의 대학에 입학하기 위한 교육을 실시하는 기관, 고등 전문학교에서 교육을 받을 자격으로 체류하고 있는 외국인을 말한다.

또 취학생이란 일본의 고등학교, 맹아학교, 농아학교, 간호학교와 고등부, 전수학교의 고등 과정이나 일반 과정, 각종 학교 또는 이에 준하는 교육 기관에서 교육을 받을 자격으로 체재하고 있는 외국인을 말한다.

이와 같은 어떤 경우에도 취업은 하지 않으나 사전에 법무부장관에게서 자격외 활동 허가를 받으면 원칙으로 1일 4시간(단, 대학이나 이에 준하는 기관의 유학생에 대하여 7월 1일~8월 31일까지는 8시간 이내)을 초과하지 않고 학업에 지장을 주지 않는 범위 내에서 아르바이트를 하는 것은 가능하다(그 범위를 초과하여 아르바이트를 희망할 때는 소관 출입국 관리국에 신청하면 허가를 얻을 수도 있다).

따라서 유학생이나 취학생을 아르바이트로 고용하려고 할 때는 자격외 활동 허가서를 보유하고 있는가를 확인할 필요가 있다(당해 허가를 받지 않은 유학생이나 취학생을 고용한 경우나 허가된 범위를 초과해서 취업시킨 경우에는 벌칙이 적용될 수 있다).

또 유학생이나 취학생이 학교 수료 후 계속해서 국내의 기업 등에 취직하고 싶을 때는 취업을 할 수 있는 체류 자격 변경 허가 신청을 지방 출입국 관리국에 가서 허가를 얻어야 한다.

2) 연수생

노동자는 아니지만 일본 공사의 기관 등에 의해 수용된 산업상 기술이나 기능을 습득하려고 하는 자(연수생)는 연수의 일환으로써 실무 연수가 가능하다.

그러나 그런 경우에는 실무 연수의 시간 수(연수 전체의 이내)를 비롯하여 연수생, 수용 기관, 송출 기관 등에 관하여 상세한 요건이 정해져 있으며 이들 요건을 준수해야 할 것은 당연하다.

3) 취업할 수 없는 체류 자격

단기 체재의 체류 자격을 가진 자가 실시할 수 있는 활동은 관광, 보양, 스포츠, 친척 방문, 견학, 강습이나 회합에 참가, 업무 연락 등이며 취업하는 것은 인정 받을 수 없다. 따라서 단기간이라 하더라도 이런 자는 고용할 수 없다.

또 '문화 활동'이란 수입을 수반하지 않는 학술이나 예술상의 활동,

일본의 특유한 문화 등에 대한 전문적인 연구 또는 전문가의 지도를 받아 이를 습득하는 활동을 말하며, 취업할 수는 없다.

4) 활동 범위에 제한 없는 체류자격

일정 활동을 실시하기 위해 체류가 인정된 것이 아니라 '영주자', '일본인 배우자', '연주자의 배우자' 등 '평화 조약 관련 국적 이탈자의 자녀' 및 '정주자'의 신분, 지위에 따라 주어지는 체류 자격에 대해서 행동 범위에 제한이 없고 출입관리법상 취업 내용에 대해서도 제한이 없다.

또 일본계 2·3세와 가족에 대해서는 '일본인의 배우자' 또는 법무부 장관의 고시로 '정주자'로서의 체류 자격이 정해져 있으며 고용을 위한 모집과 수속은 다음과 같다.

• 현지에서의 모집

현지에서의 모집에 대해서는 무허가 위탁 모집의 금지 등 일본 직업 안정법상의 규제가 적용됨과 동시에 당해국 법령 등에 따른 규제의 유무 및 적용에 관련되는 문제이기도 하다.

외국의 규제에 대해서는 나라에 따라 법체제가 다르니까 개개인의 사정에 따라 현지 일계 변호사 등의 의견을 듣고 판단하는 것이 적당할 것이라 생각된다.

아무튼 일본계만을 대상으로 하여 대대적으로 현지에서 모집하는데 대해서는 현지에서의 반발(인종 차별이라고 한다)을 야기할 우려가 있는 외에 전술한 바와 같이 그 나라 법령 등에 비추어 문제가 있는 경우도 있다고 생각된다.

• 수속

위의 일본계 2·3세가 입국을 희망할 때는 재외공관에서 신분이 확인되었을 경우, 각 재외 자격에 대응한 사증을 발급받을 수 있다.

또 사전에 체류 자격 인정 증명서를 취득하려고 하는 경우에는 일본에 거주하는 본인의 친족이 신청서에 입국하려고 하는 일본인의 신분이나 지위를 증명하는 서류와 일본에 거주하는 신원 보증인의 신원 보증서를 첨부해서 지방 출입국 관리국에 신청해야 한다(고용주가 이런 자를 대신하여 수속을 할 수는 없으나 외국인 본인이 실시하는 것은 가능하다).

▶ '정주자'란 법무부 장관이 특별한 이유를 고려하여 일정 기간 거주를 인정한 것으로 현재 ① 정주 베트남 난민, ② 일본 3세 등, ③ 영주 자, 정주자 등의 가족이 고시되어 있다.
▶ 일본계로서 일본 국적을 가진 자는 일본 국민이므로 취업 활동에 제한이 없다.

4. 모집

1. 취업 가능 여부 확인

외국인 노동자의 모집에 있어 최초로 체크할 일은 응모한 노동자가 자국에 체류하며, 기업이 취업시키려는 자격을 가지고 있는가를 확인하는 것이다.

1) 취업 자격 증명서에 의한 확인

'취업 자격 증명서'는 자국에 체류하는 외국인이 희망하는 경우에 발행되는 서류이며, 그 외국인의 체류 자격에 비추어 인정되는 취업 활동의 내용 및 취업 할 수 있는 기간을 증명하는 것이다.

외국인을 고용할 때 이 증명서 제출을 요구하고 이를 확인함으로써 취업할 수 없는 외국인을 잘못 채용하는 것을 방지할 수 있다.

또 '취업 자격 증명서'는 희망하는 외국인이 지방 출입국 관리국에 신청(이때 여권이나 외국인 등록 증명서 등이 필요)함으로써 발행되는 것이고 취득을 강요하는 것은 아니다. 따라서 취업을 인정받고 있는 외국인에 대해서는 '취업 자격증명서'를 가지고 있지 않은 경우라도 고용하는 데는 문제가 없다. 오히려 출입국 관리법에서는 외국인을 고용할 때 '취업 자격 증명서'를 제시 또는 제시하지 않는 것을 이유로 불이익한 취급을 해서는 안된다고 규정하고 있다.

2) 여권이나 기타 방법에 의한 확인

외국인의 취업 가능 여부는 여권(개정 출입국 관리법에 있어서의 여권에는 체류자격이 일본어로 적혀 있다) 또는 외국인 등록 증명서를 확인하고 그 체류 자격이 취업 가능한 것인가를 판단할 수 있다.

그래도 불명한 경우에는 관할 지방 출입국 관리국에 조회하면 정규 취업 자격을 가진 자인가 아닌가를 쉽게 판별할 수도 있다.

2. 체류 기간 및 외국인 등록 증명서 발행

자국에 입국하는 외국인에게는 체류 자격에 대응하여 각각 체류 기간이 정해져 있으므로 원칙적으로 이 기간을 초과하여 잔류할 수 없다. 단, 소정 체류 기간을 초과하여 체류할 필요가 있는 자가 체류 기간의 갱신을 신청하고, 허가를 얻을 경우에는 계속해서 체류할 수 있다.

▶ 상기 체류 자격에 관련된 체류 기간은 다음과 같다.
　① 기술, 기능, 기업내 전근, 유학, 문화 활동 ― 1년 또는 6개월

② 취학, 연수 — 1년, 6개월 또는 3개월
③ 단기 체재 — 15일 또는 90일
④ 영주자 — 무기한
⑤ 일본인의 배우자, 영주자의 배우자 등 — 3년, 1년 또는 6개월

그 밖의 원칙으로 90일 이상에 걸쳐 자국에 체류하는 외국인은 신분이나 거주 관계를 분명히 하기 위해 관할 지역의 사무실에서 외국인 등록을 하게 되어 있고 외국인 등록 증명서가 발행되고 있다.

3. 외국인 노동자의 인재 파견

외국인 노동자를 모집하는 경우에는 나라 내외에서 다양한 방법이 고려되고 있는데, 그중에 국내에서 인재 파견 회사를 통해 모집하는 경우에는 다음과 같은 점에 유의해야 한다.

일본에서 민간 기업 등이 노동자 소개나 알선을 할 때는 노동자 파견법에 따라 신고 또는 허가가 필요하고, 이 취급은 외국인 노동자에 대해서도 마찬가지이다. 따라서 이런 경우에는 사전에 미리 의뢰처에 노동자 파견업 허가 또는 신고 번호 등을 확인해 두는 것이 트러블을 미연에 방지하기 위해서도 필요하다.

4. 불법 취업과 출입국 관리법

출입국 관리법에는 다음과 같은 벌칙 규정이 있다.

먼저, 불법 취업하고 있는 외국인은 최고 3년의 징역이나 금고 또는 200만원 이하의 벌금이 과해진다. 이 벌칙에 대해서는 위반 내용에 따라 가벼운 것도 있다. 그리고 일본에서 강제 추방된다.

한편 고용주가 자기 사업 활동에 대해서 다음과 같이 외국인을 취업시키면 3년 이하의 징역이나 금고 또는 200만원 이하의 벌금이 과

해진다. 그리고 징역과 벌금을 병과하는 수도 있고 사업 활동을 하고 있는 법인에 대해서도 벌금을 과하는 수가 있다.

1) 자국에 불법 입국한 외국인 등 정규 체류 자격을 갖지 못한 외국인
2) 정규 체류 자격을 갖고 있는 외국인이라도 그 자격으로 인정된 이외의 활동을 허가 없이 행하고 있는 외국인

또 상기 요건에 해당되지 않는 경우라도 외국인 출입국 관리법 위반 행위임을 알면서 숙소 제공이나 입국 비용 부담 등으로 입국 또는 불법 체류를 도와주면 위반 공범자로서 처벌을 받는 경우도 있다.

5. 선고

1. 능력, 기능 등의 확인

외국인이라 해도 출신국, 지역은 각양각색이고 개성도 다양하다. 따라서 획일적으로 결론을 내릴 수는 없으나 일반적으로 자국인과 비교해 보았을 때 외국인 쪽이 자기 주장이 강하다는 것을 고려해야 할 것이다.

예를 들면 구인에 대한 응모에서 자국인의 경우에는 자기 능력을 과장해서 유리한 조건을 끌어 내려고 하는 자는 드물지만 외국인에게는 정당한 자기 주장을 해서 높은 노동 조건을 획득하는 것은 오히려 당연하다고 생각하는 자가 적지 않다. 본인의 말을 믿고 채용했는데 실제로 일을 시켜보니 기대에 어긋났다고 해봤자 이미 때가 늦은 것이다.

이런 사태를 피하려면 본인 주장의 근거를 정확하게 확인하는 것이 안전하며 제출된 이력서에 기재된 사항(학력, 자격 등)을 뒷받침할 만한 것을 찾아 신중히 음미하는 것이 중요하다. 이런 경우에는 가능한 한 전직의 고용주 등을 통해 능력 같은 것을 확인해 두는 것도 좋다. 또 기능적인 노동에 종사하는 외국인인 경우에는 실기를 시켜 기능 레벨을 체크해 두는 정도의 신중성이 요망된다.

2. 자국어 습득과 자국 문화의 이해

한편 외국인 노동자를 채용한 뒤에 트러블 원인이 되기 쉬운 것으로 언어나 문화의 차이로 인한 커뮤니케이션 갭이 있다.

외국인 노동자가 자국 기업 속에 정착하여 능력을 충분히 발휘해 가는 데는 상사 동료와의 의사 소통은 빼놓을 수 없는 것이고, 그 도구로써 자국어가 해내는 역할은 지대하다.

따라서 이런 점에서는 자국어를 습득하고 자국 문화에 대해서 호의적인 감정을 갖고 있는 외국인을 채용하는 것이 제일 좋은 일이지만, 현실적으로 자국어를 마스터한 외국인의 수가 적어 곤란한 점이 많다. 그래서 응모자가 자국어 습득에 열의가 있고 문화를 적극적으로 평가하려고 하는 외국인인가를 진형히는 시점에서 확인할 필요가 있다.

3. 시용 기간 등

아무리 신중하게 전형을 한다고 해도 채용 후에는 뜻하지 않게 못 보고 넘어간 것이 발견되는 수도 있으므로, 그 채용 후 일정 기간을 시용 기간으로 하여 본인의 능력이나 취업 태도 등을 관찰해 보는 것도 효과적이다.

또 응모해 온 외국인의 채용 여부를 오랫동안 애매한 태도로 방치해 두는 것은 클레임이 발생하기 쉬우므로, 채용하지 않기로 했으면 되도록 빨리 이유를 명확히 설명하여 분명하게 전달해야 한다.

6. 채용(고용 계약 등)

동서를 불문하고 사원을 채용하는 경우 첫번째 절차로써 고용 계약의 체결이 있는데 그 방법은 다양하다.

자국에서 정규 사원을 채용하는 경우에는 구두로 간단한 설명을 하고 나서 입사 관계 서류의 하나로써 간단한 고용 계약서를 건네주고 후일 날인하여 회수하는 경우가 많은데, 자국인 이상으로 계약을 중시하는 많은 외국인에 대해서 같은 방법을 쓰는 데는 문제가 있고 고용 계약의 체결은 신중히 할 필요가 있다.

물론 고용 계약서 내용에 기재해야 할 사항으로 노동 기준법이 정하고 있는 임금과 노동 시간 등의 주요 사항을 포함시키는 것은 불가결한 일이지만, 그 외에도 채용하는 외국인 노동자에게 특이한 사항을 구체적으로 알기 쉽게 표현할 필요가 있다.

예를 들어 입사 후 외국인 노동자에게 본래의 업무 외에 사내에서 어학교사 역할을 해주기를 바라고 있는 경우에는 그 일을 사전에 본인에게 타진하여 고용 계약서에 명시해 두어야 하고 또 고용 기한을 명시해 두는 것도 포인트라 할 것이다.

또 고용 계약서에 기재하느냐 않느냐 하는 것은 별문제로 치더라도 입사 후에 지켜주기를 바라는 것은 설명하는데 그칠 것이 아니라 가급적이면 문서로 작성하여 건네주어야 한다.

그때 서면에는 내용에 동의한 증거로써 외국인 노동자의 사인을 받아 두는 것도 잊어서는 안된다.

또 자국어를 정확히 이해하지 못하는 외국인 노동자의 고용 계약서는 가능한 한 모국어, 적어도 영어로 표현하는 것이 바람직하다. 문서에 표현되어 있는 내용이 정확히 이해되지 않은 채 구두로 수긍한다면 후일 오해를 발견하고 서로간에 불미스러운 일이 발생할 가능성도 있기 때문이다.

7. 수용 체제

1. 가정 생활 충실을 위한 어드바이스

외국인 노동자가 가지고 있는 능력에 대해서 본인은 물론 가능한 한 가족에게도 자국의 일상 생활과 자녀 교육 등에 관한 상세하고 구체적인 어드바이스를 제공할 기회를 갖도록 해야 한다.

이국의 생활에는 누구나 불안을 수반하게 되는 것이고 그 불안을 조금이라도 완화시켜 직무에 열중할 수 있게 하려면 생활 기반인 가정 생활을 충실하게 하는 조력을 아껴서는 안된다.

동시에 외국인 노동자가 종사할 예정인 직무에 대한 이해를 숙지시키기 위해 빠른 기회에 그가 종사할 직무의 위치 부여와 자사 제품, 시장 등에 관한 지식을 갖도록 해두는 것도 좋다.

2. 사원에 대한 사전 설명

외국인 노동자를 고용하는 측의 준비도 중요하다. 외국인 가운데는 자국인 이상으로 예절을 중시하는 타입도 있고, 필요 이상으로 매너를 내세우는 타입, 논쟁으로 스트레스를 해소하는 타입, 또는 종교상의 이유 등으로 식사에 제약을 받는 타입 등 다양한 유형이 있다.

또 외국인 가운데 모국에서는 직무 수행상 충분한 지식과 판단력을 가지고 있었으면서도 자국에서는 독특한 비즈니스 관행상 필요한 지식과 판단력을 체득하기에는 시간이 걸리기 때문에 처음에는 당혹스러워하는 외국인도 많다.

이런 때는 상대의 입장에 서서 관용의 자세로 접하는 것이 직장의 인간관계를 양호하게 유지해 가는데 중요하고 또 그것을 사전에 사원에게 충분히 설명해서 이해시킬 필요가 있다.

특히 정규 사원을 채용하는 경우에는 외국인 노동자의 모국 풍습과 종교 등에 관하여 배워 두는 정도의 배려가 있어야 한다. 자국인 사원이 상대방 국가의 언어나 습관에 흥미를 갖고 서로 가르쳐주는 가운데 인간관계가 원활해지고 국경을 초월한 인간끼리의 교류가 이루어지게 된다.

어차피 외국인 노동자를 채용할 상황이라면 이런 메리트를 적극적으로 활용하여 사원의 국제화를 도모하도록 한다.

또 외국인 노동자가 입사 후 초기 단계에서는 자국어를 통한 커뮤니케이션 능력이 부족하기 때문에 직무상 지시와 커뮤니케이션이 원활해지도록 필요에 따라 외국어 능력이 있는 자국인 사원을 선임해서 조력케 하는 것도 효과적이다.

외국인 노동자와 분쟁이 생겼을 경우에 대비해서 전국의 주요 노동기준 감독서 외에 외국인에 대한 상담 창구가 설치되어 있다. 또 지방 공공 단체에 있어서도 상담 창구를 설치하고 있는 데도 있다.

8. 배치와 직무 분담

일본 기업과 많은 외국 기업의 관리면의 차이점 가운데 하나는 전자가 '인간을 중심으로 한 집단주의적 관리'인데 대해 후자는 '직장을 중심으로 하는 개인주의적 관리'의 색채가 강하다는 것을 지적할 수 있다.

즉 자국 기업 조직에서는 사원 한 사람 한 사람을 인간으로서의 속성을 존중하는 배치와 직무 분담을 토대로 직무 수행을 집단적으로 행하고 있는데 비해서, 많은 외국 기업에서는 직무를 기준으로 한 합리적인 배치와 직무 분담을 토대로 개인의 권한이나 책임이 실질적으로 명확히 되어 있다.

그래서 외국인 노동자 배치에는 담당할 직무 내용을 보다 명확히 해 둘 필요가 있다. 예를 들면 단순히 회계 또는 조리사 보조라고 지시하는 것이 아니라, 기장, 결산 업무 또는 요리 담는 일이라고 구체적으로 지시해야 한다.

즉 조직을 전면에 세워 집단적으로 행동하는 자국인은 구체적인 지시 · 명령이 없어도 그때 상황에 따라 정확한 판단을 할 수 있으나 외국인 노동자에게 같은 것을 기대하기 어려울 경우가 많다.

그러므로 외국인 노동자의 배치에 있어서는 담당할 직무를 명확히 함과 동시에 직무상의 지시, 명령자를 똑똑히 해 두어야 한다. 또, 담당할 직무에 대해서는 가능한 한 독립하여 수행할 수 있는 직무가 많은 외국인 노동자에게는 바람직하다고 할 것이다.

또 자국 기업에서는 다수의 멤버가 의견 일치를 얻는 마당으로서 회의가 성행하고 있으나 이런 종류의 회의에 대해서 회의를 품는 외국인도 많다. 외국인 노동자의 그런 취지를 이해시켜 협력을 얻으려면 참가할 회의의 목적과 스케줄, 참가자로서의 위치 등을 사전에 설명해 두는 것도 유효한 방법일 것이다.

또 외국인은 국민성과 개성을 반영하여 직무마다 적, 부적의 차가 크다. 특히 한국인용 접객 업무인 경우에는 일본어 회화 능력이 불가결한 요소인 경우가 있고 충분한 대응을 할 수 없으면 업소의 품격을 떨어뜨리게 되기 때문에 주의를 요한다.

9. 기타 고용 관리

기본적으로 사원에 대한 일본 노동법은 국적과 인종에 관계없이 국내에서 고용 노동에 종사하는 자를 대상으로 하고 있기 때문에 외국인 노동자에게도 적용된다.

따라서 임금 지불과 승진, 노동 시간, 휴일, 휴가 등에 대하여 규정하고 있는 노동 기준법을 비롯하여 안전 위생과 건강 진단 등을 규정하고 있는 노동 안전 위생법, 임금의 최저 기준을 규정한 최저 임금법 등은 외국인 노동자에게도 적용된다.

특히 우리나라에서는 노동 조건 같은 면으로는 국적과 인종에 따른 차별 취급은 금지되어 있다. 예를 들면 외국인만 적용되는 취업 규칙을 만드는 것이나 반대로 외국인만 적용 제외하는 것은 노동 기준법을 위반하는 것이 된다. 단, '외국인'이라는 국적에 의하지 않고 업종이나 고용 형태별이라는 꼴로 별개의 취업 규칙을 만드는 것은 가능하다.

여기서는 지금까지 논한 것 외에 일본 노동법과의 관련도 고려해서 외국인 노동자의 고용 관리에 관하여 특히 유의할 필요가 있는 10개 항목을 예시해 둔다.

1) 노동자 명부 작성에 대해서는 관계 관청에서 보내는 문의 등에 대비하여 사증번호, 국적, 종교 등도 부기해야 한다.
2) 임금 마감일과 지불일, 지불 방법 등은 고용 계약서에 명시해야 한다.

3) 연봉제라도 임금은 월급으로 분할해서 지급한다.

4) 단기 취업자에게는 퇴직금이 아니라 전별금 지급을 제도화하는 것도 효과적이다.

5) 시간외 노동은 돌발적이 아니라 계획적으로 실시해야 한다.

6) 원칙적으로 취업이 인정되어 있지 않은 외국인을 임시로 고용하는 경우에는 법령 등으로 정해진 범위 내에서 고용해야 한다.

7) 휴가의 부여와 취득에 관해서는 크리스마스 휴가와 일시 귀국 휴가 제도 등을 고려한다.

8) 주거에 대한 외국인 노동자의 사고 방식은 천차 만별이어서 타협점을 발견하기까지는 충분한 대화를 갖는 것이 중요하다. 경우에 따라 사택을 빌려주는 등 탄력적인 대응이 요구된다.

9) 휴일을 이용한 사원 여행이나 체육 대회 등의 친목 활동은 외국에서 일반화되어 있는 것이 아니므로 목적과 방법을 충분히 설명해서 이해를 얻는 노력이 필요하다.

10) 건설 현장이나 생산 현장 등에서는 사고가 많고, 업무상 지시, 연락, 안전 확인은 되도록이면 문서를 활용한다.

10. 세금과 사회 보장

외국인 노동자에게도 일정한 조건하에서 세금과 사회 보장이 과해지고 취급은 다음과 같다.

1. 소득세

소득세의 과세 범위와 원천징수 대상은 그 자가 국내에 체류하고 있는 상태에 따라 원칙적으로 다음과 같이 되어 있는데, 그자가 다국

간에 걸쳐 소득을 얻고 있는 경우에는 국제적인 이중 과세를 배제하기 위해 외국 세액 공제에 관한 여러 제도가 적용된다.

1) 거주자 가운데 비영주자인 경우 —— 국내 원천 소득(국내에서 얻은 소득) 및 국내 원천 소득 중에서 국내에서 지불되었거나 국내에 송금된 것에 대하여 과세되며, 전 급여가 원천징수 대상이 된다.

2) 비영주자 이외의 거주자인 경우 —— 모든 소득에 대해서 과세되고, 전 급여가 원천징수 대상이 된다.

3) 비영주자인 경우 —— 국내 원천 소득만 과세되고 급여 가운데 국내 원천 소득만이 원천징수 대상이 된다.

상기 중에서 '거주자'란 국내에 주거가 있든가 계속해서 1년 이상 거주하고 있는 자이다. 단, 국내에서 직업, 기술 연수에 종사하는 경우에는 체류 기간이 계약 등에 따라 미리 1년 미만으로 되어 있는 경우를 제외하고, 그 자의 주소는 국내에 있는 것으로 추정한다.

또 '비거주자'란 거주자 이외의 자를 말한다.

한편 '비영주자'란 거주자 가운데 국내에 영주할 의사가 없고 또 국내에 주소, 주거를 가진 기간이 계속해서 5년 이하인 자를 말한다.

2. 주민세

국내에 주소가 있는(1년 이상 체류하고 있는) 외국인은 도시군민세 및 시구동민세(서울시인 경우에는 도민세와 특별 주민세)가 부과된다. 따라서 외국인에 대한 급여 지불자가 특별 징수 의무자로 지정된 경우에는 필요한 금액을 원천징수해야 한다.

또 주민세의 소득 비율액에 대해서도 소득세와 같이 외국 세액 공제에 관한 제도가 적용된다.

3. 사회 보험

건강 보험 등 사회 보험 면에 있어서는 외국인 노동자도 원칙적으로 일본인과 동등한 취급을 받는다.

건강 보험, 후생 연금 보험의 적용 사업체가 외국인 노동자를 고용하는 경우에는 이 제도에 가입해야 되며 일본인과 같이 급료에 따른 보험료를 납입하는 등의 절차가 필요하다.

건강 보험, 후생 연금 보험 가입자가 되지 않는 경우로써, 외국인 등록을 하고 있는 자는 국민 건강 보험, 국민 연금 대상이 되려면 여기 가입해서 보험료를 납입하는 등의 수속이 필요하다. 단, 단기 체류자에 대해서는 국민 건강 보험은 적용되지 않는다.

보충 외국인 연수생의 적정 수용

외국인 노동자의 적정 고용에 대해서는 전장에서 설명했지만 본래 '연수생'은 '노동자'가 아니기 때문에 출입국 관리법에서도 체류 자격은 명확히 구분되고 있다.

외국인에 대해서 국내에서 연수를 하는 것이 필요한 경우로써 예를 들면 해외 합판 기업, 현지 기업 또는 거래 기업의 사원 등에 대해서 기술 습득을 위한 연수를 행하는 경우이다.

▶ 연수생의 수용 개시 시기는 합판 기업 또는 현지 법인의 설립이 외국의 공적기관에 의해 승인된 이후이며 공장의 건설 종료 후 또는 조업개시 이후일 필요는 없다.

1990년의 출입국 관리법 개정에 따라 일본에서 기술, 기능 또는 지식의 습득을 목적으로 한 '연수'에 관한 체류 자격에 대해서도 입국 조사 기준이 명확히 되고 공적 기관이 행하는 연수를 포함해서 사업자 단체 혹은 개별 기업이 각기의 관리 책임하에 실무 연수(OJT)를 중심으로 한 연수를 실시해 갈 기회의 확충을 꾀하게 되었다. 특히 중소기업 단체 등의 공익성 있는 사업자 단체가 연수를 실시하는 경우에는 그 연수 내용, 수용 기업 등이 일정한 요건을 충족시키는 것을 전제로 심사 기준의 일부가 완화되고 있다.

이하 중소기업 단체 등에 의한 외국인 연수생의 수용에 대해서 체류 자격을 습득하기 위한 기준 등을 설명한다.

1. 외국인 연수생 수용의 의의와 목적

중소기업이 외국인 연수생을 받아들이고 싶어하는 가장 큰 이유는 1990년도의 중소기업 백서에 의하면 '사내에 대한 자극, 활성화 (70%)'이고 다음이 '해외의 우수한 인재와의 접촉(66%)', '국제화에의 협력(기술 이전 부여 등)(63%)'의 순으로 되어 있으며 중소기업에 있어서의 국제화에의 적극적인 노력이 엿보인다.

즉, 중소기업에서도 사업 활동이 국제화되고 해외 영업 활동에 거점을 둔 경우가 점점 증가되고 있어 이 경우의 사전 포석으로 또는 가능성을 탐구한다는 점에서 외국인 연수생의 수용은 크게 도움이 된다고 생각한다.

또한 국내적으로는 다음과 같은 자기업의 경영을 재검토하는 절호의 기회가 된다.

1) 일반적으로 중소기업의 노무 관리는 대기업과 비교해서 크게 뒤떨어져 있지만 외국인 연수생의 수용을 계기로 해서 노무 관리 제도를 재평가한다거나 복리 후생 시설을 충실히 함으로써 자기업 사원들의 사기 양양이 이루어지게 된다.
2) 외국인 연수생을 고용함에 따라 지역 사회에 있어서의 평가가 높아지고 그 후의 한국인 구인면에서 좋은 영향을 가져오리라는 기대도 할 수 있다.
3) 외국인 연수생에게 기술 등을 가르치는 것을 통해서 일의 표준화, 메뉴얼화를 꾀할 수 있다. 또 자기업의 기술 특색과 유용성의 재인식 등의 효과도 기대된다.

그리고 중소기업의 기술은 단순히 공학적 기술만이 아니라 중간 기술이나 현장 기술 즉, 경영 관리, 노무 관리나 노동자의 작업 방법 등 이른바 인적 측면과 일체화 된 기술에 특징이 있고 이들 중소기업의 기술은 개발 도상국의 기술 향상에 실천적으로 도움이 될 것이 많다고 생각할 수 있다.

2. '연수생'이 체류 자격을 받기 위한 기준 등

1. 연수 내용의 일반 기준
연수 내용이 다음의 모든 기준을 충족시켜야 한다.

1) 습득하려고 하는 기술, 기능 또는 지식이 동일한 작업의 반복에 의해서 숙달할 수 있는 것이 아닐 것(가능한 한 그 숙달의 목표가 구체적으로 가정할 수 있는 직종인 것으로 할 것)
2) 연수가 고용 기관의 상근 직원으로 5년 이상 된 경험자의 지도를 중심으로 행해질 것(외부 강사를 초빙해도 좋다)
3) 연수생이 주소를 가진 지역에서 습득하는 것이 불가능 또는 곤란한 기술, 기능 또는 지식 등을 습득하려고 할 것(상대국에 대해서 기술과 기능 이전이 요구되는 직종, 현지 법인, 기술 제휴처 등의 사원으로서 양성할 필요가 있는 직종 등이다)
4) 귀국 후 습득한 기술, 기능 또는 지식에 관한 업무에 종사하는 것이 예정되어 있을 것 등

2. 실무 연수(즉, OJT)를 실시할 경우

이론 연수 이외에 실무 연수를 실시할 경우에는 상기의 일반 기준 이외에 다음의 기준을 충족시켜야 한다.

1) 고용 기업 등이 다음의 모든 기준을 충족시킬 것
① 연수생의 수가 고용 기관의 상근 직원의 1/20 이내일 것
② 연수생용 숙박 시설, 연수 시설이 확보되어 있을 것. 또한 숙박 시설에 대해서는 예를 들면 알선을 하는 사업자 단체가 확보하고 있는 경우라도 좋고, 연수 시설에 대해서는 노동 안정 규정법에서 규정하는 안전 위생상 필요한 조치에 준한 조치가 강구되어 있을 것
③ 연수생의 생활 지도를 담당할 직원이 상주해 있을 것
④ 연수생의 사망, 부상, 질병에 대한 조치로써 해외 상해 보험 등의 민간 보험에 가입하고 있을 것. 단, 보내온 나라 측에서 보장 조치가 강구되어 있는 경우에는 이에 한하지 않는다.
⑤ 실무 연수의 비율이 연수 전체의 2/3 이하일 것. 즉, 이론 연수가 1/3 이상이 되도록 한다(여기에서 말하는 이론 연수라는 것은 원칙적으로 일본어나 전문과목 등의 강의를 받는 것을 말하는데 공장 내에서 행하는 상품이 아닌 시작품의 작성 등을 포함할 수 있다).

2) 연수생을 파견하는 외국의 기관이 다음 중 하나의 기준을 충족시킬 것
① 나라 또는 지방 공공 단체 또는 그것에 준하는 기관(중앙 은행, 국제 기관 등)
② 고용 기관의 합판 기업 또는 현지 법인
③ 고용 기관과 거래 관계를 가진 기업(1년 이상의 계속 거래 또는 과거 1년 동안에 70억 이상의 거래)

3) 연수 수당의 지급

연수는 취업이 아니기 때문에 연수생에 대해서는 취업의 대가로서의 보수를 지불할 수는 없지만 연수 수당에 대해서는 연수에 필요한 실비 변상의 범위 내에서라면 인정된다. 구체적으로는 기숙사비, 생활비(식사, 용돈) 등이 지급의 대상이 된다.

또한 연수 수당에 대해서는 일의 대가로서 지불된 것이 아닌 한 소득세의 원천징수를 할 필요는 없다.

3. 기타

상기 이외에 적정한 연수를 행하고 그 효과를 거두는 등의 관점에서 일반적으로 다음의 것이 필요할 것이다.

1) 연수생 본인에 대해서

① 원칙적으로 상대국의 기업 등에 직업을 가지고 있고 해당 기업 등에서 파견된 사람일 것

② 일본에 올 때까지 습득할 예정의 기술 기능에 대한 경험을 가지고 있든가 고교 졸업 정도의 학력을 가지고 있을 것

③ 가능한 한 일본에 올 때까지 기초적인 일본어를 배우게 할 것

④ 몸과 마음이 모두 양호하고 건강한 상태에 있는 연수생을 선발할 것

2) 기타

① 효과적인 기술, 기능 이전을 꾀하기 위한 학과, 기술에 대해서 적절한 연수교육 과정을 준비할 것

② 연수 기간은 원칙적으로 2년 이내일 것. 법령에 의한 체류 기간은 3개월, 6개월 또는 1년이며 체류 기간의 갱신을 받을 수 있지만

너무 장기간이 되지 않을 것

③ 연수 기간을 통해서 통역이 즉시 확보 가능한 상태에 있을 것(상대 나라에서 파견된 통역이라도 좋다)

④ 고용 기관, 생활 지도원 등에 대해서 과거 3년 동안 연수에 관련된 부정 행위를 한 일이 없을 것

4. 중소기업 단체가 수용 기관이 된 경우

중소기업 단체의 조직에 관한 법률 제3조에서 규정한 단체(사업 협동 조합, 상공 조합 등), 상공 회의소 또는 상공회(이하 '중소기업 단체'라고 한다)가 고용 기관이 될(그 산하 기관에서 연수를 행할 경우를 포함한다) 때에도 상기의 기준이 연수 전체에 미치게 된다.

그렇지만 중소기업 단체의 사업으로써 그 지도 감독하에서 행해진 연수를 해당 단체의 조합원, 회원인 기업에서 받을 경우에는 상기 연수생의 고용수 및 해외의 연수생 송출 기관에 관한 기준이 다음과 같이 완화되게 되었다.

1) 연수생의 고용 인수 기준의 완화

다음의 모든 기준을 만족할 경우에는 '연수생의 수가 고용 기관(기업)의 상근 직원의 1/20 이내일 것'이 아래의 표와 같이 완화된다.

① 해당 단체가 3개월에 1회 이상 연수의 실무 상황에 대해서 감사를 하여 지방출입국 관리 국장에게 보고 할 것

② 연수 사업이 나라 또는 지방 공공 단체에서 자금 또는 기타 원조를 받아서 그 지도하에 운영할 것(기타 원조에는 연수 강사의 파견, 숙소, 연수 시설의 제공 등도 포함된다)

③ 연수 사업이 해당 중소기업 단체의 이사회 등의 정식 의결 기관

의 의결, 승인을 받은 것일 것

④ 중소기업 단체에 당해 연수의 관리를 담당하는 직원이 있을 것

⑤ 연수생의 인원수가 그 고용 기관(기업)의 상근 직원의 총수를 넘지 않을 것

고용 기관(기업)의 상근 직원의 총수	연수생 인원수
201명 이상 300명 이하	15명
101명 이상 200명 이하	10명
51명 이상 100명 이하	6명
50명 이하	3명

2) 해외 연수생 송출 기관에 관한 기준의 완화

위의 ① 및 ②와 함께 다음 기준을 충족시키는 경우에는 앞의 해외 연수생 송출 기관에 관한 기준은 적용되지 않는다.

▶ 연수생이 외국의 공적 기관의 추천을 받고 또 외국에서 실무 경험을 가지고 있든가 또는 당해 연수를 필요로 하는 특별한 사정이 있을 것

5. 출입국 관리국에서의 신청 절차

국내에서 연수를 받으려고 하는 외국인은 외국에 있는 일본 대사관이나 영사관(재외공관) 등에서 일본의 입국 사증을 신청해서 발급을 받아야 하는데 일본에서 교부된 '체류 자격 인정 증명서'를 사증 신청서에 첨부해서 제출하면 사증 수속에 요하는 시간이 단축된다.

이 경우 외국인 연수생을 받아들이려고 하는 일본 사업자 단체, 개별 기업이 관할 지방 출입국 관리국에 다음의 서류를 첨부해서 '체류 자격 인정 증명서'의 교부 신청을 해서 교부된 '체류 자격 인정 증명서'를 해당 외국인에게 송부하면 된다.

1) 연수 계획서 등 연수 내용, 연수 기간, 대우 기타 연수의 조건을 증명하는 서류
2) 등기부 등본, 대차대조표의 사본, 손익 계산서 사본 등 그 사람을 고용할 공사 기관의 개요를 명확히 할 자료
3) 그 자를 파견할 외국 기관의 개요를 명확히 할 자료
4) 경력서, 졸업 증명서, 재직 증명서 등 그 사람의 경력을 증명하는 서류
5) 연수 인수 보증서의 사본

성공하는 기업의 인간경영

2001년 1월 15일 제1판 1쇄 발행
2001년 1월 20일 제1판 2쇄 발행

엮은이/중소기업 노무 연구회
옮긴이/홍영의
펴낸이/강선희
펴낸곳/가림출판사
기획위원/강경무 · 김충호 · 석종복 · 이창석 · 지창영
기획 · 편집/장연수 · 이선희 · 김진호 · 홍경숙 · 손일호 · 이정아
홍보/한국종
마케팅/강명회 · 이상혁

등록/1992. 10. 6. 제4-191호
주소/서울시 광진구 구의동 57-71 부원빌딩 4층
대표전화/458-6451   팩스/458-6450
인터넷 http://www.galim.co.kr
e-mail galim@galim.co.kr
천리안 ID galimmb

값 11,000원

〈성공하는 기업의 인간경영〉은 인재활용전략의 변경된 제호입니다.

ISBN 89-7895-083-3 13330

일러두기 이 책에서의 모든 내용은 일본 출판사와의 독점 계약으로 인해 번역출판한 것입니다.
그러므로 수치나 법률 관련 사례들이 일본에서의 관례임을 밝힙니다.